U0931368

国家社科基金教育学青年项目（CFA110126）资助成果

公共服务均等化视角下省级政府教育统筹发展效果评价研究

盛明科 著

中国社会科学出版社

图书在版编目(CIP)数据

公共服务均等化视角下省级政府教育统筹发展效果评价研究/盛明科著.—北京:中国社会科学出版社,2016.7

ISBN 978-7-5161-8824-8

Ⅰ.①公… Ⅱ.①盛… Ⅲ.①省—地方政府—义务教育—教育事业—研究—中国 Ⅳ.①G522.3

中国版本图书馆 CIP 数据核字(2016)第 205125 号

出 版 人　赵剑英
责任编辑　韩国茹
责任校对　邓雨婷
责任印制　张雪娇

出　　版　中国社会科学出版社
社　　址　北京鼓楼西大街甲 158 号
邮　　编　100720
网　　址　http://www.csspw.cn
发 行 部　010-84083685
门 市 部　010-84029450
经　　销　新华书店及其他书店

印　　刷　北京君升印刷有限公司
装　　订　廊坊市广阳区广增装订厂
版　　次　2016 年 7 月第 1 版
印　　次　2016 年 7 月第 1 次印刷

开　　本　710×1000　1/16
印　　张　15.25
插　　页　2
字　　数　248 千字
定　　价　58.00 元

前　言

教育公平是教育的本源性价值，是根源于人的基本权利之上的内在本质性规定。作为社会公平的起点，教育公平对于推动经济发展、促进社会和谐、消除知识鸿沟、实现民族振兴等均具有十分重要的意义。近年来，中国着眼于救济社会弱势群体、保障人人享有平等受教育权的社会伦理，从消除文化再生产复制代际不平等效应、促进社会阶层理性流动、增进社会和谐正义的政策立场，将促进教育公平作为国家的一项基本教育政策，积极推进城乡、区域、群体、校际间基础教育均衡发展，教育均衡发展与原有基础相比取得了巨大成就。然而，在当前义务教育全面普及的新起点上，中国教育公平发展的目标更多地体现在对高质量教育公共服务体系的需求上，受教育者的教育利益诉求逐渐从“有学上”转向“上好学”。本质而言，这是由教育发展目标整体性升华所带来的一种由教育机会公平走向教育质量公平的公平范式转换。教育公平范式转换，抑或教育公平新常态，为国家基础教育发展战略愿景、治理体系、综合改革等转型提出了新的要求，同时也对政府公共教育资源配置的政策导向、体制机制、方式方法等带来了新的冲击与挑战。

美国著名教育学家詹姆斯·科尔曼（James S. Coleman）在阐释社会公平时提出，只有在不平等状况下给社会劣势者以有利条件或者有利于所有人时，不平等才是正当合理的。作为实现教育公平的主导性力量，政府必须通过公益导向的教育立法、政策、财政等公共资源配置手段，促进教育资源均衡化配置和教育公平发展，尤其要给予社会弱势群体以坚实保障。在新的教育公平范式下，政府应该如何根据新的公平原则来统筹配置公共教育资源？如何减少由于先赋性、行政性、制度性因素导致的教育公共政策的不公正和资源分配规则的不公平？如何着眼于教育治理体系与治理能力建设，推进政府教育统筹责任和权力的科学划分？这些都是当前推进教育质量公平发展、破解教育资源配置失衡症结、深化教育领域综合改革必须深入研究的课题。

本书系全国教育科学规划办公室资助的国家级青年项目“公共服务均等化视角下省级政府教育统筹发展效果评价与推进研究”的最终成果。本书以统筹城乡发展和推进基本公共服务均等化为视角，立足国家“促进教育公平发展和质量提升”的政策议题，着眼政府教育统筹体制机制，从影响统筹效果的关键统筹主体——省级政府出发，深入政府统筹政策、统筹权力、统筹资源、统筹方式等要素内部，研究省级政府教育统筹发展效果的制约因素与教育统筹纵深路径。首先，本书阐释了教育公平、教育统筹、教育公共服务、教育统筹权等核心概念，梳理了省级政府教育统筹发展政策变迁的现实逻辑。其次，从教育机会均等保障、教育资源均衡配置、教育质量与结果均衡发展三个维度，构建省级政府教育统筹发展效果评价指标体系，运用面板数据和聚类分析法，对全国31个省（自治区、直辖市）级政府统筹教育发展效果进行实证测评，计量分析省级政府间教育统筹发展效果差距及其变化的影响因素。最后，基于实证测评结果，着眼中央、省级政府、市县级政府三级联动框架，研究财力、事权、政策资源在城乡、区域和校际教育资源配置结构中的消长关系，并解释其与教育统筹绩效之间的相关性，总结省级政府在不同教育梯层结构中的权力配置、职责定位与财政承担等，探索面向质量公平的省级政府教育统筹体制机制，从基本公共服务均等化视角提出提升省级政府教育统筹发展效果的对策建议。

理顺中央与地方教育管理权限和职责范畴，完善省级政府教育统筹体制机制，是推进教育治理体系和治理能力现代化的重要内容。党的十八届三中全会通过的《中共中央关于全面深化改革若干重大问题的决定》提出，要深入推进管、办、评分离，扩大省级政府教育统筹权和学校办学自主权。本书研究基本公共服务均等化视角下省级政府教育统筹效果评价与推进问题，综合运用教育伦理、公共服务、公共管理理论和绩效量化测量技术，探讨政府教育公共服务均等化和统筹发展效果测评的基本规律，有助于为教育治理体系现代化与深化教育体制改革的理论研究提供新的视角。特别是通过描述公共教育资源在城乡、区域、校际、群体间配置消长关系，探索政府教育统筹权力、财力、资源等与统筹绩效之间的关联，探索面向教育质量公平的省级政府教育统筹体制机制，有助于促进国家教育统筹发展制度的优化设计与政策调整，有助于为改进省级政府教育资源配置绩效与均衡发展水平提供对策参考。

目　录

第一章　导　论

第一节　问题的提出与研究意义

一　问题的提出

教育公平从来都是人类社会追求的理想。从孔子的“有教无类”到柏拉图关于开放式社会的自由教育思想，自古以来中西方对教育公平的探索从未停歇。然而，教育公平从理论走向实践，是一个漫长而又充满曲折的探索历程。西方发达国家将教育公平视为社会公平的基石，尽管面临着种族、宗教、文化差异等因素的挑战，但西方发达国家着眼社会整合和公民发展权保障，通过强制性的补偿性政策和针对性的发展性政策，切实保障了公民基本教育权利的公平。新中国的教育公平发展，由于受经济体制转换、社会转型和市场化等因素消长交织的影响，不同时期的教育公平呈现出不同的状态，但推进教育公平发展一直是各时期社会改革的重点。改革开放以来，中国教育在城乡二元结构、重点学校与普通学校二元精英主义发展模式中，教育资源优先向城市和强势阶层倾斜，农村和贫困地区日益被边缘化，造成了城乡、区域、群体之间教育资源配置的两极分化。①近年来，国家在推进教育公平和教育均等化方面，通过设计与构建合理的教育均等化政策、完善促进教育公平的强硬保障机制、倾向性优化教育经费配置结构等，一定程度上缓解了教育不公平状况。然而，对于彻底解决地区、群体、城乡之间教育发展失衡问题而言，建立推进教育均等化发展的长效机制，特别是建立省级政府教育统筹治理体系至关重要。推进建立省级政府教育统筹治理体系，促进政府教育治理能力现代化，即成为当前

① 杨东平：《从权利平等到机会均等——新中国教育公平的轨迹》，《北京大学教育评论》2006 年第 2 期。

公共管理领域的理论和实践课题。

1. 保障公平受教育权利需要推进教育均衡发展

教育均衡发展是教育公平的基础和前提条件，教育公平是教育均衡发展的旨归。为保证国家教育能平等地对待每个社会公民，保障公民受教育权这一基本人权和基本自由，促进公民平等受教育权的实现，西方发达国家均不遗余力地推行缩小教育差距、均衡发展教育的策略，向其国民提供同等机会和同样优质的教育。受教育权是公民的基本人权和基本自由，国际人权法主要文书条款和精神都充分表明了这一点。[①] 我国宪法、《中华人民共和国教育法》和《中华人民共和国义务教育法》都规定了公民具有平等的受教育的权利。公民平等的受教育权利需要均等的、优质的、公平的基础教育服务来保障。当前，我国教育公平问题较为突出，教育发展失衡在地区、城乡和校际间表现比较明显。从城乡来看，有研究表明，我国 1982—2007 年城乡之间教育不平等的差距非但没有降低，反而有进一步扩大的趋势[②]，农村教育仍是短板。从受教育年限来看，根据《国家教育年鉴》统计表明，2010 年我国城镇人口和农村人口人均受教育年限分别为 9.5 年和 6.9 年，城乡人均受教育年限相差 2.6 年。从区域来看，中西部地区教育发展相对滞后，区域经济发展的差距导致不同地区教育投入的显著差距。2011 年普通小学、初中生均公共财政预算公用经费支出，东部最高省份超出西部最低省份 9 倍左右。在我国东部发达地区，如江苏、浙江和上海等地，基础教育开始向优质均衡发展阶段进军，而在中西部地区则刚刚基本解决机会公平和资源配置均等问题。从群体的角度看，弱势群体子女在受教育过程中受一些学籍、户籍等政策性歧视，由于这些制度性差异和非结构性因素导致的歧视，使弱势群体的平等受教育权受到严重损害，导致受教育权利的起点和结果不公平。因此，要落实公民的平等受教育权，必须深化教育领域综合改革，大力促进教育公平，逐步缩小

---

① 《世界人权宣言》第 26 条第 1 款规定：“人人享有受教育的权利。”《取缔教育歧视公约》在序言中，提出不歧视原则并宣告人人都有受教育的权利。《经济、社会和文化权利国际公约》第 13 条第 1 款规定：“本公约缔约各国承认，人人有受教育的权利。”《儿童权利公约》第 28 条第 1 款规定：“缔约国确认儿童有受教育的权利。”关于受教育权的国际法文书参见杨成铭《受教育权的促进和保护：国际标准与中国的实践》，中国法制出版社 2004 年版，第 66 页。

② 吴永军：《教育公平：当今中国基础教育发展的核心价值》，《教育发展研究》2012 年第 18 期。

城乡、区域、校际、群体之间基础教育发展水平和质量差异，统筹推进教育公平、均衡发展。

2. 推进教育资源均衡配置迫切要求优化省级政府统筹

教育公平就其本质而言，是教育领域中人们对受教育权利、机会等利益条件的享有和评价，是对教育资源分配的一种价值度量。① 教育资源的均衡化配置既是教育管理和教育发展的基本要求，也是现代社会教育发展实践探索得出的重要经验。推进教育资源均衡配置，关键在于确认教育发展效率、质量、公平等价值秩序，在此基础上，统筹教育供给及其需求，建立健全一套结构合理、决策科学、运转协调的，包括配置主体、配置决策、配置方式等要素在内的教育资源配置体系。它既包括社会总资源在教育领域的分配，也包括教育资源在各级各类教育间、校际间以及各地区教育间的分配。近年来，面对基础教育发展差距不断拉大和教育资源配置不均衡等现实问题，中央逐步加大了对贫困地区的财政转移支付力度，积极运用教育中长期规划、专项政策、财政投入等促进教育公共服务均等化。省级政府通过建立省域内义务教育学校标准化建设推进机制、扶弱保底的教育投入保障制度、生均公用经费动态调整机制、优质教学资源均衡配置机制等，来均衡配置义务教育资源，促进教育公平发展。市县级政府则按照补短板、保基本的原则，健全中小学校舍安全保障、校长教师定期轮岗交流激励、特殊教育服务保障等机制，在一定程度上支持了教育资源对边缘地区、农村和弱势群体的倾斜，有利于教育均衡发展。省级政府作为地方行政建制的最高层级，是联系中央和地方的枢纽。然而，我国地方政府教育资源配置体制机制还存在一些突出的问题，主要表现在中央与地方政府在教育财权与事权上的不对称，各级政府教育统筹体制机制没有理顺，省级政府教育统筹主体地位没有得以较好地发挥作用，省级政府以下的教育转移支付缺乏可靠的核算依据，从而进一步导致省域间教育资源配置失衡等问题，建立省级政府教育统筹，实现教育资源的平等分配和共享是解决上述问题的现实要求。

3. 实现教育公共服务均等化有待建立健全教育统筹效果评价机制

教育公共服务是伴随着现代学校和公共教育制度的发展，及现代政府主要职能逐步转向公共服务而出现的。随着教育权力由家庭转向社会、国

① 庞君芳：《教育公平视域下教育资源的均衡发展》，《学术探索》2015 年第 1 期。

家，教育便开始从家庭私人领域的活动变成国家公共领域的事务。[①] 21世纪以来，由于中国社会经济结构的快速变化，政府公共服务供给不足的弊端凸显，突出地体现为公共服务政府供给力度与广度十分有限。扩大政府公共服务职能体系，实现基本公共服务均等化，促进社会公平正义，成为国家公共行政改革的基本趋向。教育作为政府重要公共服务内容，也成为公共管理领域改革发展中最受关注的主题。针对教育公共服务不均等问题，各级政府相应采取了一系列治理措施，以缓解城乡义务教育公共服务发展失衡状况。总体来看，这些措施比较多地注重国家宏观教育资源配置结构的优化，忽视中观层面教育资源在政府、教育行政部门、区域、学校落地和质量管理；比较注重公平导向下的教育宏观政策供给与制度优化，忽视这些具体政策和制度在基层和学校产生的具体结果；重视教育资源起点的均等化配置，忽视教育资源的实际结果评价。一些地区也逐步开始重视教育均衡发展、统筹发展效果评价问题，依据师生比、教职工工资、生均公用经费等指标评价校际之间教育资源配置水平[②]，运用教职工人均获取经费总额、自筹经费占收入的比重、生均事业费支出额等指标组建义务教育绩效评价体系，运用泰尔指数、基尼系数、功效系数等评价方法来测量教育公共服务均等化水平。但这些教育均衡发展、统筹发展效果评价体系仍不健全，存在着一些较为突出的问题：评价主体单一，以政府自我评价为主，未形成由政府、研究机构、社会组织、公众以及新闻媒体等主体所组成的多元评价机制，尤其是没有形成第三方评估体系；评价指标较为笼统，评价指标体系要么系统性差、要素残缺不全，要么繁杂、内容交叉重叠，指标体系间的逻辑关系没有体现教育统筹效果产生的逻辑过程和内在影响机制，指标体系的信度效度不合理；评价结果运用机制没有建立，教育统筹发展效果评价结果与改进教育资源配置决策、完善教育发展规划、健全教育项目管理、使用和提拔教育行政公职人员、教育发展问责等相脱节，效果评价没有充分发挥其实际效用。因此，进一步推进教育公共服务均等化发展，需要设计科学合理的效果评价指标体系，建立健全统筹效果评价制度。

---

① 郑新蓉：《现代教育改革理性批判》，人民教育出版社2003年版。

② 韩英：《强化学校绩效评价促进义务教育均等化》，《山西财经大学学报》2011年第5期。

二　研究意义

当前，我国正处于经济社会转型、社会结构发生重大变化、社会矛盾日益显现的时期，立足省级政府教育发展日渐壮大的现实背景，开展基本公共服务均等化视角下的省级教育统筹发展的效果评价与推进策略研究，对促进教育公平、高效、有序的发展，建设现代化教育体系，具有一定的理论价值与实践意义。

1. 为深化教育治理体系现代化与教育体制改革理论研究提供新的视角

党的十八届三中全会通过的《中共中央关于全面深化改革若干重大问题的决定》提出，全面深化改革的总目标是完善和发展中国特色社会主义制度，要推进国家治理体系和治理能力现代化。国家治理体系和治理能力是国家治理制度体系及其执行能力的集中体现，在教育领域体现为各种教育体制、法律法规和教育的管理，体现在有一整套紧密相连、相互协调的教育制度以及这些制度的执行能力。① 在全面推进教育综合改革背景下，目前对于提升教育治理体系和治理能力，学术界主要倾向于各级各类教育统筹发展、均衡发展的财政政策、教育政策、教育资源配置等问题的研究。相关理论集中于政府教育统筹政策的综合宏观研究，虽有针对个别省、市政府教育统筹发展试点展开研究，但没有将教育政策的宏观研究与具体省、市实践研究有效结合。公共服务均等化视角下教育统筹发展效果评估的系统研究相对较少。本书从影响当前我国省级政府教育统筹发展的体制、机制、政策制度出发，综合运用教育伦理、公共经济、绩效评价等理论，探讨和谐社会建设背景下我国教育公共服务均等化和统筹发展的一般规律，通过对省级政府教育发展效果评价指标体系进行探索构建，为促进教育治理体系现代化与深化教育体制改革的理论研究提供了新的视角。

2. 有助于促进教育统筹发展制度的优化设计与政策调整

教育公平作为社会公平的重要组成部分，逐渐成为衡量社会公平的标准之一。多年来，我国在推进教育公平方面做出了许多积极的政策性和制度性尝试，主要表现为通过立法、政策和财政等宏观干预来促进教育的均衡发展。继党的十七大提出了“学有所教”的伟大号召之后，十八大又

① 《推进教育治理体系和治理能力现代化——论深化教育领域综合改革》，《中国教育报》2014 年 1 月 10 日。

提出了要“大力促进教育公平，合理配置教育资源”的政策宣言，明确提出要“重点向农村、边远、贫困、民族地区倾斜”的新要求。但是，农村教育严重落后于城市教育的发展现状，与贯彻落实科学发展观、构建社会主义和谐社会的要求存在明显的矛盾冲突。中央与地方财权事权的脱节、政府公共服务职能转变不到位以及城乡社会经济二元化结构缺陷，成为当前我国省级政府教育统筹发展中的重点、难点问题。要从根本上解决城乡教育发展失衡问题，尤其是城乡教育资源分配严重不均问题，还需要从政策、制度层面上寻找出路，避免因政策性、制度性因素导致公共政策中教育政策和规则的不公以及教育资源分配的不公。本书通过对制约教育统筹发展效果提升的关键因素进行诊断，运用一系列指标体系对省级政府对教育资源的配置情况、教育政策的执行等进行有效评估，从而进行教育统筹发展监督，有助于指导我国政府开展推进教育统筹发展的制度设计与政策调整。

3. 有助于改进各级各类教育资源配置绩效与均衡发展水平

绩效评价指运用一套系统完整的绩效评估指标，使政府及其工作人员在具体而量化的指标体系约束下，按照既定流程和标准开展教育统筹工作，在政策和程序上保证教育的公平和均衡发展。它要求省级政府对教育统筹实施的各项政策和措施进行评估，从而促进教育统筹工作的廉洁、高效，推进教育公平。长期以来，教育资源均衡配置一直是各国推进教育公平的重要内容。美国通过州政府与联邦政府之间的转移支付解决学区及政府间的教育差距，从而保障学区间教育资源的均衡配置发展；而日本则采用由三级政府（中央、地区和当地）共同分担教育经费的资助模式，最大化地调动不同层级政府的办学积极性，不断调整中央和地方各种教育要素的分担比例，有机地促进了不同区域的教育均衡。近年来，党和政府明确提出“坚持教育优先发展，促进教育公平，逐步缩小城乡、区域教育发展差距”的重要决策，把大力发展教育事业，促进教育公平作为国家基本教育政策。但我国的教育财政拨款体制尚不健全，省、市与县的“教育财政成本分担”机制尚未形成，城乡间、区域间、校际间教育资源配置的“马太效应”畸形发展等问题突出。在此背景下，探讨建立健全教育统筹效果评价机制，开展省域内各级政府统筹教育发展的绩效评估，从而推进教育统筹协调发展，具有重要的价值和现实意义。

第二节 国内外文献评述

当前，省级政府教育资源配置与教育统筹发展研究，既是公共管理学科的热点主题，也是教育学领域的焦点议题。国外对政府教育资源配置与统筹发展的研究，主要从教育资源优化配置、教育财政政策、教育公共服务规划等视角展开，并取得了较丰富的成果。国内学术界关于本议题的研究视角颇多，成果和建树颇丰，综观起来主要有城乡统筹发展、教育公平推进、政府资源管理这三个集中的范式。充分借鉴现有成果基础，以一种综合性的范式推进省级政府教育统筹发展效果评价研究，必须对现有成果进行系统梳理和科学评价。

一 关于教育公平与教育均衡发展研究

教育公平是教育发展的永恒主题。西方学者对教育公平的研究主要从保障公民权利平等、维护人权尊严、促进社会公平正义维度着手。詹姆斯·科尔曼（James Coleman）在《教育机会均等的观念》的报告中，提出要将教育平等与经济平等相融合，提高教育平等的目标层次，强调教育机会均等化不仅仅体现在教育投入上，更体现在教育产出即教育结果上。[①] 克利斯托弗·杰克（Christopher Jencks）则在《不平等：对美国家庭与学校教育影响的再评价》一书中，将教育不均等划分为教育资源不均等、不同群体间入学机会不均等及课程选择不均等这三个表现形式。[②] 列文·亨瑞（Levin M. Henry）认为评价教育机会均等的标准为：给予具有相同教育需求的人均等的受教育机会；不同群体获得教育的机会平等；教育结果的平等；教育对生活机会影响的均等。[③] 托尔斯顿·胡森（Torsten Husen）将教育公平划分为三个层面：平等的起点、过程及结果，强调教育公平不仅仅在于入学机会的公平，更在于受教育最终

---

① ［美］詹姆斯·科尔曼：《教育机会均等的观念》，何瑾、张人杰等译，华东师范大学出版社 1991 年版，第 150—154 页。

② 转引自翁文艳《教育公平与学校选择制度》，北京师范大学出版社 2003 年版，第 48 页。

③ Levin M. Henry, "Educational Opportunity and Social Inequality in Western Europe", *Social Problems*, Vol. 24, No. 2, Dec 1976, pp. 148 - 172.

所取得结果的公平。[①] 哈尔西（A. H. Halsey）认为教育公平实质上是教育结果的公平，强调平等的目标应该放在实际结果的平等上而不是机会的平等上，即体现在权利和利益更为平均的分配上。[②] 古特曼（Amy Gutmann）在阐释教育公平的基础上，提出了教育机会平等的最大化、平等化和精英主义三大原则，强调教育机会均等是有针对性、差异性的均等，而非完全一致的教育机会均等。[③] 詹姆斯·班克斯（James A. Banks）研究了多元文化教育，认为多元文化教育是一个教育改革运动，是一个推进教育公平和教育均等化的一个过程。[④]

随着国家教育改革的不断推进，教育公平成为我国推动教育改革和教育发展的主题。杨东平指出，教育是社会发展的平衡器、稳定器，教育公平有利于促进处于社会不利地位的群体向上流动，从而维护社会稳定。[⑤] 顾明远认为，教育均衡发展是教育平等的问题，其实质便是人权问题。[⑥] 周峰从公民权利角度对我国教育均衡和教育公平进行了研究，强调公民的基本受教育权利是教育均衡发展的首要任务。[⑦] 张乐天通过对现行教育体制进行系统研究，指出我国现行的教育体制是教育不公平的根源。[⑧] 蒋纯焦运用计量研究和比较研究的方法，对我国东、中、西部教育差异变迁进行梳理和分析，指出教育的区域差距是必然存在的，要推动教育均衡发展必须实行教育统筹地方化。[⑨] 翟博认为，教育均衡是在教育公平和教育平等思想的支配下，教育机构和受教育者在教育活动中享有平等待遇。[⑩] 谢

---

① ［瑞典］托尔斯顿·胡森：《平等——学校和社会政策的目标》，张人杰等译，华东师范大学出版社 1989 年版，第 193 页。

② 转引自倪小敏《从阶级分析到经验的社会学研究——范式转换视角下英国基础教育公平研究的进展》，《浙江社会科学》2012 年第 1 期。

③ ［美］古特曼：《民主教育》，杨伟清译凤凰出版传媒集团、译林出版社 2010 年版，第 141 页。

④ James A. Banks, Multicultural Education: Historical Development, Dimensions and Practice, *Handbook of Research on Multicultural Education* (2Eds), San Francisco: Jossey - Bass, 2005, pp. 3 - 29.

⑤ 杨东平：《教育是社会发展的平衡器、稳定器》，《人民教育》2002 年第 4 期。

⑥ 顾明远：《教育均衡发展是教育平等的问题，是人权问题》，《人民教育》2002 年第 4 期。

⑦ 周峰：《试论基础教育均衡发展的若干问题》，《教育研究》2002 年第 8 期。

⑧ 张乐天：《城乡教育差别的制度归因于缩小差别的政策建议》，《南京师范大学学报》2004 年第 3 期。

⑨ 蒋纯焦：《东中西部高等教育差异变迁的实证分析》，《河北师范大学学报》（教育科学版）2007 年第 3 期。

⑩ 翟博：《树立科学的教育均衡发展观》，《教育研究》2008 年第 1 期。

维和认为传统教育公平理论包括五个方面，即经济决定论、资源决定论、文化决定论、需求决定论和教育本身决定论[①]。瞿瑛以义务教育公平为视角，强调促进教育均衡和教育平等必须要加大政府投入，加强义务教育基础设施建设。[②] 张侃认为，破除学校等级的二元化机制，推进农村基础教育城镇化是实现城乡教育均衡发展的前提。[③]

综合国内外学者对教育公平以及教育均衡的相关研究可以发现，虽然二者在研究时间起点上具有较大差异，但在研究上具有相似之处，都注重对影响教育公平与均衡的相关因素进行研究以及教育公平的动态研究。总体而言，国外学者注重对教育公平的一般理论性研究，研究成果具有较强的宏观性，针对微观领域的研究存在一定的不足。国内学者在对教育公平的宏观研究过程中也注重将教育公平与我国特有的城乡、区域以及校际差异等国情相结合，同时侧重于在具体领域研究教育公平，具有较强的针对性和实用性，但也存在各研究领域的独立性较强和耦合性差的情况，系统性和完整性不足成为我国学者研究教育均衡和教育公平的短板。

二　关于政府教育统筹发展体制与机制研究

尽管世界各国经济发展水平不一，政治体制各异，但是通过多种方式促进基础教育在不同群体、地区间的均衡发展，却是各国教育公平和可持续发展的共同追求。美国教育质量差距呈明显扩大趋势，种族隔离行为在各级学校教育中“隐性”合法化，处境不利学生教育成就显著低于主流阶层学生。英国教育市场化改革负面影响突出，贫穷、少数群体等学生在学校中受到排挤，家长择校权受到社会阶层的限制。对此，弗里德曼的自由主义经济思想对教育统筹发展产生了重要影响，教育均衡发展一度成为学者们研究的重点方向和内容。康威（Conway T.）、马凯（Mackay S.）和约克（Yorke D.）认为，教育统筹引入市场机制，通过与市场合作制定切合实际的战略发展规划，在保障基本教育均衡的基础上实现教育发展的差异性公平。[④] 大卫·迪尔（David D. Dill）认为

---

① 谢维和：《中国的教育公平与教育发展》，教育科学出版社 2010 年版，第 295—299 页。

② 瞿瑛：《义务教育均衡发展政策问题研究：教育公平的视角》，浙江大学出版社 2010 年版，第 115—119 页。

③ 张侃：《以城镇化发展推进城乡基础教育均衡发展研究》，《教育理论与实践》2014 年第 8 期。

④ Conway T. & Mackay S. & Yorke D.，“Strategic Planning in Higher Education：Who are the Customers”，*The International Journal of Educational Management*，Vol. 8，No. 6，1994（8），pp. 29 –36.

市场机制对教育统筹发展越来越重要，将市场竞争运用于教育统筹之中将对教育均衡以及提高教育产出起着决定性的作用。[①] 布鲁斯·比德尔（Bruce J. Biddle）以理论探究为主、政策分析为辅，认为教育统筹有助于消除贫困，影响处境不利儿童的未来发展。[②] 丹·伍德（B. Dan Wood）研究了政治态度与公共教育财政公平之间的关系，探讨了公共教育财政在促进教育均等化发展方面的机制。[③] 斯蒂芬·果德（Stephen Gorard）和艾玛·史密斯（Emma Smith）运用比较研究方法，从性别、家庭、结果等维度比较了不同国家教育统筹发展的水平。[④] 克里斯·泰勒（Chris Taylor）、约翰·菲次（John Fitz）和斯蒂芬·果德（Stephen Gorard）等学者针对美国教育发展的多样性、特殊性，探讨了实现教育在不同群体和个体间均等化、差异化发展的具体路径。[⑤]

伴随着社会对教育需求的不断上涨以及教育体制改革的推进，统筹教育发展受到社会和政府的广泛关注，对国内学者研究教育统筹发展体制机制的理论提出了更高的要求。申素平以政府角色定位为研究起点，强调政府在教育统筹发展中权力和责任的统一。[⑥] 肖远军则认为，各级政府财权、事权和责任机制的不对称，是造成教育资源不足、配置不均以及教育发展失衡的主要制度原因。[⑦] 劳凯声指出，教育具有非垄断性的性质，以政府行为和市场手段相结合的方式有助于促进教育统筹发展。[⑧] 龙献忠、朱咏北认为，要引入非政府组织等非政府主体进入教育统筹发展领域，建立教育统筹发展的竞争机制，实现教育统筹主体多样化。[⑨] 陈申华等指

---

① David D. Dill, "Higher Education Markets and Public Policy", *Higher Education Policy*, Vol. 10, No. 3 – 4, September 1997 (19), pp. 167 – 185.

② Bruce J. Biddle, *Social Class, Poverty, and Education*, New York: Routledge Falmer, 2001.

③ B. Dan Wood, Nick A. Theobald, "Political Responsiveness and Equity in Public Education Finance", *The Journal of Politics*, Vol. 65, No. 3, August 2003.

④ Stephen Gorard, Emma Smith, "An International Comparison of Equity in Education Systems", *Comparative Education*, Vol. 40, No. 1, February 2004.

⑤ Chris Taylor, John Fitz and Stephen Gorard, "Diversity, Specialization and Equity in Education" *Oxford Review of Education*, Vol. 31, No. 1, March 2005.

⑥ 申素平：《论我国高等教育体制改革过程中政府角色的转变》，《高教探索》2000 年第4 期。

⑦ 肖远军：《关于基础教育均衡发展的政策构想》，《教育理论与实践》2003 第 5 期。

⑧ 劳凯声：《重构公共教育体制：别国的经验和我国的实践》，《基础教育参考》2003 第4 期。

⑨ 龙献忠、朱咏北：《政府公共权力重构与高等教育治理》，《高等教育研究》2005 年第 11 期。

出，我国现行办学体制存在弊端，教育统筹发展必须转变和完善办学体制。[①] 薛二勇指出，财政调控依然是我国教育统筹发展最主要的手段，需要探索和实现教育统筹手段的多元化。[②] 谢广祥研究了为什么要扩大省级政府教育统筹权的问题，认为这是教育体制改革进入“深水区”后的一个战略设计，是推进教育改革发展的新思路。[③]

综合国内外学者对教育统筹发展体制机制研究发现，国外学者在对教育统筹发展研究的过程中对市场机制寄予厚望，政府体制机制局限于财政机制的统筹，试图通过市场竞争机制和统筹主体多元化实现教育均衡与教育公平，但教育具有强烈的公共性，过度强调市场机制而忽视政府的作用将削弱教育统筹的公共性。国内学者研究教育统筹发展体制机制与我国教育统筹的国情相结合，教育行政体制、政府与学校关系以及教育经费筹措机制是研究的重点，对我国教育体制改革实现教育统筹发展有着较强的指导作用。但国内学者对教育统筹体制机制的研究多集中于国家层面，对省级政府的教育统筹机制研究还较少，引入市场机制实现教育统筹主体多元化的研究尚少，整个教育统筹发展体制机制的整体性和系统性有待提升。

三　关于教育均衡与统筹发展测度研究

教育均衡是教育统筹发展的根本目标和任务，如何对教育统筹发展以及教育均衡进行有效测评是摆在学术界以及国家和社会面前的一个重大课题。西方学者在教育均衡和统筹发展测度上有着较为成熟的理论研究。伯恩（Berne），罗伯特（Robert）和施蒂费尔（Stiefel），利安娜（Leanna）指出，入学机会、资源分配与教育结果如果没有差异或者差异很小，则认为教育达到水平公平；没有差异则认为是完美的公平。[④] 詹姆斯·威尔姆斯（Willms，J. D.）和斯蒂芬·劳登布什（Raudenbush，S. W.）借助统

---

① 陈申华、周重阳、陈切锋：《深化继续教育办学体制改革进城乡教育统筹发展》，《重庆大学学报》（哲学社会科学版）2011 年第 1 期。

② 薛二勇：《教育公平发展中财政政策的博弈——美国教育财政改革的政策过程研究》，《教育研究》2012 年第 12 期。

③ 谢广祥：《如何扩大省级政府教育统筹权》，《求是》2014 年第 2 期。

④ Berne，Robert and Stiefel，Leanna，*The Measurement of Equity in School Finance：Conceptual Methodological and Empirical Dimensions*，Baltimore，MD：John Hopkins University Press，1984，p. 9.

计模型开发出“层级线性模型”（Hierarchical Linear Models），测算学生在学校的学习效果、学生在家庭以及不在教师和学校控制范围内的净学习效果，从而使研究者得以比较学校、学区以及国家层面的教育效果及差异。① 托马斯·希利（Thomas Healy）和大卫·埃斯坦斯（David Istance）指出外部因素影响教育均衡的实现，在外部因素的基础上建立相应测度指标，对教育均衡和统筹发展的效果做出评判。② 钱（Qian）和史密斯（Smith）将经济学与教育均衡发展相融合，提出教育基尼系数，并以此为测度对区域、城乡以及国家之间的教育均衡进行评价。③ 联合国教科文组织（UNESCO）采用定量研究方法比较包括中、美等十六个国家教育公平程度，探索教育公平的分析框架以及教育公平的实践标准。④

随着我国教育体制改革的不断深入和教育统筹实践的发展，教育均衡和统筹发展测度的相关研究成为国内学界关注的重点。袁振国指出，教育资源和教育质量是衡量教育水平的重要形式，也是反映教育统筹发展效果和教育均衡程度的重要方式。⑤ 翟博认为，教育均衡与统筹发展测度应包含受教育机会、教育资源配置、教育均衡的结果等方面，从地区之间、城乡之间以及学生群体之间是否均衡进行考察。⑥ 石绍宾将城乡基础教育差异测评的指标划分为以下五类：教育融资差异、教育可及性差异、教育经费差异、教育物质条件差异以及师资数量差异。⑦ 岳昌君以教育基尼系数为依据，对我国教育均衡

---

① Willms, J. D. and S. W. Raudenbush, “A Longitudinal Hierarchical Linear Model for Estimating School Effects and Their Stability”, *Journal of Educational Measurement* , Vol. 26, No. 3, 1989, pp. 209 - 232.

② Thomas Healy & David Istance, “International Equity Indicators in Education and Learning in Industrialized Democracies: Some Recent Results and Avenues for Future” , In Walo Hutmacher, Douglas Cochrane, Norberto Bottani (Ed.), *In Pursuit of Equity in Education: Using International Indicators to Compare Equity Policies*, Dordrecht/Boston/London: Kluwer Academic Publishers, 2001, pp. 206 - 207, 210 - 211.

③ Xiaolei Qian, Russel Smyth, “Measuring Regional Inequality of Education in China: Widening Coast - inland Gap or Widening Rural - Urban Gap?” , *Journal of International Development*, J. Int. 20, Dev. 2008, pp. 132 - 144.

④ Joel D. Sherman and Jeffrey M. Poirier, “Educational Equity and Public Policy: Comparing Results from 16 Countries”, *UNESCO Institute for Statistics*, Montreal, 2007.

⑤ 袁振国：《教育均衡发展：构建和谐社会的基础》，《教育发展研究》2005 年第 4 期。

⑥ 翟博：《教育均衡发展：理论、指标及测算方法》，《教育研究》2006 年第 3 期。

⑦ 石绍宾：《城乡基础教育均等化供给研究》，经济科学出版社 2008 年版，第 64—81 页。

和统筹发展的效果进行评价。① 姚继军认为，教育均衡发展测度的指标体系包含教育经费均衡配置指数、教育规模与结构均衡指数、地区间教育均衡发展指数、城乡间教育均衡发展指数、学校间教育均衡发展指数和人群间教育均衡发展六个方面。② 褚宏启、高莉立足对建立教育统筹发展测度的相关原则和方法的研究，提出测度指标体系要坚持科学性、完整性以及可延续性的原则。③ 肖新成则专注于区域教育均衡发展测度指标体系的研究，并强调测评对推进区域教育均衡和统筹发展的重要性。④

总体而言，教育均衡与统筹发展是世界各国制定和执行教育政策重要的关注点，国内外学者对教育均衡与统筹发展测度的研究逐渐由定性研究转变为定量研究，都注重对可量化的外部因素研究，如教育资源配置、教育结果以及家庭教育支出比重等，探索教育公平的分析框架以及实践标准。除此之外，国内学者在对教育均衡与统筹发展测度研究的过程中注重与我国城乡、区域以及群体差异的实际相结合，相关测度的研究具有很强的针对性和实际操作性。但从总体上看，我国学者还停留在对教育均衡和统筹发展测度的层次内容划分、指标构建的原则与方法以及对测度的定性研究方面，定量研究还存在很大的滞后性，整个测度体系对省级政府教育统筹发展的理论指导还有待进一步提升。本书则运用新近的数据资料，对我国基础教育发展的不均衡性重新作出论证。

四 关于教育统筹发展政策及统筹优化研究

尽管教育公平早已成为世界大部分国家公共政策追求的目标，但如何通过教育政策改善贫穷群体、女性等处境不利地位人们受教育状况，国外学者对此进行了较深入的研究。布莱恩·霍格伍德（Brian W. Hogwood）和刘易斯·耿（Lewis A. Gunn）以描述性和规定性的方式，对教育政策怎样制定和应该怎样制定之间的关系进行阐述。⑤

---

① 岳昌君：《教育计量学》，北京大学出版社 2009 年版。

② 姚继军：《新中国教育均衡发展的测度》，《华东师范大学学报》（教育科学版）2010 年第 6 期，第 33—42 页。

③ 褚宏启、高莉：《义务教育均衡发展评估指标与标准的制定》，《教育发展研究》2010 年第 6 期。

④ 肖新成：《江西省义务教育均衡发展地区差异的测度》，《统计观察》2010 年第 22 期。

⑤ Brian W. Hogwood & Lewis A. Gunn, *Policy Analysis for the Real World*, Oxford University Press, 1984, p. 3.

詹姆斯·科尔曼（James S. Coleman）从教育机会平等的概念着手，分析美国教育机会平等的现实，进而探讨美国学校的融合与重新隔离、公立与私立教育、家庭与学校等之间的平等问题。[①] 里斯·格里菲斯（Rhys Griffith）认为国家课程等教育政策的核心是把人客观化为生产者与消费者，把教育简化为市场商品，分析了国家统一课程与教育标准等公共政策对教育公平的影响。[②] 桑德拉·泰勒（Sandra Taylor）认为，对教育政策的分析很难免除地介入价值因素。[③] 经济合作组织（OECD）分别对瑞典、芬兰、挪威、西班牙等国的教育公平政策进行较为系统的考察和研究，对相关政策进行分析与评论。[④] 费尔南多·赖默斯（Fernando Reimers）对比分析拉丁美洲相关国家、阿根廷、智利、墨西哥、哥伦比亚、美国近年来政府采取的教育平等政策，以及实施效果。[⑤] 弗朗西斯·C. 福勒（Frances C. Fowler）则认为，教育政策是一个涵盖了决策前和决策本身的过程，教育决策过程中政策问题在向下一阶段转移后仍会对上一阶段进行回馈。[⑥]

我国政府历来重视教育的发展，不断变迁的政策反映了教育统筹价值取向的优化，学界对教育统筹政策的关注度不断提升。孙绵涛将我国教育统筹的政策划分为以下四种类型：教育质量政策、教育体制政策、教育经费政策和教师政策。[⑦] 张筱峰和刘剑强调不仅要加大财政投入，还要优化财政分配结构，同时吸引社会资金进入教育领域，推动区域间的教育财政转移。[⑧] 张长征、郇志坚和李怀祖认为，缩小教育差距的首

---

① James S. Coleman, *Equity and Achievement in Education*, Corlorado: Westview Press, 1990.

② Rhys Griffith, *National Curriculum: National Disaster?, London: Routledge Falmer*, 2000.

③ Sandra Taylor, Fazal Rizvi, Bob Lingard, Miriam Hen, *Education Policy and the Politics of Change*, London and York, Routledge, 1997.

④ OECD, "Equity in Education Thematic Review, Sweden (2, 2005), Finland (4, 2005), Norway (11, 2004), Spain (3, 2006)", *Country Note.*

⑤ Fernando Reimers, *Unequal Schools, Unequal Chances: The Challenges to Equal Opportunity in the Americas*, Harvard University, 2000.

⑥ ［美］弗朗西斯·C. 福勒：《教育政策学导论》（第二版），徐庆豫译，江苏教育出版社2007年版，第11—13页。

⑦ 孙绵涛：《关于国家教育政策体系的探讨》，《教育研究》2001年第3期。

⑧ 张筱峰、刘剑：《加强和优化我国教育投资的财政支持政策研究》，《中国软科学》2003年第4期。

要责任在政府，建立限制和缩小教育差距的制度是关键，制定完善的公共教育政策是保障。① 王善迈对重点校政策进行研究，提出从制度入手，推进教育管理制度、教育人事制度、教育财政制度的改革，缩小基础教育校际差距，使更多人接受优质教育。② 盛明科、朱玉梅对改革开放以来的教育统筹政策的变迁历程进行研究，提出教育统筹政策应推进教育治理能力和治理体系的现代化，实现人的全面发展。③ 张乐天剖析和反思我国教育统筹政策，强调我国教育统筹政策的优化需要促进政策的有效执行，并与时俱进推进政策的改革和创新。④ 从春侠等通过对北京、上海、广东、新疆、云南、安徽、深圳7个试点省（自治区、市）级政府教育统筹综合改革试点项目任务书的统计分析，研究了项目任务书中改革措施和风险及预案条款，提出要循序渐进地推动综合改革、加强政策的落实和体制机制的完善、明确权力与责任的划分、转变政府教育管理职能等政策建议。⑤

整体来看，国内外学者都如火如荼地对教育统筹发展政策及统筹优化开展研究。但就国内外存在的差异而言，国外学者研究教育统筹政策缘起于教育市场化的不断发展，对教育过程和结果的教育统筹政策更为注重，加之国外学者研究的视野更为开阔，因此其教育统筹发展政策的研究更加成熟。国内学者结合我国教育发展的实际，研究教育统筹政策的层次类型以及历史变迁，针对具体的教育统筹政策进行研究并提出相应的政策建议，有效推进了我国教育统筹和教育均衡的进程。但由于国情和教育体制的限制，我国学者倾向于对教育机会与过程公平的统筹政策进行研究，且教育统筹发展政策及统筹优化的研究较为具体，缺乏整体性认识，国际视野较为狭窄，国际间教育统筹政策对比研究有待加强；省级政府作为一个独立的教育统筹主体，对其统筹政策研究的重视程度不足。

---

① 张长征、郇志坚、李怀祖：《中国教育公平程度实证研究：1978—2004——基于教育基尼系数的测算与分析》，《清华大学教育研究》2006年第4期。

② 王善迈：《基础教育“重点校”政策分析》，《教育研究》2008年第3期。

③ 盛明科、朱玉梅：《我国教育统筹发展的政策变迁：问题及改进思路——基于1979年~2013年国家教育政策文本的分析》，《理论探索》2014年第4期。

④ 张乐天：《新世纪以来我国城乡教育统筹发展政策之审思》，《中国社会科学》2014年第3期。

⑤ 从春侠、陈成：《省级政府教育统筹综合改革：措施与风险分析——基于试点省市项目任务书的文本分析》，《河北师范大学学报》（教育科学版）2015年第2期。

第三节 核心概念界定

一 公共服务均等化

公共服务是指政府为满足社会公共需要而提供的物品和服务，是一定经济社会背景与政治制度条件下政府公共职能的集中反映。其内涵随着历史、社会、经济和政治的演变而变化。公共服务是当前公共行政和政府改革的核心议题①，公共服务到底指的是什么呢？一些学者纷纷从本质属性、受用主体、含括范围、供给机制等层面对公共服务做了探讨和界定。其中具有代表性的观点有：一是“公共产品”论，从经济学中的非排他性、非竞争性等公共产品特性引申，认为公共服务是指政府要为社会公众提供基本的、在不同阶段具有不同标准的、最终大致均等的公共物品②，是与公共产品相同的概念③。二是“受用主体”论，认为公共服务是在一

① 中共中央和国务院对于推进公共服务均等化非常重视，在党的全会报告和国家重要工作部署中均把推进公共服务均等化作为重要的政策动议，对推进公共服务均等化做了大量探索。党的十六届四中全会通过的《中共中央关于加强党的执政能力建设的决定》，提出要坚持以人为本、全面协调可持续发展的科学发展观，推动经济社会统筹发展；强调重视扩大就业再就业和健全社会保障体系；重视发展教育、科技、文化、卫生、体育等各项社会事业。十六届五中全会通过的《中共中央关于制定国民经济和社会发展第十一个五年规划的建议》，提出要按照公共服务均等化原则，加大对欠发达地区的支持力度，加快革命老区、民族地区、边疆地区和贫困地区经济社会发展。十六届六中全会审议通过的《中共中央关于构建社会主义和谐社会若干重大问题的决定》，确定了2020年构建和谐社会的目标和主要任务，包括基本公共服务体系更加完备，政府管理和服务水平有较大提高；提出逐步形成惠及全民的基本公共服务体系。党的十七大报告明确要求要推进基本公共服务均等化和主体功能区建设，完善公共财政体系；缩小区域发展差距，必须注重实现基本公共服务均等化，引导生产要素跨区域合理流动；围绕推进基本公共服务均等化和主体功能区建设，完善公共财政体系。2009年，全国财政工作会议提出要加快以改善民生为重点的社会建设，重点加大教育、就业、住房、医疗卫生、社会保障等民生领域投入，并向中西部地区倾斜，以稳定和改善居民消费预期，拉动消费需求。

② 江明融：《实现公共服务均等化目标的政策思考》，《特区经济》2006年第8期。

③ 按照公共经济学的观点，人们需求的产品可以分为公共产品、私人产品及介于公共与私人之间的混合产品。与私人产品相比，公共产品的基本特征是其具有非排他性和非竞争性。因为其“无利可图”难以由市场提供和保障，只能由政府来承担。私人产品属于个人消费的物品，可以通过市场获得无须政府负责。除上述公共产品和私人产品之外，还有大量的介于两者之间的混合物品。这些物品同时具有使用或消费上的非竞争性与收益上的排他性，应由政府、社会及市场共同提供。

个国家内处于不同地区的所有居民都能享受到的基本公共服务。[①] 三是“公民权利”论，认为公共服务指具有公民基本权利性质、不能因客观因素的差别而被剥夺的，包括有关公民存在与发展的基本民生性服务、公共事业性服务、公共安全性服务等。[②] 四是“供给主体”论，认为公共服务是指由法律授权的政府和非政府公共组织以及有关工商企业在纯粹公共物品、混合性公共物品以及特殊私人物品的生产和供给中所承担的职责。[③] 笔者认为公共服务的内涵之所以没有形成定论，主要是因为公共服务本身含义的多样[④]、公共服务改革的不断变化以及学者们探究的学科视角差异。当前学界主流观点认为，公共服务的外延大于公共产品的外延，公共服务具有公共产品的特征，并同时具备消费上的非排他性和非竞争性，隐含着普惠性、公平性、保障性等价值功能，是政府着眼公平正义、公民权利、社会福祉最大化为全社会及其公众所提供的服务。笔者在充分吸收上述学者观点的基础上，超越西方经济学通过界定物品的特性理解公共服务的思维逻辑，综合政治学、法学、经济学、公共管理等学科原理，将公共服务界定为：一个国家或者地区范围内，政府为回应社会公众基本需求，运用公共资源为社会提供，能为社会公众普遍所享用的基本民生性服务、公共事业性服务、公共安全性服务的总称。

当然，根据公共服务的层次和保障水平，其又可分为基本公共服务和非基本公共服务。前者是指政府为了保障公民的基本社会权利[⑤]、基础性福利水平，利用公共财政资源向全体公民提供大体相等的基础性公共服

① 刘德吉：《公共服务均等化的理念、制度因素及实现路径：文献综述》，《上海经济研究》2008 年第 4 期。耿卫新：《城乡基本公共服务均等化：破解城乡统筹发展的突破口》，《河北学刊》2011 年第 5 期。张恒龙、秦鹏亮：《由“经济建设型”向“公共服务型”政府模式的转型——基于 FDI 省际面板数据的实证分析》，《求是学刊》2013 年第 4 期。

② 郭琪：《实现地区间公共服务均等化的途径——浅析中国政府间均等化转移支付》，《当代经理人》2006 年第 3 期。常修泽：《公共服务均等化亟须体制支撑》，《瞭望》2007 年第 7 期。陈海威：《我国基本公共服务均等化问题探讨》，《中州学刊》2007 年第 3 期。

③ 马庆钰：《公共服务的几个基本理论问题》，《中共中央党校学报》2005 年第 10 期。

④ 公共服务可以是指物品、行为或者理念。物品是指那些由特定主体提供的有形或者无形的公共物品，行为是指政府除经济调节、市场监管、社会管理之外的公共物品供给的一种行为，理念是指当前公共行政改革强调政府应追求或注重服务性的一种理念和改革趋向。

⑤ 公民基本社会权利包括基本的生存权与基础性的发展权。

务，也即“社会基本善”，具体包括义务教育、基本医疗、基本社会保障等。后者是指政府为了提高公民生活质量和生活水平，满足公众超基本层次需求，运用公共资源为社会所提供的产品和服务的总称，如高等教育、高于社会保险水平的高福利等。本书所讨论的公共服务主要是基本公共服务，教育公共服务主要侧重于义务教育。

不同的均等理念和判定标准，直接决定着人们对公共服务均等化状况的评估，进而决定人们对公共服务均等化其他所有方面问题的看法①，影响着公众对公共服务的不同政策指向和诉求。均等化就是指事物均衡、相等的状态以及伴随着的调节与平衡过程。均等化的结果是趋向均衡和相等，当然这只是大体程度上的，不可能做到绝对均衡、相等。均等一般可以分为结果均等和机会均等，前者主要强调结果方面的均等，是实质意义上的均等；后者强调起点和过程的平等，关注的是赋予人们具有同等的条件、权利和机会，是教育投入所产出的结果是否公平②，是形式意义上的均等。目前学术界对于公共服务均等化的程度秉持不同的观点，有学者认为全体公民享有的基本公共服务的机会和原则应均等③；有学者强调生存方面的公共服务应结果均等，而发展方面的公共服务应机会均等④。笔者认为，公共服务均等化是一个强调机会均等、资源统筹、成果互享和配置统一的范畴，而不是单纯强调每一个社会公民都要享受到一致的公共服务，而是应该在承认城乡、区域、校际存在合理差别的前提下保障公民享有一定标准之上的基本公共服务。对于解决公共服务的不平等，应遵循罗尔斯（John Bordley Rawls）正义第二原则⑤，在承认公共服务在公民间差异存在的基础上，通过体现“差异原则”的公共服务制度安排实现对最少受惠者的关爱和社

---

① 刘德吉：《公共服务均等化的理念、制度因素及实现路径：文献综述》，《上海经济研究》2008 年第 4 期。

② James S. Coleman, “The Concept of Equality of Educational Opportunity”, *Harvard Educational Review*, Vol. 38, No. 1, Winter 1968, pp. 7 – 22.

③ 常修泽：《公共服务均等化需要体制支撑》，《瞭望》2007 年第 2 期。

④ 刘建新、刘彦超：《论城乡公共服务供给平等与和谐社会构建》，《燕山大学学报》（哲学社会科学版）2007 年第 1 期。

⑤ 罗尔斯在《正义论》中就正义的内涵、原则等问题进行了系统的论述。他提出的两个正义原则，分别是“平等自由原则”和“机会平等和差异原则”。前者主张每个公民平等地享有与其他人相容的自由，也即最大平等自由原则。后者要求社会不平等的安排应该使：职务和地位向所有人开放，也即公平的机会均等；最不利者获得最大的利益，也即差别对待。

会最弱势群体的改善①。正如罗尔斯所说的“正义原则所要求的是，各种（可允许的）不平等，应该使某种功能性的分配有利于最不利者的期待”②。公共服务的供给理念和政策安排主要突出强调保障弱势群体基本公共服务供给，尊重公民关于公共服务的自由选择权，将基本公共服务保障水平差异控制在合理范围。

二　教育统筹发展

中国教育问题的错综复杂性决定了教育发展是一项系统化的工程，教育改革是一项受社会各要素影响的系统改革。推进中国教育发展，核心是实现教育公平发展、均衡发展，最急切的议题是通过推进教育治理体系和治理能力的现代化，来优化教育内部体系结构并调适其与经济社会协同发展。优化教育内部体系结构，协调好教育与经济社会发展的关系，关键在于建立高效的统筹体制机制，推进各级各类教育区域和城乡发展的整体性、均衡性、系统性、协调性。当前教育均等化缺乏面向中国问题的体系，“缺乏一个宏观的核心治理体系作为公平研究的独立框架支撑，缺乏一个严格方法论上的治理策略指导”③。笔者认为，教育统筹就是解决中国教育热点难点问题的一个方法论意义层面的工具，是推进中国教育公平治理的逻辑框架。所谓教育统筹，就是指为了实现教育公平发展，坚持运用运筹学、系统论、协同论的改革思维，将教育置于诸多社会要素系统，由多元统筹主体在效率与公平价值秩序优先抉择前提下，依据政治、经济、文化、社会等教育改革现实诉求，综合管理各级各类教育的规模、结构和质量，在城乡、区域、校际之间科学、有效、持续地配置与调度教育资源，从而推动国家或地区教育均衡发展的行为与过程。

一般来说，教育统筹包括统筹目标、统筹主体、统筹权力、统筹对象、统筹要素、统筹方式、统筹效果等结构元素。教育统筹发展的目标，

---

① 这里罗尔斯基于天赋非应得的观念提出正义第二原则，不是对天赋较高者的剥夺，而只是对天赋较低者的一种补偿，也就是指要补偿社会原初状态、天赋优势和历史偶然性（即市场调节）共同作用下最不利的公民。现实社会中的最不利者，尽管其平等的基本权利、自由和公平的机会都得到了保障，但还是由于自身自然条件、社会公共服务制度、经济政策等因素影响，导致“社会最不利者”的存在。

② ［美］约翰·罗尔斯：《政治自由主义》，万俊人译，译林出版社2001年版，第301页。

③ 李涛、姚俊：《建构面向“中国问题”的教育公平治理体系——方法论新范式：统筹教育论纲》，《江淮论坛》2009年第4期。

是为了推进教育公平和均衡发展，着力解决教育内部不同类别、层级、区域之间教育资源配置失衡问题，实现整个社会系统教育效益的总体改进与提升。教育统筹的主体不仅包括各级党委、政府等官方机构，还包括诸多民间主体，如一些社会教育机构、协会、志愿团队及其他培训机构等。教育统筹的客体不仅需要优化配置教育资源，还需要聚合和培育教育资源。教育统筹的类别为各级各类教育，具体包括基础教育、职业教育、高等教育和成人教育等；教育统筹的侧重对象有城乡教育、区域教育、校际教育等；统筹要素则包括办学财政投入、教师、校舍、其他办学条件等。教育统筹的方式集中体现为教育政策调控、教育资源配置、教育行政规制等。教育统筹发展的概念框架如图 1—1 所示。

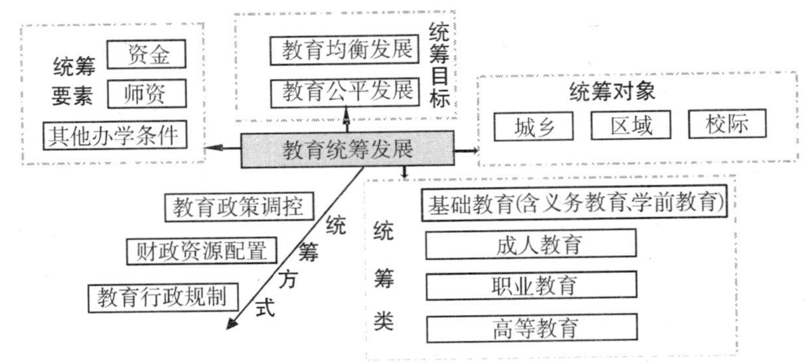

图 1—1　教育统筹发展的总体框架

在本书中，教育统筹发展的核心是统筹城乡和区域间各级各类教育均衡发展，重点应该放在统筹省域教育发展方面，加强省域范围内教育“宏观管理、师资流动、学校布局、资金配置、就学机会、教育质量等方面的综合治理”①，强调突出对省级政府统筹政策、统筹方式、统筹权力的分析，研究省级政府在推进城乡、区域、校际基础教育均衡发展的基本效果，从教育统筹的政策调控、资源配置、行政规制等层面探究统筹效果的致因。

三　效果评价

效果评价，也即绩效评价，是指组织在既定的战略目标下，运用特定的标准和指标，对组织或者项目（包括员工）的工作行为及取得的工作

① 李涛、姚俊：《建构面向“中国问题”的教育公平治理体系——方法论新范式：统筹教育论纲》，《江淮论坛》2009 年第 4 期。

业绩进行测评的过程和方法。效果评价是对基于预期目标所取得的成果进行评价的过程，评价指标有将资源转变成产品和服务的效率、质量、效果，以及实现项目目标运行过程的有效性。① 效果评价是工商企业管理中常用的方法，经常运用于企业人力资源管理、项目管理、团队管理等领域。人力资源管理领域的效果评估，是按照具体的评价指标和考核标准，对组织内的员工业绩进行的考核和评估过程。而对于组织管理特别是公共管理领域，效果评价是"利用评估信息帮助建立绩效目标，分配并优先配给资源，通知管理者核实或改变目前的政策或项目的方向以达到目标，并报告是否成功达到了这些目的"，是一个受多种环节和要素影响的动态变化过程，包括"部门绩效的战略规划，年度绩效计划，持续性绩效管理，绩效评估、报告和信息利用"②，是针对公共组织履行职能、完成工作任务、实现组织目标的过程和效果所进行的综合性评价、控制与改进过程，是与人力资源管理、战略管理等相对的管理活动类型③。正如米歇尔·阿姆斯特朗（Michael Armstrong）指出的，效果评价"涉及组织管理活动的各个环节，具有自己的基本信念和理论基础，不是一种技术而是多项技术的集合，并且在实际操作中体现自己的特点"④。

教育统筹发展效果评价，尽管测评的是教育统筹发展的程度和水平，但实际上测评的是统筹主体作用教育系统、推进教育均衡发展的结果和成效，本书中测评的主要是省级政府统筹省域内各级各类教育发展的程度。这个意义上，效果评价的侧重点在于省级政府关于教育统筹职能的实现程度、教育统筹政策效果、教育统筹方式方法的系统产出等。省级政府教育统筹效果评价是根据管理的效率、能力、服务质量、公共责任和社会公众满意程度等方面的判断，对省级政府及教育行政部门统筹教育的业绩、成就和实际工作做出尽可能准确的评价，运用科学的标准、方法和程序对绩效进行评定和划分等级。⑤

---

① "Office of Management and Budget", *Primer On Performance Measurement*, 1995.

② 周志忍：《发达国家政府绩效管理》，《部级领导干部历史文化讲座》，北京图书馆出版社 2005 年版，第 211—212 页。

③ 高小平、盛明科、刘杰：《中国绩效管理的实践与理论》，《中国社会科学》2011 年第 6 期。

④ Miehael Armstrong, *Performance Management*, London: Kogan Page Limited, 1994.

⑤ 彭国甫：《对政府绩效评估几个基本问题的反思》，《湘潭大学学报》（哲学社会科学版）2004 年第 3 期。

第四节　研究思路、方法与创新点

一　研究思路

立足当前推进基本公共服务均等化的大背景，结合省级政府教育统筹发展的现状，运用规范研究和实证研究方法，阐述省级政府教育统筹发展的现行体制机制、财政资源配置、政策保障体系，研究我国区域、城乡、校际之间教育均衡发展水平与省级政府教育统筹体制机制、财政配置、政策制度之间的相关性，挖掘省级政府教育统筹发展存在的主要困境，最后形成省级政府教育统筹发展政策供给创新与效果提升的对策建议。本书研究的目标在于：探讨省级政府教育统筹发展治理体制机制与政策体系的结构及变迁规律，构建一套较为科学合理的省级政府教育统筹发展成效评价体系，对样本省（市、自治区）级政府教育统筹发展成效进行多指标综合评价，得出省级政府教育统筹发展整体成效的综合排名和成效水平值，研究区域、城乡、校际之间教育均衡发展水平的省级政府统筹治理致因，探究推进省级政府教育统筹发展政策供给创新与效果提升的对策建议。

本书的研究思路与技术线路如图1—2所示。

按照上述研究思路与目标，将本书的研究框架与内容规划为五个部分：

第一，公共服务均等化背景下省级政府教育统筹发展的理论阐释。对省级政府教育统筹发展的内涵进行界定的基础上，运用教育伦理与公共行政学的基本原理，分析省级政府教育统筹发展对于保障公民生存权、就业权、发展权等的作用，分析省级政府教育统筹发展效果评价对于准确研判教育公共服务均等化、提升省级政府教育统筹政策科学化水平、推进教育治理体系与治理能力现代化的重要价值。

第二，促进省级政府教育统筹发展的现行体制机制与政策体系研究。通过梳理有关省级政府教育统筹发展的相关政策文本，解释省级政府教育统筹制度的变化及其内在规律，从整体上把握省级政府教育统筹发展制度的演变脉络。对省级政府教育统筹内容和方式进行分析，研究省级政府教育统筹发展的制度变迁过程及其趋势，探寻省级政府教育统筹制度存在的问题，以推进省级政府教育统筹发展实践的不断深入。

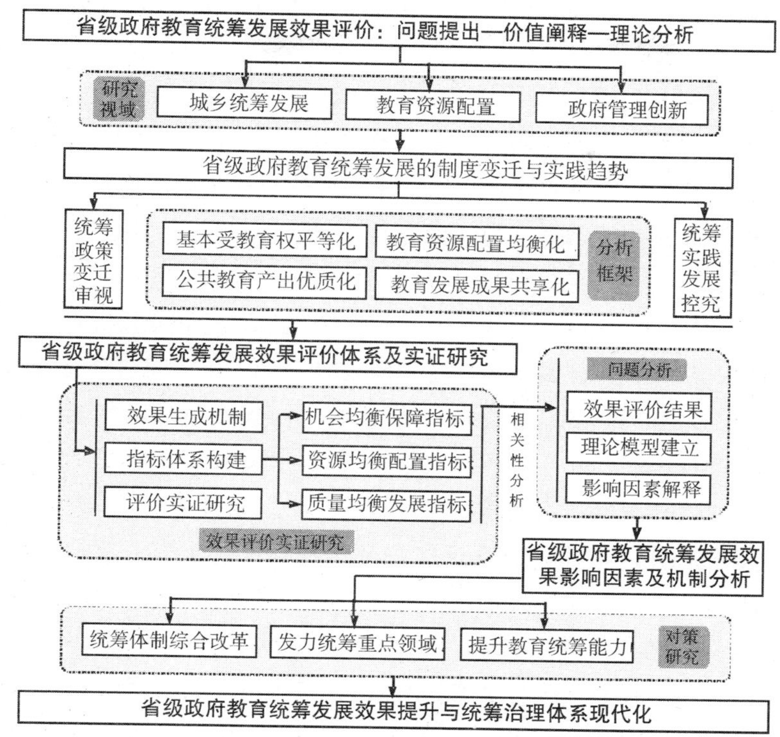

图 1—2 研究思路与框架

第三，省级政府教育统筹发展效果评价体系构建与实证研究。构建省级政府教育发展结果统筹、过程统筹、机会均等的效果分析框架，以样本省（市、自治区）级政府为研究对象，构建政府教育统筹发展效果评价指标体系和模型，并以 5 年的面板数据进行效果实证评价，然后探讨省级政府教育统筹发展政策供给与效果之间的相关性。

第四，省级政府教育发展非均等化与政策供给困境研究。基于省级政府教育统筹发展效果实证评价结果，从教育管理体制、政策制定、财政投入、政府职能履行等方面，运用回归方程分析省级政府教育发展失衡与效果的相关性，研究当前我国省级政府教育发展非均衡化的成因。

第五，公共服务均等化背景下省级政府教育统筹发展的政策供给创新与效果提升研究。坚持以问题为导向，从影响和制约省级政府教育统筹发展效果的关键要素发力，深入各级各类教育、区域、城乡、校际之间教育均衡发展面临的诸多深层次矛盾，研究推进省级政府教育统筹发展政策供给的创新路径，以及寻求超越政策制定与执行系统思维层面的政策供给创新。

二　研究方法

规范研究方法。力求探讨一套比较科学合理的省级政府教育统筹发展成效评价体系，以期为我国教育统筹发展评价与政策创新提供一个分析框架、方法论原则和可供借鉴的体系。

实证研究方法。将省级政府教育统筹发展成效评价知识建立于观察或经验的基础之上，通过对具体样本政府实施效果和发展变化进行描述、分析和检验，从而检验课题提出的各种假说和理论。运用问卷调查和访谈的方式，调查部分省（市、自治区）域学校、家长、学生对教育统筹发展的成效感知，走访教育、发展与改革委员会、财政等综合管理部门，搜集有关国家相关政策实施及其成效的数据、文件和案例等。

定量分析方法。计算教育机会均衡保障指标、教育资源均衡配置指标、教育质量与成就均衡发展指标的标准差和变异系数，描述全国省级政府教育统筹发展的总体特征。运用因子分析、两步聚类法对全国 31 个省、自治区、直辖市的省级政府教育统筹发展效果进行综合评价，以及利用软件 Acrgis 10.2 系统分析省级政府教育统筹区域差距的空间格局演化趋势。采用熵值法和聚类分析方法对湖南省 14 个地级市政府教育公共服务供给差异进行综合评价，系统分析湖南省区域教育公共服务的空间格局演化机制。根据研究收集的面板数据，建立面板数据多元线性回归模型，探讨省级政府教育统筹发展不平衡的影响因素。

文本与文献分析法。广泛收集有关国家教育统筹政策及学术界相关的文献资料，把握国内外研究动态，借鉴已有成果，寻找该研究领域新的突破点。对改革开放以来中国颁布的主要教育政策文本进行定性分析，探究国家在社会转型时期推进教育公共服务均等化发展政策的价值取向及政策特征，解释教育统筹政策、统筹权利、统筹体制机制变迁的整体过程，研究未来一段时期推进省级政府教育统筹治理体系的对策建议。

三　创新点

研究省级政府教育统筹发展政策体系与治理、结构的演变规律。系统研究省级政府教育统筹发展政策体系与治理结构的内容，从历史与现实相结合的视角探讨其变迁的过程与逻辑，抽象出省级政府教育统筹发展治理的理论框架。

构建一套较为科学合理的省级政府教育统筹发展成效评价体系。通过对省级政府教育统筹发展成效评价的内涵与性质、结构与功能、体系与维度的分析，构建一套比较科学合理的省级政府教育统筹发展成效评价体系。

首次系统地对省级政府教育统筹发展成效进行实证测评。采取多元统计分析模型对31个省（市、自治区）域政府教育统筹发展效果进行因子与聚类分析，从时空角度对各省级政府教育统筹发展差异状况进行实证分析。采用熵值法和聚类分析方法对湖南省14个地级市政府教育公共服务供给差异进行综合分析与评价，在此基础上分析教育公共服务供给的空间特征。

第二章　公共服务均等化与省级政府教育统筹发展评价的理论阐释

公共服务均等化视角下省级政府教育统筹发展，直接关联国家基础教育公平发展的大局，影响教育综合改革决策和教育公共治理体系建设，是一个具有很强理论和实践意义的课题。恩格斯曾说过，“平等是正义的表现，是完善的政治制度和社会制度的原则”。推进基础教育公平发展和教育基本公共服务均等化，是政府教育制度与政策伦理的应有之义，是促进政府担当起人人享有平等受教育权利的关键之维，是保障全社会广大公民起点公平和机会均等的普善之举。本章在分析基本公共服务均等化的教育维度基础上，界定省级政府教育统筹发展在目标、权力、政策等方面的特征，阐释省级政府教育统筹发展效果评价的理论内涵与现实价值。

第一节　公共服务均等化的教育发展维度

作为基本公共服务的重要组成部分，教育均衡发展是实现我国基本公共服务均等化的重要突破口。通过深化教育综合改革，促进区域、城乡、群体之间教育资源均等化配置，力争在教育制度、教育政策、教育管理与教育保障等各个方面实现新的突破，有助于促进教育均等化以及基本公共服务均等化的早日实现。基本公共服务均等化视角下的教育发展，主要包括四个基本维度：受教育权的平等化、教育资源配置的均衡化、教育发展成果共享化和教育公共产品的优质化。这四个维度是一个有机联系的统一体，共同呈现出基本教育公共服务均等化的本质。

一　基本受教育权平等化

受教育权是一项基本人权，是宪法赋予的基本权利，是公平享受文化教育的前提和基础，指的是公民享有从国家接受文化教育的机会和获得受教育物质帮助的权利。1793 年，《雅各宾宪法》首次以宪法的形式规定了受教育权。1948 年《联合国人权宣言》也明确规定："不论什么阶层，不论什么经济条件，也不论父母的居住地，一切儿童都有受教育的权利。"新中国成立以来的四部宪法也都确认了公民的受教育权，现行宪法明确规定"中华人民共和国公民享有受教育的权利和义务"。当今许多国家都以宪法的形式明确了公民的受教育权，受教育权已成为一项普遍的法定权利。

平等是文明社会追求的共同目标，是衡量一个国家文明程度的基本指标之一。平等权是指公民平等地享有，不受任何差别对待，受国家同等保护的权利。受教育权作为一项基本权利，平等原则是其享有与行使的首要原则。[①] 第二次世界大战以后，受教育权平等基本上已被各个国家用宪法或其他法律予以确定。在中国，《中华人民共和国教育法》明确规定："中华人民共和国公民有受教育的权利和义务，公民不分民族、种族、性别、职业、财产状况、宗教信仰等，依法享有平等的受教育机会。"受教育权平等的核心是受教育机会平等。在西方，对教育机会平等的内涵有着不同的解释。早在 16 世纪宗教改革运动中，以马丁·路德（Martin Luther）为首的德国新教领袖们就提出教育机会均等的思想，要求市镇当局为市民子弟接受初等教育设立学校。约翰·罗尔斯（John Rawls）认为："机会平等意味着由一系列的机构来保证具有类似动机的人都有受教育和培养的类似机会。"[②] 霍（K. R. Howe）认为，教育机会均等就是只要个体具有获得某种教育的平等机会，教育结果的不平等在道德上是允许的。换言之，在探讨教育公平时必须对机会均等和结果均等进行严格区分，而且承认现实中结果不均等的合理性。我国学者对受教育权平等也有不同的解释，主要从以下三个层面进行探讨，即：入学机会的平等（或称受教育机会平等）教育过程待遇的平等及学业成就的平等。[③] 纵观国内外的研究可发现，受教育权利平等化，在世界范围内已获得了普遍认可和基本保障。

---

① 熊轶：《论受教育权平等及其法律保障》，《法制与经济》2008 年第 7 期。

② ［美］约翰·罗尔斯：《正义论》，何怀宏等译，中国社会科学出版社 1988 年版，第 268—269 页。

③ 曲相霏：《析受教育权平等》，《山东大学学报》（哲学社会科学版）2003 年第 5 期。

受教育权的平等化是保证教育发展均等化的基本前提，也是基本公共服务均等化实现的重要基础，理应受到政府、社会及家庭的关注，并切实予以保障。但当前，在我国实现基本公共服务均等化的实践中，公民享有受教育权的平等性却大打折扣，在诸多方面存在着受教育权的“差别对待”。农村儿童与少年、进城务工人员随迁子女、不同地区考生的受教育权都存在着差别对待[①]；残疾、智障等特殊群体、贫困山区及不同性别的少年儿童受教育机会也存在着不平等；不同地区、不同类型学校的学生在受教育过程享受的待遇以及城乡之间、重点学校与非重点等不同类型的学校之间的教育效果、学业成就也有诸多不平等。因此必须采取措施解决这一系列问题，扭转不平等的现状，实现受教育权的平等化，从源头上保证我国教育的均衡化发展，推进基本公共服务均等化的实现。

二　教育资源配置均衡化

均衡是对事物发展的一种状态的描述，主要是指影响事物发展诸要素的力量大致相当。[②] 均衡本是物理学领域的名词，后在多学科领域得到拓展与运用。在经济学领域，“均衡发展”和“非均衡发展”最初出现在经济学家对经济发展模式的争论上。教育研究者将“均衡”概念引入教育领域，出现了“教育均衡”“教育资源配置均衡”等概念。[③] 教育资源配置的均衡化主要是指将有限的资源在各级各类教育之间、各地区之间以及各学校之间进行均衡化的分配，以期投入的教育资源能最大程度的有效使用。值得注意的是，教育资源配置均衡化并不意味着教育资源的平均分配，而是为了达到教育资源供给与需求的相对均衡，使社会成员能平等享受各种教育资源。因此，在注重教育资源配置均衡化的过程中，不能盲目注重数量上的均等、盲目取消差异，进而走向绝对平均化的道路。[④]

资源配置均衡是一个相对复杂的概念，主要体现在：首先，要确保中央与地方教育资源投入的均衡。根据财权和事权相一致的原则合理确定好

---

① 余雅风：《论公民受教育权平等保护的合理差别对待标准》，《北京师范大学学报》（社会科学版）2008 年第 4 期。

② 鲍传友：《教育公平与政府责任》，北京师范大学出版社 2011 年第 3 版，第 194 页。

③ 栗玉香等：《义务教育财政均衡：政策与效果——基于北京市的实证分析》，经济科学出版社 2009 年版，第 1 页。

④ 杨玉琼：《我国义务教育阶段教师资源配置均衡状况研究》，《中国教育经济学学术年会论文集》，2010 年，第 1—13 页。

中央和地方教育资源的投入比例，从而保证教育资源投入总量的稳定，这是实现教育资源供给和需求相对均衡的前提和基础；其次，需要在不同区域、学校、群体间均衡配置教育资源，进而不断缩小区域、校际及群体间的教育差距；再次，要确保教育资源各要素间的均衡配置，即财力、物力、师资等方面的相对均衡，教育的均衡发展离不开人、财、物各资源要素的均衡配置；最后，要确保各级各类教育间的资源配置相对均衡化，以保证不同类别的教育都能得以充分的发展，实现各级各类教育的协调、和谐发展。资源配置均衡化的最终目的是实现教育整体的均衡发展，只有保证上述各方面资源配置的均衡化，才能从整体上有效促进我国教育的均衡发展。

美国著名教育家霍拉斯·曼（Horace Mann）曾说过，如果一位政治家在他的全部计划中，没有包括所有人都应该享有教育的话，那他就配不上政治家这个称号。我国党和国家领导人高度重视教育公平和教育资源均衡发展问题。习近平总书记反复强调，要让13亿人民享有更好、更公平的教育，努力让每个人都有人生出彩的机会。李克强总理提出，要促进教育事业优先发展、公平发展。要继续加大教育资源向中西部和农村倾斜，促进义务教育均衡发展。国内有学者认为，教育的资源分配部分决定了个体参与社会竞争的初始条件，初始条件不平等是造成未来收入分配差距的重要原因之一。[①] 可见资源的均衡配置对缩小社会、教育以及个人之间的发展差距有着重要的影响和作用，教育资源配置均衡化势在必行。但从当前我国教育资源配置的现实情况来看，无论在中央与地方教育资源的投入上，还是在不同区域、学校、群体间的资源配置上，以及财力、物力和教师资源的要素配置上都存在严重失衡现象，需要政府、社会等各方积极行动，努力改变当前的失衡局面。

资源配置的均衡化是受教育权平等化的重要保证，也是实现教育结果均等的必要条件，如果缺乏教育的物质保障，公民受教育权的平等化以及教育结果的均等化都只能是一场空。因而需要在坚持公平原则、弱势补偿等原则的基础上调整现有资源配置格局，满足公众教育利益需求，从制度、政策及实践上不断创新和突破，改变当前的失衡局面，逐步满足人民群众对教育资源配置均等化及教育领域公共服务均等化的诉求。

---

① 张菀洺：《教育公平：政府责任与财政制度》，社会科学文献出版社2013年，第166页。

三　公共教育产出优质化

教育服务产出主要包括教育的直接产出和间接产出。直接产出通常是指学生在受教育过程中获得或养成的知识、技能、态度、品行等等；间接产出主要是指学生毕业进入社会各个部门后所接受的教育对提高生产率、增加国民收入以及个人收益所起的作用。① 教育优质化是一种全新的教育可持续发展观，是一种全新的教育发展理念。公共教育产出作为公共教育服务的重要组成部分，也需转变发展理念，不仅要注重教育产出的数量，更要注重教育产出的质量，实现公共教育均等化基础上的产出优质化。

随着知识经济时代的到来，知识越来越重要，人才也越来越宝贵，人力资本成为经济社会发展的源泉和根本动力。不同国家和地区之间的竞争，越来越表现为知识和创新的竞争，表现为高质量人才的竞争。经济增长也越来越依赖知识和技术的创新，而知识和技术创新以及技术的产业化，也取决于人力资本的存量结构和质量。未来不同国家和民族的竞争，主要体现在人力资本的竞争以及人力资本的质量上。提高我国综合国力及其竞争力，亟须提高人力资本的质量。知识经济时代需要有文化、有专业知识、有较高综合素养的人才，这就需要国家不断提高教育质量，实现教育产出的优质化，以满足当前经济社会发展的需要和挑战。可当前，我国的教育产出在数量上确实取得了惊人成绩，然而在教育产出的质量上却停滞不前，存在着诸多问题，不能满足当前人民群众优质化的教育需求。

公共教育的优质均等化尤其是公共教育产出的优质化是基本公共服务均等化的实现途径之一，是构建社会主义和谐社会的必然要求。因此，需积极采取措施，把国家和社会对教育产出数量的关注热情逐步转移到对教育产出质量的关注上来。首先，需要政府在顶层设计上加大对教育产出质量的重视，并从投入上予以保障，保证教育发展所需要的优质教师资源，保障不同地区、学校、群体及个人能相对均等的享受各种优质教育资源；其次，仍需大力全面推行素质教育，将素质教育的理念真正深入学校、家庭及个人的头脑中，并在实践中真正予以落实；最后，在进行教育产出核算时，不再单纯注重教育产出的数量，需增加教育产出质量指标所占的比例。从而在全社会形成一种注重教育产出质量的环境和氛围，进而影响学校、家庭及个人的教育理念，最终实现教育产出的优质化。同时，通过教育产出的优质化不断促进公共教

① 罗良清：《现行教育产出之定义评析》，《当代财经》2005 年第 11 期。

育服务的优质均等化，推进基本公共服务均等化的实现。

四 教育发展成果共享化

教育发展的最终目的是为了满足人民群众日益增长的教育发展需求，以增进人民群众的满意度。这其中涵括两个方面的内容：一是如何尽可能地促进教育的发展，以保证教育数量、质量上的有效供给；二是教育发展成果在不同区域、不同学校及群体中的均衡供给，实现教育发展成果的共享化。随着国家对教育的日益重视以及教育改革发展不断向纵深化推进，我国的教育事业也取得了很大的发展与进步，义务教育全面普及，有学上的问题基本解决，教育质量不断提升等等，但在取得巨大发展与成就的同时，各种矛盾和利益冲突也日益凸显。究其根源，一个重要的原因就是教育发展成果共享不足所导致的教育发展不均衡、不公平等问题。如不及时采取措施解决这些问题，将对教育事业的进一步发展形成阻碍，甚至危及教育发展已经取得的成果。如何最大限度地满足人民群众的教育需求，实现教育发展的公平化与均衡化，让人民群众共享教育发展成果，已成为当前我国教育改革发展进入深水区面临的重要挑战。

改革发展成果共享是社会主义的基本价值追求，也是社会公平正义的内在要求。[①] 党和国家曾多次强调“发展依靠人民、发展为了人民、发展成果由人民共享”，发展成果共享成为党和国家的执政理念和奋斗目标。共享社会发展成果，不仅要共享物质文明成果，也要共享精神文明成果和文化发展成果。教育发展成果作为改革发展成果的重要方面，也需在人民群众间实现共享。实现教育发展成果共享是一项宏大的系统工程，它的实现不仅有利于社会成员平等地接受教育，均衡地获得教育资源，公平地获取教育成就，促进社会成员全面发展；也有利于我国教育事业的健康、稳定和可持续发展，同时还有利于促进整个社会的公平竞争，推进社会公平的实现。

教育发展成果共享化同基本公共服务均等化以及教育发展的均衡化息息相关，比较理想的基本公共服务均等化状态就包含“学有所教、劳有所得、病有所医、老有所养、住有所居”等内容，只有让人民群众共享改革发展成果，共享教育发展成果，才能真正实现“学有所教、劳有所得、病有所医、老有所养、住有所居”，实现公共服务的均等化；比较理

---

① 张贤明、张平：《论改革发展成果共享权及其实现》，《湖北社会科学》2013 年第 10 期。

想的教育发展均衡状态，意味着不同区域之间的教育资源、教育发展效果趋向均衡；不同类型学校之间的教育待遇、基础设施及师资水平等大体相当；不同群体和个体间的教育机会、教育待遇及教育成就相对平等，共同促进教育差距的缩小以及各级各类教育的协调、均衡发展。因此，在促进教育发展的过程中，要树立教育发展成果共享的理念、建立教育统筹发展成果共享机制，统筹全局，重点关注特殊地区、特殊群体的教育发展状况和需求，不断推进教育统筹发展成果共享化的实现。

第二节　省级政府教育统筹发展的基本维度及其特点

当前，我国正处于教育改革发展的攻坚期，原有的教育管理体制、资源配置格局、利益樊篱等难以突破，贫困地区、落后学校、特殊群体的教育发展面临诸多问题与困难。实施省级政府教育统筹，发挥省级政府的统筹管理作用，缩小区域、城乡、校际以及群体间的教育差距，带动省域内各市县教育的均衡发展，促进全国整体教育的均衡发展。走均衡发展之路，关乎和谐社会的构建，关乎教育公平乃至社会公平的实现，同时也是一个事关中国社会稳定和未来走向的重大战略问题。教育既是"国计"，也是"民生"，省级政府教育统筹发展，既是贯彻《教育发展规划纲要》政策要领、落实十八届三中全会精神，实现教育公平和均衡发展的战略选择，也是维护广大人民群众的根本利益，满足老百姓教育发展需求变化的战略抉择。

在深化教育领域综合改革方面，省级政府教育统筹发展是一个突破口，也是一种拉动力量。在中央政府顶层制度设计的指导下，省级政府教育统筹发展也不断规范化、系统化，并逐步成为政府长期的自觉行为。省级政府教育统筹发展综合改革具有区别于一般意义上教育改革的独特意义逻辑，它绝不仅仅是一般教育改革在省域内的自然展开。① 这种区别与不同主要是通过四个核心维度及其特点来展现的，它们分别是：教育统筹发展目标、教育统筹发展责任、教育统筹发展内容及教育统筹发展产品，四

---

① 李涛、宋玉波：《中国统筹城乡教育综合改革的全景透析：从历史到现状》，《江淮论坛》2011 年第 1 期。

个维度相互关联，共同呈现出省级政府教育统筹发展的内涵及其外延。同时四个基本维度各有其突出的特点和属性，通过对其所具有的突出特点进行阐述和总结，能帮助我们更加深入了解省级政府教育统筹发展的内涵及其本质。

一　教育统筹发展目标的公益性

公益通常被解释为“公共利益”。教育作为公共物品，公益性是其所具有的基本属性。美国著名经济学家米尔顿·费里德曼（Milton Friedman）认为，教育对社会具有“正邻近影响”，即它所提供的产品和服务不仅有利于受教育者自身，而且社会上其他成员也会从中得到好处，并有利于促进社会的稳定和民主。[①] 作为一项公益性事业，追求公共利益曾是发展教育事业的基本目标。[②] 当然，教育统筹发展目标也不例外，具有明显的公益性价值属性和特征。教育统筹发展最初是针对义务教育均衡发展所提出来的，经过不断的完善与拓展，其统筹目标发展为：希望通过对教育各方面的统筹协调、安排与改革，不断缩小区域、城乡、校际、群体的教育差距，实现教育均衡发展，不断满足人民群众的教育发展需求。统筹目标充分体现了对人民群众公共教育服务需求、利益的满足和保障，彰显出目标的公益性特征。

省级政府统筹教育发展是党和国家根据当前教育发展的需要、时情所做出的重要战略选择，是推进我国教育发展进入新阶段的重要战略设计。其最终目的是为了满足人民群众的教育需求、实现广大人民群众的福祉、保障人民群众的公共利益，充分体现了教育统筹目标的公益性。省级政府教育统筹发展目标的公益性主要蕴含于其所包括的教育改革、教育发展和教育服务三个方面。教育改革方面的公益性主要体现在教育改革的最终目的是为了办人民满意的教育。在省级政府的统筹下，推进人才培养体制改革、投入保障体制改革、办学体制改革等，切实解决人民群众反映强烈的热点、难点问题，使改革成效让老百姓看得见。通过省级政府教育统筹综合改革，促进教育公平的早日实现。教育发展方面

---

① ［美］米尔顿·费里德曼：《资本主义与自由》，张瑞玉译，商务印书馆1986年版，第84页。

② 邢永富：《教育公益性原则略论》，《北京师范大学学报》（人文社会科学版）2001年第2期。

的公益性主要体现在教育发展为了人民，发展成果由人民共享。在省级政府的统筹主导下，从本地教育发展实际情况出发，统筹推进各级各类教育的发展、推进区域内教育发展现代化的总体布局、推进城市化进程中的教育发展以及推进扩大教育开放等，最终实现教育的科学发展、协调发展和可持续发展。让人民群众能够共享优质化、均等化的教育，实现教育发展成果由人民共享。教育服务方面的公益性主要体现在切实履行公共教育服务职能、保障教育服务供给、促进教育公共服务均等化的实现等方面。通过省级政府的统筹管理，提供更加开放、更加便利的公共教育服务，为社会发展需要提供更多优秀人才。教育服务的供给过程是省级政府统筹教育发展与公众需要直接产生联系的环节，省级政府及其相关部门通过教育服务的供给与保障履行公共责任，最直接地体现省级政府统筹教育发展的公益性。

市场化的选择、产业化的运作模式造就更多的是工具人，他们势必缺乏批判的理性和现实思考的能力，在公共活动空间中缺乏承担公共责任的能力和意识。[①] 因此，无论当前的市场经济如何发展和膨胀，教育如何变化发展，由谁举办，始终都要坚持教育的公益性、坚持教育统筹发展目标的公益性，在公益性理念的指引下培养出一批具有公共责任意识的理性人。

二 教育统筹发展责任的层次性

教育统筹发展责任具有层次性。教育统筹发展，政府承担着主要的责任。教育统筹发展的责任与政府层级的高低成正比。越低层级的政府，教育统筹管理的任务就越具体，责任也越明显。市级政府考虑的是全市各区、各乡镇的教育统筹均衡发展；省级政府统筹考虑的是全省不同地区、学校、群体间的教育改革与发展、省域内教育资源的最优配置、教育差距的缩小等；中央政府统筹考虑的则是全国范围内各地区的各级各类教育，更多是进行宏观上的考虑，大范围的统筹，东、中、西部的教育发展全在其统筹管辖范围之中，统筹责任重大。总之，层级越高的政府，教育统筹发展的责任也就越大。

对于省级政府教育统筹管理，省级政府承担着主要的责任。但由于受

① 米红、李小娃：《公益性：民办高校发展的现实关照——兼论高等教育的产业属性》，《山西大学学报》（哲学社会科学版）2009 年第 3 期。

省级政府财力、能力和市场发育程度等综合因素的限制，省级政府不可能包办一切事物，承担一切责任，而是需要根据责任的大小和任务的轻重缓急，确定合适的责任主体，实行责任分担，合理划定省级政府、市县级政府及乡级政府的责任，明确政府、学校、社会、家庭各自的教育统筹责任。省级政府教育统筹发展责任具有明显的层次性。一方面，省级政府教育统筹发展责任具有纵向层次性。省、市、县以及乡级政府共同承担教育统筹发展责任，省级政府承担主要统筹责任。当前，省域内利益分化日趋多元，不同市县、学校、群体教育差距逐步扩大，没有省级政府的有力统筹部署，只见树木不见森林，各市县、各学校共识就无法凝聚、发展步调就无法协调，省级政府教育统筹发展实践将寸步难行。在强调省级政府担负教育统筹发展主要责任的同时，县级、乡级政府也必须切实承担与其权力相符的责任，作为教育统筹发展政策的具体执行者，需切实履行资源配置、提供服务等具体职能，充分发挥基层政府的智慧和力量，担负起教育统筹发挥的具体责任，满足人民群众的教育发展需求。另一方面，省级政府教育统筹发展责任具有横向层次性。政府、社会、学校、家庭等主体共同担负着教育统筹发展的责任。政府作为教育资源的提供者、教育行为的调控者、教育发展水平与发展质量的检测评估者，需切实履行其职能，担负起教育统筹规划、监督管理、资源配置等责任；社会作为教育统筹发展的重要参与主体，具有政府统筹教育发展所不具备的优势和长处，需充分发挥其优点，担负起为教育统筹发展建言献策、实施公众监督、提供动力与活力、输入新鲜血液等方面的责任；学校作为教育产出的直接主体，与教育发展息息相关，学校职责的履行与否直接关系着教育质量的提高、学生的进步及人民群众对教育服务的满意度，学校需切实担负起教书育人、树人的责任，将教育统筹发展整体规划、目标、责任细化到自身并予以落实；家庭作为教育统筹发展的重要利益相关者，要适时转变家庭观念，做教育统筹发展政策与实践的支持者与拥护者，家庭成员积极为教育统筹发展建言献策，从自身做起，促进教育均衡发展的早日实现。政府、社会、学校及家庭需共同履行好、担负好各自的职责，相互配合，共同促进省级政府教育统筹的发展。

省级政府教育统筹发展综合改革是场马拉松，更是场接力跑，考验的是所有责任主体、利益相关者的智慧、耐力以及相互配合的策略，只有各责任主体相互配合、共担责任、形成合力，才能真正地促进教育统筹的发展与进步，才能真正实现教育均衡发展。①

三 教育统筹发展内容的多维性

所谓教育统筹发展内容就是根据一定的教育统筹发展要求，针对教育统筹对象的特点、实际情况所选择和设计的，促进教育统筹目标实现的系列安排与活动。教育统筹发展内容虽然只是教育统筹发展整体结构中的基本构成维度之一，但教育统筹发展内容绝不是一个简单的单一体；相反，它是一个具有多维度、多层次的整体，各维度、各要素作为一个整体共同存在和发挥作用。教育统筹发展内容主要包括教育改革、教育发展、教育服务三个维度，诸维度各自具有不同的性质，遵循不同的规律，具有不同的机理，发挥着不同的作用，有着各自特定的目标和任务，充分彰显着教育统筹内容的多维性和多样性。但作为教育统筹发展内容的构成维度，其又都统一致力于教育统筹发展的整体，共同促进教育统筹发展目标的实现。

教育统筹发展既要统筹各级各类教育均衡发展，同时也要协调均衡城乡、区域、群体、校际之间教育发展，既要促进基础教育公平，又要不断提升基础教育效率。教育统筹发展内容的多维性集中体现在以下三个方面。第一，教育改革方面。教育改革是省级政府教育统筹发展得以深度推广和拓展的前提和基础，重在主导、控制和改革。教育改革是指教育统筹管理者依据一定政策、规范对教育系统各方面、各要素施加影响，以实现教育现状有意义的转变，最终实现教育发展与进步的目的。省级政府教育统筹管理下教育改革主要包括：教育投入体制改革，高等学校办学体制改革，资源配置体制机制改革，招生考试制度改革。在教育投入体制改革方面，要加大对省域内薄弱市县、学校的投入力度，为教育均衡发展奠定基础，要加强对各级各类教育发展的经费保障，尤其要通过投入、改革，改变职业教育、民办教育的不利发展环境。在资源配置体制机制改革方面，关键是打破当前的资源配置利益格局，进而打破当前资源配置不均衡的现状，实现资源优化配置等。通过这一系列教育改革，推进教育统筹发展综合改革顺利进行。第二，教育发展方面。教育发展是省级政府教育统筹发展内容的重要维度，占据着核心地位。主要是指在省级政府统筹管理下，促进教育发展的系列安排与活动，重在强调教育统筹发展的协调性和可持

① 《推进改革需要统筹兼顾的智慧——二论教育综合改革》，《中国教育报》2013年3月22日第1版。

续性。省级政府统筹管理下的教育发展活动主要包括区域内教育发展现代化统筹布局和规划、城乡教育统筹发展、各级各类教育统筹发展等。第三，教育服务方面。教育服务是省级政府教育统筹发展的保障性内容。教育改革、发展的成果需要通过教育服务的提供来让人民群众感知和共享。受教育权的保障、教育机会的均等、教育基础设施的完善、优质教育师资的提供、办学条件的改善等都属于教育服务方面的内容和范畴。政府及其相关部门通过各种教育服务的供给，为教育的统筹发展提供重要支撑和保障。

省级政府教育统筹发展是一项系统工程，它涉及多个内容维度，各个内容维度之间相互关联、相互影响。教育改革是基础，教育发展是目的，教育服务是保障，缺一不可。只有建立起各个内容维度之间的联动机制，统筹处理好教育统筹发展内容各个维度之间的关系，才能实现省级政府教育统筹的良好发展。

四　教育统筹发展产品的公共性

所谓教育统筹发展产品的公共性，是指政府统筹管理下所提供、生产的教育产品最终是为了实现公共利益、公共目标以及创造具有公益精神的意识形态等。[①] 关于教育统筹发展产品价值属性的界定，理论界一直颇有争议，国内外研究者也提出了不同的认定标准，得出了不同的结论。综合国内外相关的研究成果，笔者认为教育统筹发展产品具有价值属性的公共性，且将从经济学视角、宏微观视角对教育统筹发展产品价值特征的公共性进行分析。

从经济学视角来看，教育统筹发展产品属于服务类产品，即其以服务形式存在，但又不同于一般的服务类产品，既包括教育统筹发展的直接产品，又包括间接产品。教育统筹发展的直接产品是指在省级政府统筹管理下对区域内各层次的学生所提供的各级各类教育。对义务教育阶段的学生提供基础知识教育、思想道德教育、基本素养培养等；对高等教育阶段的学生统筹提供知识教育、道德教育、技能培训、文化熏陶等；对职业教育受教育者进行基本技能培养、技能培训、实训等。学生在享受了省级政府教育统筹环境下的各级各类教育后，知识、能力、素养等都会有所改变与提升，于个

① 张茂聪：《教育公共性的理论分析》，《教育研究》2010年第6期。

人和国家的发展而言均是有益的。从个人层面来讲，有助于提升受教育者的社会竞争力，且接受教育所带来的自身能力、素养的变化对受教育者的整个一生而言都是有益的。从社会层面来讲，受教育者能力与素质的提升，可使其成为国家与社会的重要人力资本，这对于国家的建设、发展与繁荣来说都是不可多得的资源与财富。这种对个人和社会的影响便是教育统筹发展的间接产品，表现为个人与社会未来效用的提升与增加。可见，不管是政府教育统筹发展的直接产品，还是间接产品，都有助于个人与社会效用的提升与增加，具有明显的公共性特征。

也可以从宏、微观视角来进行分析。从宏观角度来看，教育统筹发展产品主要是指政府、教育部门及相关部门所统筹提供的满足社会需要的各级各类教育。虽然各级各类教育由于消费的竞争性及排他性程度不同，有了不同的性质划定，如义务教育是典型的公共产品，高等教育、职业教育等非义务教育则由于具有一定的消费竞争性和排他性被认定为准公共产品。[①] 但是都改变不了各级各类教育的公共性、正外部性及其溢出效应的存在。从微观角度来看，教育统筹发展产品主要是指在政府的统筹管理下，各级各类学校提供给学生的教育服务。学校给学生提供的教育服务因竞争性、排他性程度的不同也具有不同性质。比如高校提供给学生的公共必修课就是纯公共产品，公共选修课就是准公共产品。[②] 不管是纯公共产品还是准公共产品，都具有不同程度的公共性。综上所述，不管是从宏观角度来看，还是从微观角度来看，教育统筹发展产品对国家、社会及个人都有着明显的正外部性，体现出明显的公共性价值属性。

不论是从经济学视角，还是宏、微观视角来分析，最终的落脚点都离不开教育统筹发展产品价值属性的公共性。教育统筹产品公共价值属性的确定，有利于政府、学校、社会树立教育服务观念，继而对教育统筹管理主体转变统筹管理观念，加强教育统筹管理，切实履行其公共职责，加大对各级各类教育的支持和引导有着重要作用。

---

① 杨凤英：《教育产品的属性与政府职能的调整》，《教育学报》2006 年第 1 期。

② 翟小会：《关于“教育产品”基本理论的探讨》，《煤炭高等教育》2008 年第 5 期。

第三节　省级政府教育统筹发展效果评价的现实价值

教育统筹发展效果评价的现实价值是指其在教育管理和改革实践中被赋予的价值和实际产生的现实效用。教育统筹发展效果评价作为伴随省级政府教育统筹政策的提出而逐步发展起来的一项新型教育治理工具，其有一个被赋予价值期待与功能索取的过程。教育统筹发展效果评价作为政府治理教育方式的创新，也是许多国家正在进行的教育管理改革的重要内容。当前，我国各级各类教育主要由省级政府进行统筹和管理，省级政府教育投入占到各级政府教育投入的很大比例，对其“追踪问效”意义深远，将对我国省级政府教育统筹管理的理论和实践产生重大影响。具体而言，教育统筹发展效果评价的现实价值集中体现在以下四个方面。

一　促进对教育公共服务均等化的准确研判

当前，我国教育公共服务由多级政府参与提供，教育公共服务均等化也由多级政府和主体参与推动，各级政府之间、政府与教育部门之间、教育部门与其他相关部门之间、教育部门与学校之间等会构成多级委托—代理关系。委托人和代理人之间不可避免地存在信息不对称、利益不一致和权利不匹配等问题，由于信息收集、传递、处理与反馈过程中和决策形成、贯彻和实施过程中不可避免地存在信息失真、扭曲、延误和机会主义行为，加上政府官员本身具有的官僚主义、有限理性以及激励代理人的种种问题，都会导致教育公共服务的提供以及教育公共服务均等化推进与评价中的代理人问题，最终不能真实客观地评价教育公共服务均等化的程度和水平。① 解决上述问题，必须增强教育公共服务提供的透明度，实行效果评价，增强各级政府及其代理人的责任意识，走出政府失灵困境，有效提供公共教育服务。

长期以来，公众对于各级政府与教育部门对教育的投入和产出相互转化的过程知之甚少，教育公共服务更像经过黑箱里的一系列操作而产生，缺乏透明度，因而也无法客观评价，导致教育公共服务的均等化实现状况更是无法进行准确研判。随着我国政府管理法制化和公众民主化水平的提

① 任晓辉：《中国义务教育支出绩效评价研究》，复旦大学出版社 2010 年版，第 182 页。

高，公众对公共事务、公众利益等日益关注，对教育公共服务均等化的实现状况更是关心，对教育公共服务均等化水平也提出了准确研判的要求。为了顺应民众需求以及教育公共服务均等化的现实需要，必须实施教育统筹发展效果评价，运用教育统筹发展效果评价的数据结果、有益经验与方法促进教育均等化的准确研判。

教育统筹发展效果评价采用目标设定、过程管理和效果评价三环节模式。首先，依据教育统筹管理部门的统筹权限和责任，在综合考虑教育统筹发展自身特点、人民群众教育发展需求、教育统筹发展效果量与质的前提和基础上，明确教育统筹发展应该具有的目标效果值；其次，实施过程管理和效果评价的中期管理，运用多种方法和技术收集相关信息和资料，保证教育统筹发展效果评价的信息和资料需求；最后，按预定标准和方法对教育统筹发展效果进行评价，得出评价结果，并与之前设定好的目标值进行比较，既为教育统筹发展政策改进提供依据，也能分析教育统筹管理部门和地区未能达到教育统筹目标的原因，进而提出改进建议。通过上述“目标—过程—结果导向”的思路，确保对教育统筹发挥效果评价的客观性、公开性和公正性。

省级政府教育统筹发展作为促进教育公共服务均等化的重要举措，其统筹效果的客观评价，既有利于直接促进教育公共服务均等化的研判，也能在经验上、方法技术等方面间接促进教育公共服务均等化的研判。总之，实施省级政府教育统筹发展效果评价，既能顺应民众要求，做到客观、公正的评价教育统筹发展效果，又能从统筹发展效果评价的过程和结果中发现问题，从而促进教育统筹发展实践的拓展与深化。

二 提升省级政府教育统筹政策科学化水平

教育统筹发展效果评价能为做出科学决策、制定科学政策提供依据。“决策腐败”是最大的腐败，“政策失误”是最大的失误，因此有必要建立一种科学的、负责任的政策制定和决策机制。通过教育统筹发展效果评价，引入问责机制，在一定程度上有助于防止违背教育发展规律和实际情况的重大政策失误发生，从而提高教育统筹政策的科学化水平。具体来说，教育统筹发展效果评价主要从以下两个方面来助推政策科学化水平的提升。

一是为提升政策科学化水平提供客观的信息依据。提供明确、客观的信息数据是提高政策科学化水平最基本、最直接的要求。教育统筹管理不能仅仅停留在政策上，而必须以省级政府及相关部门的实际行动来推动，政策的科学与否也需要教育统筹发展实践效果的好坏来检测。由于效果评价具有联系教育政策和实践效果的特点，通过在评价过程中把各项指标进行量化，最终得到明确的评价结果，就能清晰地知道政府和相关部门是否真正履行了职责，是否将政策真正付诸实践；就能知道政策存在的漏洞与不完善之处，从而为改进政策提供实际的依据。同时，通过效果评价，应用实证分析，可以从大量数据的分析过程和结果中获得教育统筹发展和管理的一般规律，回答实践中遇到的困难与问题，从而为提升教育统筹发展政策的科学化水平提供客观依据。

二是提升教育统筹政策的系统规范性，进而促进政策的科学化。正如前文所述，教育发展不均衡、资源短缺及其配置不均衡是困扰和限制我国各区域以及各级各类教育均衡发展的重点、热点、难点问题。近年来，为解决我国各类教育热点、难点问题，中央和地方政府开展了诸多项教育改革，如省级政府教育统筹综合改革、城乡教育统筹改革、义务教育均衡发展综合改革等。虽然上述措施对解决教育难点、热点问题有着一定的作用，但效果相对分散，不能彻底地、全面地、长期地解决问题。要长远的解决我国教育难点、热点问题，就必须在中央政府的顶层制度设计框架下，建立起一整套规范的省级政府教育统筹政策体系，并逐步将其纳入法律框架，使其成为政府的自觉行为。省级政府教育统筹政策就应当体现“花钱买效果”的原则，做到“一手投入，一手要效果”。通过效果评价，真正了解省级政府教育统筹发展政策的实践进程、实践效果等方面的真实情况，将实际状况与政策目标相比较，总结成绩、发现问题与差距，进而从政策上来改进问题、解决问题，提高政策的系统性、针对性和实用性，进而提升政策的科学化水平。

三　指导省级政府教育统筹实践纵深化发展

教育统筹发展效果评价既是对省级政府及相关部门在实现教育统筹发展政策目标进程中取得的成果的监督，又是发现问题和找到相应解决对策的过程。通过系统的教育统筹发展效果评价报告，把效果评价信息融入教育统筹实践中来，以此来改善省级政府对教育的统筹管理、提高统筹效果、增强政府的责任感和回应力。教育统筹发展效果评价有助于指导省级政府教育统筹实践纵深化发展，主要体现在以下三个方面。

一是统筹发展效果评价能为教育统筹实践纵深化发展提供客观的信

息依据。通过对省级政府及相关部门对省域内各区域、各学校、各群体提供的教育投入、管理、服务过程及其效果进行分析和评价，能够发现需要关注和改进的问题领域并找到解决问题的有效途径，从而为教育统筹的管理者和实施者推进教育统筹发展实践向纵深化发展提供可靠的依据。“效果评估是实践效果提升的重要促进因素。这是非常关键的，因为效果评估成功的推动实践效果提升的一个关键是它能够提高管理思考和改革实践的能力”。①

二是统筹发展效果评价有利于优化教育统筹发展过程中的资源分配。教育资源有了良好的分配，教育统筹发展实践向纵深化发展的一个重大瓶颈就有了突破。在没实施教育统筹发展效果评价之前，传统的以过程导向为主的管理体制占据着重要地位。在实践中，教育统筹管理者和实施者无法根据客观环境的变化和教育需要来配置教育资源，这在很大程度上限制了教育统筹管理的灵活性和必要的自由裁量权，降低了有限教育资源的使用效率，阻碍了教育统筹发展效果的提升。教育统筹发展效果评价的提出和实施，使教育统筹发展更加注重结果管理，通过效果评价，政府和相关部门就能够清楚地知道政策目标的实现程度和教育统筹管理中存在的问题，并及时调整实践中的教育资源分配，把有限的教育资源用到最需要的地方去，优化教育资源配置，提高教育资源的使用效率，促进预期政策目标的实现。

三是效果评价有利于提升教育统筹发展实践的效果。“保证诚实而又高效率的政府是推行教育统筹发展效果评价的主要目的。”② 效果评价是检测省级政府及相关部门政策目标实现状况的一个有效工具。它能够有效地促进政府及相关部门提高责任意识，提高工作效率，最终提高省级政府教育统筹发展实践的整体效果。这主要体现在两个层面：一方面，通过对政策目标的实现程度进行评价并予以公开，从而在省级政府内部及相关部门之间形成竞争氛围，激励各相关部门改进工作，加强对教育的统筹和管理，进而提高教育统筹发展的实践效果。另一方面，推动不同市县教育统

① David N. Ammons, “Performance Measurement and Managerial Thinking”, *Public Performance & Management Review*, June 2002.

② Clarence E. Ridley, *Measuring Municipal Government*, Ph. D. Dissertation, Syracuse University, 1927.

筹发展效果的提高。当效果评价信息公开后，各市县就能清晰明确地看到自己市县的教育发展现状和程度，发现自己与教育优秀市县的差距，从而激励薄弱市县努力实现教育统筹发展的目标。通过效果评价，也有利于省级政府发现真正的教育薄弱市县，从而加大对省域内薄弱市县的教育统筹、支持与帮助，推进省域内教育统筹向纵深化发展，促进省域内整体教育统筹发展效果的提高。

四　推进教育治理体系与治理能力的现代化

推进教育治理体系和治理能力的现代化，就是要适应国家治理现代化的需要，依据教育发展的基本要求，以构建政府、学校、社会新型关系为核心，以推进管办评分离为基本要求，以转变政府职能为突破口，建立系统完备、科学规范、运行有效的制度体系，形成政府宏观管理、学校自主办学、社会广泛参与的格局。[①] 要真正实现教育治理体系和治理能力现代化，必须解决好观念转变、职能转变、动力机制和制度保障等方面的问题，而问题解决的关键在于深化教育领域综合改革。教育统筹发展效果评价对深化教育领域综合改革，推进教育治理体系和治理能力的现代化有着重要作用，主要体现在以下两个方面：

一是教育统筹效果评价有利于推进教育领域综合改革的深化。首先，教育统筹发展效果评价围绕统筹主体履行统筹职责的效能、质量以及统筹解决各类教育难点、热点问题等方面的情况与效果进行评价，采用目标管理、统筹效果时间、空间序列对比等方法，强化了政府、教育部门及各级各类学校的责任意识，转变了教育统筹管理观念，从而为深化教育领域综合改革奠定了基础。其次，效果评价重视公众的呼声与需求。通过效果评价结果的分析，能真正了解省域内各级各类学校及公众的教育需求和短缺之处，明确真正的教育发展薄弱和落后地区，进而在实践中予以满足和帮助，为深化教育领域综合改革提供动力与激励。再次，教育统筹发展效果评价实行成本核算，教育投入、教育产出及教育成就都有明确的数据予以显示，有益于避免资源浪费，提高资源的使用效率，同时，有利于方便公众了解相关信息并予以监督，促进公众监督机制的完善；也有利于建立以效果为基础的财政预算制度，建立教育资源投入与教育效果相关联的联动

---

① 袁贵仁：《深化教育领域综合改革 加快推进教育治理体系和治理能力现代化》，《中国高等教育》2014 年第 5 期。

机制，对各级政府及相关部门形成压力，助推政府教育治理能力的提升。最后，教育效果评价可以作为教育综合改革的诱因机制，激发改革动力，帮助诊断教育统筹中的问题，进而根据教育统筹发展效果的具体情况，适时调整改革发展策略，合理分配财力、物力、人力，确保教育改革的需要以及教育统筹战略目标的实现。

二是教育统筹效果评价有利于推进教育治理方式创新。教育统筹发展效果评价以系统论和信息论为基础，谋求现代信息、电子和数字网络技术在教育统筹、管理和教育服务中的运用，不仅强调环境对教育治理的影响，而且更加强调环境变化对省级政府教育统筹发展效果的影响。教育统筹发展效果评价的开展，省域内各级政府及相关部门内部将形成一种注重教育发展效果的文化，有助于推动各种教育统筹发展效果评价方法的运用，从而促进教育统筹主体创新与转变教育治理方式。倾听公众教育需求、作出教育服务承诺、运用教育管理信息系统、教育全面质量管理、优化资源配置方式等都是教育治理方式创新的很好体现，为教育治理开拓新视野，为教育治理体系和治理能力的现代化注入了新的动力与活力。

第三章　省级政府教育统筹发展的制度变迁与实践趋势

美国政治行为主义创始人戴维·伊斯顿（David Easton）提出，公共政策的本质是社会价值的权威性分配。教育政策与制度是对社会教育服务的一种权威性分配。如果说公平是对利益关系调整和资源配置合理性的一种价值判断，那么教育公平则是对国家教育制度的利益调整合理性与教育资源政策价值分配结果的综合判断。改革开放以来，为打破教育不公导致教育利益的阶层固化，促进教育资源均衡配置，国家教育发展政策与统筹制度经历了一个不断调适的历史变迁过程，教育统筹政策与制度在目标、内容、方式、机制等方面发生了深刻的变化。梳理教育统筹政策与制度的这些变化，把握政策制度体系变化的内在规律，是评价省级政府教育统筹发展效果、提升省级政府教育统筹政策与制度绩效、推进教育公共治理理性化与科学化的基础和前提。

第一节　省级政府教育统筹发展的实践概览

一　省级政府教育统筹权力

“统筹”一词，是“统”“筹”的合称。统是指统一，可以引申为全面的、综合的；筹是指筹划、安排，可以引申为计划、协调和处理。统筹就是统一筹划、全面安排、综合协调。[①] 表现在教育统筹管理上，统筹权是指为实现教育发展整体效益的最大化，各级政府在其管辖范围内统筹协调各级各类教育、各个办学主体与各要素之间相互关系的权限，对相关

① 陈彬、袁祖望：《试论“加强省政府高等教育统筹权”的基本内涵》，《高教探索》2000年第3期。

事务进行统一筹划、全面安排、综合考虑的权力。省级政府教育统筹权，实际上是指省级政府及相关部门对地处本区域内的各级各类教育、学校的统一筹划与管理的权力。[①] 在推进省级政府教育统筹发展的实践过程中，省级政府教育统筹权力不断得以扩大和加强，且日益规范化。分析省级政府教育统筹权力的基本维度和加强省级政府教育统筹权力的实践价值，对省级政府教育统筹权责的明确与职责的履行都有着重要的意义和价值。

1. 省级政府教育统筹权力的基本维度

教育资源统筹权。教育资源统筹权主要是指省级政府在保障教育公共服务供给、促进教育均衡发展的过程中，所具有的诸如教育经费统筹、师资统筹、学校硬件设施完善等方面的权力。与权力相对应，省级政府的责任是优化教育资源配置，实现资源整体效益的最大化，要统筹规划、全盘考虑，维护教育的公平与和谐；要统筹教育经费的使用，建立公共财政对本地区薄弱市县、困难群体教育发展的补偿投入机制，保障落后地区、落后群体的教育经费需求；要统筹教育师资的调配，完善人才流通机制和激励机制，吸引优质教育师资到薄弱学校去、到教育落后地区去，促进区域内优质教育师资的流通；要统筹区域内学校基础设施的完善，使区域内各地区、各学校的生均校舍建筑面积、生均图书册数、生均仪器设备等方面逐步实现均衡[②]。省级政府作为教育统筹发展的主导力量，对本地区各类用以发展教育事业的人、财、物、信息等资源在区域内进行统筹配置，需合理运用其权力，切实履行其职责，做到权责明确、权责相称，促进教育事业的发展。

各级各类教育统筹权。主要是指省级政府在统筹安排学前教育、义务教育、中等教育等各级教育与普通教育、职业教育、特殊教育等各类教育协调均衡发

① 葛锁网：《改革高等教育管理体制　加强省级政府的决策权、统筹权》，《江苏高教》1993 年第 5 期。

② 《国家中长期教育改革和发展规划纲要（2010—2020 年）》提出，要加强省级政府教育统筹责任，统筹区域内各级各类教育，强化省级政府的统筹实施职能。当前和今后一个时期，省级政府教育统筹的职责范围包括：一是根据国家标准，结合本地区实际，合理确定各级各类学校办学条件、教师编制、成本分担等实施标准。二是统筹省域内义务教育发展规划，统筹安排财力，依法落实发展义务教育的财政责任，强化省级政府在发展义务教育方面的支出责任和对省以下财政的转移支付能力。三是统筹省域内普通高中教育和中等职业教育的协调发展，促进普通高中和中等职业学校合理布局，支持行业、企业和社会力量举办职业学校和职业培训机构。四是完善以省为主管理高等教育的体制，合理设置和调整高等学校及学科、专业布局，依法审批设立实施专科学历教育的高等学校，审批省级政府管理本科院校学士学位授权单位和已确定为硕士学位授予单位的学位授予点。

展时所运用的权力。省级政府在切实运用其权力、履行其职责、统筹区域内各级各类教育均衡发展的过程中，要结合本省省情、教育现状以及教育需求，针对不同问题，有针对性地提出对策，提高管理效能与办学质量，有效保障省域范围内各级各类教育的均衡、公平与高效发展。① 要探索解决各种教育难点、热点问题，建立健全义务教育均衡发展保障机制，让省级政府成为义务教育均衡发展最主要的财政承担者②；扩大高等学校的办学自主权，吸引社会力量办学，优化省域内高等教育结构布局；加大对职业教育发展的支持力度，完善职业教育发展机制和办学模式，促进资源共享，提高服务能力等。按照学历教育和非学历教育统筹协调、职前教育与职后教育有效衔接、职业教育与普通教育有效协调、各级各类教育均衡发展的总体要求，逐步构建体系完备、灵活开放、立体沟通的终身教育体系。③

教育与经济、社会统筹权。即省级政府统筹协调区域内教育与经济、社会共同发展的权力与职责。教育作为社会大系统的一个子系统，它的发展与经济、社会的发展是相互关联、相互影响的。政府作为连接教育与经济、社会的重要桥梁，可通过省级政府的统筹，切实推进教育与经济社会发展的联系，促进三者的共同发展和融合。一方面，省级政府要根据本地实际和经济、社会发展的需要，制定教育统筹发展规划，统筹推进教育综合改革，提升教育与经济、社会发展的契合度，实现教育与经济、社会协调发展④。另一方面，要充分发挥市场和社会的作用，吸引社会资金和力量办学、助学，引入市场竞争机制，不断增强教育管理与发展的活力。

2. *加强省级政府教育统筹权力的实践价值*

一是有利于促进教育均衡发展。我国实行中央和地方财政分税制，辅之以财政转移支付制度。但由于当前我国财政体制不健全，转移支付制度不完善、基层财政自给自足能力不足等各方面的原因，使得省域内市（地）县（区）的经济发展、财政收入、教育发展不均衡状况十分突出。加强省级政府

---

① 李立国：《以省级政府统筹推进教育领域综合改革》，《清华大学教育研究》，2013 年第1 期。

② 范先佐：《义务教育均衡发展与省级统筹》，《城乡教育一体化与教育制度创新——2011 年农村教育国际学术研讨会论文集》，2011 年，第 97—110 页。

③ 郝平：《切实加强省级政府教育统筹》，《中国教育报》2013 年 11 月 27 日第 1 版。

④ 袁振国：《加强省级政府教育统筹是历史的新要求》，中国教育网（http://www.edu.cn/ziliao_ 6024/20101228/t20101228_ 559383.shtml.）2010 年 12 月。

教育统筹，可以充分发挥省级政府在资源统筹能力、财政平衡能力等方面上承中央、下启基层的优势，通过省级政府的统筹协调、财政倾斜等举措，有效保证贫困地区、薄弱学校的教育经费需求，有效促进不同地区间、不同学校间教育差距的缩小，从而推进地区间、学校间教育的均衡发展。

二是有利于推进教育领域综合改革。在教育改革发展进入“深水区”“攻坚区”的今天，必须用系统思维、整体意识来设计和推进教育领域综合改革，整体统筹、全面推进、兼顾平衡各方利益。省级政府作为地方行政建制的最高层级，具有上承中央、下启基层的重要作用，加强省级政府教育统筹权力，可以兼顾中央和地方的利益，将中央的顶层设计与基层民众的智慧和创新精神相融合，协同推进教育改革。同时，可将加强省级政府教育统筹作为推进综合改革的重要推手，创新体制机制、推进政府职能转变和管理创新，不断加强省级政府各部门之间的统筹协调，不断深化教育领域的综合改革。

三是有利于充分发挥省级政府教育统筹的优势。与中央政府相比，省级政府具有贴近基层、就近管理的优势。相对于中央而言，省级统筹更接地气、效能更高。省级政府更能了解本省省情与教育发展现状，能在全面把握本省城乡间、区域间、学校间教育情况的基础上有针对性地实施统筹管理。与市县级政府相比，省级政府具有较强的统筹调控与财政平衡能力。加强省级政府教育统筹权力，让省级政府成为教育统筹责任的主要承担者，有利于充分发挥省级政府在师资调配、财政统筹等方面的优势，既能有效减轻市县级政府的教育财政压力，又不至于给省级财政构成较大压力。① 因此，加强省级政府教育统筹权，可以充分发挥省级政府统筹的优势，有效促进各地区教育的均衡发展。

二　省级政府教育统筹政策

教育政策是一种有目的、有组织的动态发展过程，是国家在一定历史时期为实现一定的教育目的和任务而协调教育内外部关系所规定的行动依据和准则。② 作为利益的权衡工具，教育政策日益成为一种重要的教育管理工具，发挥着重要的作用。省级政府教育统筹政策是国家依据

① 李立国：《以省级政府统筹推进教育领域综合改革》，《清华大学教育研究》2013 年第 1 期。

② 周谷平、吴华：《西部地区教育均衡发展的资源统筹和制度创新研究》，浙江大学出版社 2012 年版，第 61 页。

教育统筹发展需要，为实现省域范围内乃至全国范围内教育均衡发展目标而设计和规定的一系列省级政府行动依据和准则。在推进教育均等化目标的实现进程中，基于省级统筹的制度创新与政策设计在国家、地方各个层面、教育内部以及教育与社会协调发展等各方面都有着一系列的实践探索，并缓慢凸显其成效。从理论层面对省级政府教育统筹的基本功能、作用空间等进行深入的分析和梳理，概括省级政府教育统筹的政策模式，建立省级政府统筹教育发展的一般分析框架，对于丰富和发展省级政府教育统筹发展的理论与推进省级政府教育统筹发展的实践都有着重要的意义。

1. 省级政府教育统筹政策的基本功能

一是教育资源动员功能。动员社会、市场力量参与到教育事业的建设和发展中来，是当前省级政府教育统筹发展政策的一个重要目标。为了实现这一目标，省级政府可以通过宏观调控或微观规制等方式，强制或者诱导社会力量按照省级政府的意图采取相关行动，从而发挥省级政府教育统筹政策的动员作用。当前，我国积极鼓励社会力量办学，统筹省域内民办教育与公办教育共同发展就是发挥省级政府教育统筹政策动员功能的很好例证。同时，通过政府等公共部门的介入所形成的风险规避功能，对社会力量办学能产生较大的吸引力，可以促进省级政府教育统筹政策动员功能的有效发挥。

二是教育资源整合功能。是省级政府教育统筹发展的一种重要战略手段，也是其所具有的一种重要功能。整合，就是需要省级政府在教育统筹发展的过程中有进有退、有取有舍，以获得教育发展整体的最优。省级政府教育统筹发展政策通过对省域范围内不同区域、不同来源、不同内容的教育资源进行识别与选择、汲取与配置、激活与融合，并创造新的教育资源的方式来发挥其资源整合功能。同时，通过对区域内不同层次、不同类别、不同地区和不同学校间的教育发展进行整合与协调，以实现省域内整体教育的最优发展。

三是教育资源配置功能。我国教育资源的有限性与优质教育资源的稀缺性决定了政府必须通过一定的方式把有限的教育资源合理分配到各个地区、学校和群体中去，以实现教育资源的最佳利用。省级政府教育统筹政策作为政府的一种理性选择，具有优化教育资源配置的功能。面对当前城乡间、地区间、校际间和群体间的教育差距，省级政府要更加注重教育资源的优化和合理配置。省级政府通过政策支持、硬件投入（办学经费、校舍、基础设施等方面）、教师资源等方面向落后地区、薄弱学校的倾斜，不断实现城乡间、地区之间办学条件的标准化、均衡化。[①] 不断优化省域内教育资源的配置。

2. 省级政府教育统筹政策的主要实践模式

根据统筹对象及统筹方式的特征，可以将省级政府教育统筹实践分为以下三种模式。

一是空间模式。实施省级政府教育统筹，目的就是要在政府的统筹下，缩小省域范围内不同地区、不同学校间的教育差距，破解区域内各级各类教育结构难题，弥合不同市县、不同学校间的教育鸿沟，推进区域内教育均衡、协调发展。当教育统筹涉及教育发展的空间布局时，相关的政策实践就体现了教育统筹的空间模式。在促进区域教育均衡发展、探索教育统筹发展的实践过程中形成了一些初具特色、有一定价值的空间模式[②]，如“城乡一体”“城校互动”“校地合作”“教育移民”，等等。[③]

二是时间模式。我国幅员辽阔，不同地区和同一地区的不同学校由于经济、社会、文化的差异造成了薄弱学校的形成，而人民日益增长与多元化的教育需求亟须薄弱学校的改进。[④] 因此，优先发展薄弱学校、扶持弱势群体成为省级政府教育统筹发展实践的必然选择。当时间成为影响教育统筹发展的主要因素时，相关的政策实践就体现了教育统筹的时间模式，如优先发展薄弱地区的教育就是在教育统筹发展的政策、资

---

① 文喆：《教育实际上也是社会再分配的一个调节手段》，《人民教育》2002 年第 4 期。

② 邓朝喜：《重庆统筹城乡教育综合改革试验的初步探索》，《城乡教育一体化与教育制度创新——2011 年农村教育国际学术研讨会论文集》，教育部人文社会科学重点研究基地东北师范大学农村教育研究所 2011 年，第 149—155 页。

③ “城乡一体”主要是指将省域范围内的城镇学校与农村学校看成一个整体，实行一校两区（点）、多点（区）或者两校捆绑考核，要求做到城乡学校基本建设、配套实施设备、教师等资源配置完全统筹；“城校互动”是指将省内职业教育的发展与地方经济社会发展紧密结合，特别是与城市发展、产业发展融为一体，相互促进。根据城市及产业需要及时调整专业结构，依托产业园实施“工学结合”“产教结合”“顶岗实习”等技能型人才培养模式改革；“校地合作”主要是指将省域范围内的高等学校与各市、县分别建立战略合作关系，促进高新技术和产学研一体化，使高等学校、科研院所与地方产业园区深度融合。

④ 范国睿：《教育政策观察》，华东师范大学出版社 2009 年版。

源需要与其他地区教育发展需要之间在优先顺序上的时间模式。为实现区域教育的均衡发展，省级政府对薄弱学校、弱势群体在教育资源分配上、教育机会的选择上给予了更多的倾斜和帮助，体现了一种优先发展的策略。

三是社会模式。随着人民群众对教育需求的不断上升，教育资源，尤其是优质教育资源持续处于稀缺状态，而长期以来的教育实践表明，单纯依靠政府的力量支撑，无法满足社会发展对多样化优质教育的需求，也无法满足受教育者差异化的教育需要。[①] 因此，调动社会和市场共同参与教育统筹和治理的积极性成为必然选择。省级政府统筹教育发展在实践中自然也不能离开社会、市场力量的积极支持和参与，而当省级政府教育统筹涉及社会不同领域的教育资源及其复杂关系时，其相关的政策实践就可以用教育统筹的社会模式加以分析。比如，在省级政府统筹下的“产学研合作”、“学习型社会建设”、普通教育、职业教育和成人教育“三教统筹”等都是省级政府教育统筹社会模式的典型案例。

三　省级政府教育统筹行为

政府行为是一种行政行为，是相对于企业、个体、自然人的行为而言的，其特点是具有法定性和强制性。[②] 省级政府教育统筹行为是指省级政府围绕教育均衡发展所开展的一系列工作与活动。当前教育发展的方向是教育的均衡化与公平化，要实现这一目标，必须实施省级政府统筹行为，即政府的统筹与调控行为。教育是典型的公共产品，具有明显的正外部性，政府作为公共服务的提供者和保障者，理应保证公共服务供给的均等化，保证教育发展的公平性。然而，当前教育发展与改革过程中存在着诸多矛盾和问题，如管理体制不顺、发展不均衡、结构不合理等，这些问题的存在阻碍着教育公平的实现，必须通过省级政府教育统筹来解决这一系列问题，促进教育均衡发展。

1. 实施省级政府教育统筹行为的必要性

一是促进政府成为教育发展的主导力量。无论是义务阶段的教育还是

---

① 周谷平、吴华：《西部地区教育均衡发展的资源统筹和制度创新研究》，浙江大学出版社 2012 年版，第 52 页。

② 林冠：《统筹视角下的区域发展与政府行为——以广西北部湾经济区开放开发为例》，博士学位论文，华中师范大学，2012 年。

非义务阶段的教育，都具有公共产品的属性，都属于公共产品。义务教育具有明显的消费非排他性和非竞争性，具有很强的公共产品属性，能为个人和国家带来正外部效应，因而要求政府必须承担起义务教育发展的主要责任，提供充足的财政支持来保证义务教育的发展。对于非义务阶段的教育，如高中教育、高等教育、职业教育等，它们在消费上具有一定的竞争性和排他性，属于准公共产品。虽然非义务阶段教育的直接受益者是受教育者个人，但它们也具有很强的正外部性，能对经济、社会的发展带来效益，且社会效益远远高于个人效益，因此政府也必须承担部分的教育责任。教育的发展离不开政府的主导和支持，省级政府作为当前教育公共服务的主要统筹者，必须承担起统筹和管理的责任，实施省级政府教育统筹行为，促进公共服务均等化和教育公平的实现。

二是教育差距县级统筹绩效不高。教育差距扩大的一个重要原因是薄弱地区、学校的投入不足，教育经费投入不足的一个重要原因是教育投入主体多为基层政府。我国在很长一段时间实行“在国务院领导下，由地方政府负责，分级管理，以县为主”的教育管理体制，尽管以县为主的教育管理体制使教育管理和责任主体上移，缓解了乡镇统筹时期的财政困顿，提高了教育投入的稳定性，但由于一些市县经济落后、财力有限、受教育人口数量多以及教育财政转移支付制度设计不健全，造成县级政府财力不支，教育投入严重不足，特别是义务教育。这些问题长期得不到较好地解决，使得这些市县的教育发展逐步落后，与其他地区的教育差距逐步形成并不断拉大。因此，创新教育管理体制，将教育统筹管理的责任移至省级政府，强化省级政府在缩小地区教育差距方面的责任，利用省级政府充足的财力、丰富的资源和较强的统筹调控能力等优势来统筹各市县的教育发展，促进教育均衡发展，是解决教育统筹以县为主统筹效果不佳的必然途径。

三是教育发展严重失衡需要省级政府统筹解决。教育均衡是基本公共服务均等化的重要维度，要实现我国基本公共服务的均等化，必须保证教育的均衡化发展。但当前我国教育发展却面临一系列的问题和矛盾，发展严重失衡，教育差距不断扩大，甚至高于经济差距。由袁振国教授等主持的一项有关中国教育差距的课题研究发现，在许多可比的关键性指标上，教育差距都超过了经济差距。[①] 而且还发现从 20 世纪 90 年代以来，教育

① 鲍传友：《教育公平与政府责任》，北京师范大学出版社 2011 年版，第 4 页。

发展的差距比经济发展的差距拉得更大更快。[①] 教育发展的不平衡状况已经越来越成为我国经济和社会发展的阻力。要改变当前教育发展严重失衡的状况，必须加快实施省级政府教育统筹，通过省级政府的统筹与协调，加大对薄弱地区与学校的支持，改变落后地区与学校的现状，逐步扭转教育严重失衡的状况。

2. 省级政府教育统筹行为的具体体现

一是建立健全教育统筹制度和方案。当前，我国省级政府教育统筹制度尚不完善，省级政府教育统筹实践工作中可依据的制度和方案还不够清晰明确。因此，需要省级政府从本省的教育发展实际情况出发，制订和完善省级政府教育统筹发展方案。首先，要制订一套可行的综合性统筹方案，明确管理办法和统筹的目标；其次，要针对各统筹项目制定单项方案和相关配套的体制、机制，如各级各类教育统筹发展方案，教育与经济社会统筹发展方案以及相关的保障、监督、评估机制，等等。通过建立健全教育统筹制度和方案，形成管理、保障、监督和评估相结合的制度体系，使教育统筹各项行动有据可依，能够在实践中提高教育统筹的效率和效益，推动省级教育统筹的健康有序发展。

二是确定教育统筹内容和方式。省级政府作为教育统筹发展的重要主体，区域内教育统筹的内容和方式也由其来确定。在确定教育统筹内容时，既要考虑内容的全面性，又要突出内容的重点性。教育统筹只有全面覆盖，才能真正实现教育的稳定、均衡和可持续发展，才能最大限度地满足人民群众的教育发展需求，才能起到促进经济发展和维护社会稳定的作用。因此，政府在确定教育统筹内容和统筹方式时，要把各级各类教育以及各种配套体制、机制作为一个有机统一的整体加以规划、考虑，充分体现统筹内容的全面性。但同时，由于省域内各地区的经济、教育发展水平不一样，各市县的教育统筹就不可能依据同一个标准，统筹重点也应各有侧重，突出重点。总之，要在综合考虑各地区、各学校教育发展实际情况的基础上确定教育统筹发展的内容和方式，既注重整体，又考虑个体，实现统筹效益的最大化。

三是提供教育统筹财政支持与资金。从世界大多数国家统筹教育发展

---

① 转型期中国重大教育政策案例研究课题组：《缩小差距——中国教育政策的重大命题》，人民教育出版社 2005 年版，第 46 页。

的情况来看，政府作为教育统筹发展的最大主体和坚强后盾，都应该发挥财政职能，通过积极的财政政策，为教育统筹发展提供坚强的财政支撑。省级政府作为我国最高层级的地方政府，也必须为教育的统筹发展实践提供足够的财政支持。为了保证教育统筹发展实践的充足财力，要进一步明确省级政府的出资责任，建立规范的预算体制，实现统筹项目各子预算之间的有效联结。同时，省级政府要广开融资渠道，为教育统筹发展的资金提供稳定可靠的来源。总之，省级政府需为教育统筹发展的各项活动提供充分的财政支持，保证省级政府教育统筹实践健康有序地推进。

四是加强教育统筹管理和监督。省级政府教育统筹涉及不同市县、不同部门等多方利益，需要省级政府进行集中管理和协调，并建立专门的监督机构和组织对教育统筹行为与实践予以监督与评估。但当前我国省级政府教育统筹管理部门较为分散，政出多门，缺乏统一的管理办法，既有教育部门、人力资源与社会保障部门的参与，也有财政部门的参与等，使得各方统筹难以管理与协调。同时，也缺乏专门的省级政府教育统筹监督与评估机构，使得教育统筹的开展随意性较大。为保证省级政府教育统筹发展实践的良性循环，需强化省级政府教育统筹的监督和管理，建立专门的、相制衡的管理、经办、监督与评估机构，且实行分级管理，不断完善当前的管理、监督和评估机制，建立各部门相互联动的工作机制，使各机构、各部门齐抓共管，统一政策，统一规划，协调工作。

第二节　基于政策文本的省级政府教育统筹制度变迁

省级政府教育统筹，是我国教育管理体制改革的重要内容。统筹区域内各级各类教育均衡发展，以教育治理政策变革引领教育发展方式创新，既是推进教育治理体系现代化的主要内容，同时也是实现教育治理能力现代化的重要手段。① 省级政府教育统筹制度自提出以来，经历了一个不断调适、完善的变迁过程，教育统筹制度在目标、方式、机制等方面发生了一系列的变化。通过梳理有关省级政府教育统筹发展的相关政策文本，把

① 盛明科、朱玉梅：《我国教育统筹发展的政策变迁：问题及改进思路——基于 1979—2013 年国家教育政策文本的分析》，《理论探索》2014 年第 4 期。

握省级政府教育统筹制度的变化及其内在规律，有助于从整体上把握省级政府教育统筹发展制度的演变脉络，从而把握制度变迁背后的国家教育治理逻辑，更好地推进省级政府教育统筹发展制度的理性化与科学化，提高公共教育的绩效。基于以上思考，我们收集了有关省级政府教育统筹发展制度的政策文本，对其内容和方式进行分析，以此把握省级政府教育统筹发展的制度变迁过程及其趋势，探寻教育统筹制度存在的问题，促进省级政府教育统筹发展实践的深化与拓展。

一　省级政府教育统筹制度变迁的背景

省级政府教育统筹自提出以来，得到了快速的扩大和加强，经历了一系列的变迁，变迁的背后有着特殊的时代背景和各种动力机制的作用。对其变迁的背景进行研究，有助于更加清晰地把握省级政府教育统筹发展制度产生与发展背后的一般规律，进而科学推进未来教育统筹发展制度的不断完善；有助于科学研判省级政府教育统筹发展的生态环境，分析省级政府教育统筹发展制度变迁背后的各种复杂利益机制，推进省级政府教育统筹发展实践的深入与发展。

1. 国家教育体制改革的逐步深化

教育体制改革是牵动教育发展全局的关键性改革，同时也是联结政治、经济和文化体制改革的重要环节。当前，我国教育体制改革与教育总体改革事业一样，也处在攻坚阶段，面临着一系列的障碍和难题。在教育管理体制上，存在教育决策层级偏高、政府职能越位与错位等问题；在办学体制上，中央向地方、地方向学校放权不够彻底，学校办学自主权不够等；在学校管理制度上，招生考试制度、学生管理制度、学校内部人事管理制度等方面也不够完善，存在诸多问题。深化教育体制改革需要进一步转变政府职能，改革教育管理体制、改进人才培养机制、创新招生考试制度、理顺办学体制。在教育体制改革这些多元目标、复杂关系和交错任务中，必须对其进行科学规划和顶层设计，找到改革的突破口和逻辑线索。[①] 省级政府教育统筹的提出与扩大正是教育体制改革进入“深水区”的一个重要战略设计和突破口，以“省级政府教育统筹综合改革”为重要推手，深化教育体制改革。充分利用省级政府统筹教育贴近基层、就近管理、相对较强的财政和调控能力等优势，使政府教育统筹管理定位更加

① 盛明科：《政府绩效评估理论与实践》，光明日报出版社2013年版，第89页。

准确，责任更加明确，行为更加规范，组织更加科学，政府间关系更加合理，政府、学校和社会的关系更加和谐[①]，进而促进教育事业科学发展。可见，我国提出并不断扩大省级政府教育统筹，正是着眼省级政府教育统筹与教育体制诸多项改革间的紧密关系，将其作为教育体制改革的重要突破口，推进教育体制改革的逐步深化。

2. 国家教育均衡发展任务仍十分艰巨

改革开放三十多年来，我国教育事业迅速发展，教育规模不断扩大，基本实现了九年义务教育的普及，基本解决了“有学上”的问题。但同时，人们的教育需求也不断发生着变化，对教育质量的要求越来越高，逐步注重教育内涵式发展，希望实现“上好学”。社会对于教育资源尤其是优质教育资源的需求不断增长，对教育公平问题的关注也日益增加，迫切要求实现教育的均衡发展。现阶段，国家教育均衡发展任务仍十分艰巨。区域、城乡、校际的差距，资源、师资、财力等方面的不均衡配置，均成为提高教育质量、实现教育均衡发展的重要阻碍。在此形势下，推进教育发展，实现教育均衡发展，必须加大省级政府对教育的统筹，以破解重大难题为突破口，实现教育的科学发展、协调发展和可持续发展。[②] 加大省级政府教育统筹，有利于省级政府根据教育发展现状、人民群众的教育需求，制定教育发展规划，提高教育质量，缓解现阶段的教育矛盾和问题；有利于省级政府根据本省的经济、社会、文化情况确定教育发展目标，提高教育服务本省经济、社会发展的能力水平；有利于充分发挥省级政府资源统筹、财政调控的优势，有效缩小省域范围内城乡间、区域间以及学校间的教育差距，推进教育均衡的实现；有利于省级政府转变职能、优化分工，推进教育综合改革的深化，逐步解决教育现阶段的问题和矛盾，推进教育的均衡发展。[③]

3. 教育治理体系和治理能力现代化目标的正式确立

党的十八届三中全会通过的《中共中央关于全面深化改革若干重大问题的决定》（以下简称《决定》）明确提出，全面深化改革的总目标

---

① 赵冬冬：《省级政府教育统筹综合改革：要到位、不越位、不缺位——“省级政府教育统筹综合改革”观点综述》，《河南教育》2011 年第 3 期。

② 王湛：《推进省级政府教育统筹综合改革的关键是政府到岗履职》，《中国教育报》2010 年 12 月 27 日。

③ 郝平：《切实加强省级政府教育统筹》，《中国教育报》2013 年 11 月 27 日第 1 版。

是“完善和发展中国特色社会主义制度，推进国家治理体系和治理能力现代化”。在从管理向治理转变，推进国家治理体系和治理能力现代化的大背景下，教育治理体系和治理能力现代化目标也得以正式确定。为实现教育治理体系和治理能力现代化这一紧迫而现实的任务，教育领域综合改革要努力以教育管理、教育治理方式创新引领教育发展方式创新。扩大省级政府教育统筹正是对教育治理方式改革与创新所作出的重大回应。省级政府教育统筹，着重强调发挥省级政府的重要作用，通过中央对地方、政府对社会、政府对学校的放权，理顺政校、政事和政社关系；在省级政府的统筹管理下，明确政府和相关部门的职责，促进教育领域的“管、办、评”分离，逐步实现教育领域的简政放权、多元化治理，不断为教育的发展注入新的活力，为实现教育治理体系和治理能力的现代化提供重要支撑。

二　省级政府教育统筹制度变迁的过程

从提出到试点，从试点到扩大，省级教育统筹发展制度在不同的时期呈现不同的阶段特征。总体来看，省级政府教育统筹经历了从简单统筹到以各级各类教育为统筹对象的多重任务统筹的转变，且在教育统筹发展实践中，不断总结经验和教训，不断拓展和完善，逐步迈向了科学规范化发展阶段。真正意义上的省级政府教育统筹制度开始于2010年《国家中长期教育改革和发展规划纲要（2010—2020年）》（以下简称《教育规划纲要》）的颁布。依据主要标志性政策文件的发布和实践发展状况，可把我国省级政府教育统筹制度发展变迁细分为以下三个阶段。

1. 省级政府教育统筹制度酝酿阶段

省级政府教育统筹制度在真正提出之前经过了长时间的酝酿，这一阶段，省级政府教育统筹的实施具有一定的狭隘性，中央没有明确地提出省级政府教育统筹发展政策，而且实践也缺乏相应的规范和行动指南。省级政府统筹教育的范围和内容也是有限的，以省级政府统筹高等教育发展为主，以义务教育统筹发展、城乡教育统筹发展为辅。在高等教育方面，1994年颁布的国务院关于《中国教育改革和发展纲要》的实施意见，提到“高等教育逐步实行中央和省、自治区、直辖市两级管理，以省级政府为主的体制”。1999年颁布的国务院批转教育部出台的《关于面向21世纪教育振兴行动计划书》中，提出“在国家宏观政策指导下，形成以省级政府统筹为主的条块有机结合的新体制”。这些文件内容展示了高等教育逐步转向以省级政府统筹发展为主。在义务教育方面，这一阶段对其统筹也有所涉及，如在 2001 年颁布的《国务院关于基础教育改革的决定》（以下简称《决定》）中“省级和地（市）级人民政府要加强教育统筹规划，搞好组织协调，在安排对下级转移支付资金时要保证农村义务教育发展的需要”“省级人民政府要统筹制定农村义务教育发展和中小学布局调整的规划”等内容条款都涉及了省级政府对义务教育的统筹管理。2005 年颁布的《国务院关于深化农村义务教育经费保障机制改革的通知》，进一步提到“省级政府要统筹落实省以下各级人民政府应承担的经费”。2006 年颁布的《义务教育法》提到“义务教育实行国务院领导，省、自治区、直辖市人民政府统筹规划实施”等，一系列的政策内容条款都明确了省级政府在义务教育方面承担的统筹管理责任。在城乡教育统筹方面，2002 年党的十六大提出了“城乡统筹”，城乡教育统筹作为城乡统筹改革极为重要的组成部分，也得到了国家和政府的高度重视。并在我国诸多地区展开了综合改革实验，包括江苏、浙江、上海、北京、重庆、四川等地。以重庆为例，2008 年，重庆出台了《重庆市统筹城乡教育综合改革实验实施方案》，在“一体重庆”的统筹理念指导下，重庆教育坚持“以城带乡、整体推进、城乡一体、科学发展”的策略，经过不断实践探索，形成了初具特色、有一定价值的统筹模式。重庆作为唯一省级架构的“国家统筹城乡教育综合改革试验区”，在城乡教育统筹综合改革中显现出省级统筹教育的影子，为后阶段我国的省级政府教育统筹的全面提出与实践提供了有益经验。从这一阶段涉及政府教育统筹发展的政策文本内容来看，其涉及的范围、内容和对象相对来说较为狭窄。但正是小范围的统筹和实践，让人们看到了省级政府教育统筹制度所展现出来的价值及其进一步推广的闪光点。加强省级政府教育统筹最初源于义务教育均衡发展，但在这一时期其内涵已远远超出这一范围，省级政府教育统筹发展制度经过一段时间的积累与积淀，向社会展示出了其魅力和重要性。

2. 省级政府教育统筹制度提出阶段

在省级政府教育统筹制度提出阶段，省级政府对教育的统筹和管理占据着主导地位，其统筹范围、对象、目标等方面都有了新的发展，教育统筹发展实践在广度、深度上也有了较大程度的变化。一方面，国家政策文本中明确提出了要加强省级政府教育统筹。2010年《教育规划纲要》颁布，提到“要加强省级政府教育统筹，进一步加大省级政府对区域内各级各类教育的统筹”。对省级政府教育统筹的任务、目标、方式等都进行了明确的阐述和规定，使这一阶段的省级政府教育统筹制度不断趋于规范化和科学化。另一方面，这一阶段还部署开展了省级政府教育统筹综合改革试点。选取了北京市、上海市、安徽省、广东省、云南省、新疆维吾尔自治区、深圳市作为省级政府教育统筹综合改革试点，深化教育管理体制改革，统筹推进各级各类教育协调发展。各地试点在纲要的政策精神和地方试点方案的指导下，不断创新、探索省级政府教育统筹发展实践，推进教育事业的迅速发展。

3. *省级政府教育统筹制度调整阶段*

任何制度建设都是一个不断探索、创新的长期发展过程。党的十八届三中全会召开，国家治理体系与治理能力现代化目标正式确定，政治、经济、教育等领域的治理方式也随之发生转变，省级政府教育统筹发展由此进入调整阶段，即扩大化发展阶段。这一时期的省级政府教育统筹发展在教育改革各项措施中最引人注目，广度和深度也进一步得到加强。一些地方为贯彻落实《决定》对深化教育领域综合改革所作出的重要部署，回应加强省级政府教育统筹权的要求，纷纷探索和创新省级政府教育统筹的扩大，在总结前期试点经验和教训的基础上，寻找新的亮点和突破口，为全国提供更多更好的先导、先行和示范经验。这一阶段，省级政府教育统筹不再从属于其他的改革方式和手段，而是作为国家教育体制改革的三大类之一存在着，以相对独立的地位得到各级政府和部门的关注；其功能也不再局限于资源配置，充分发挥其统筹规划、资源配置、监督管理、提供服务等功能和作用，成为深化教育体制改革，实现教育公平和公共服务均等化的重要工具；其统筹内容和范围也逐渐扩展，不再仅仅局限于教育领域，而是逐步延伸至公共服务其他方面内容。扩大省级政府教育统筹权，调整省级政府教育统筹制度，是国家在全面把握我国教育发展全局和教育发展阶段性特征的基础上作出的重要决策，必将有效地推进我国教育整体发展迈入新阶段。

三　省级政府教育统筹制度变迁的趋势

政策文本是社会经济、政治、文化等在某一领域综合影响的结果，它能够敏锐地感应社会过程的变动和多样性。当文本被制定、修改或废除时，它也记录了组织面对内部或外部压力时所做出的反应，其演变反映着所在领域社会结构和组织的变迁①。对教育政策文本的系统分析是从宏观上把握教育政策、制度和教育改革发展的一个起点。伴随着我国经济的转轨、社会的转型，教育的社会条件和外部资源环境发生了深刻变化，教育改革不断推进与拓展，教育制度系统与资源配置机制也经历了一系列的变迁。在省级政府教育统筹制度方面，主要体现为教育统筹主体、统筹取向、统筹内容和统筹方式的调适与优化。通过对政策文本内容的梳理和分析，可以发现省级政府教育统筹制度存在着以下变迁趋势。

1. 教育统筹制度顶层规划：从非常态化走向常态与制度化

省级政府教育统筹自提出以来，历经了自上而下的发展过程，统筹任务、目标、方式等逐步规范化与科学化。然而，回视省级政府教育统筹前期的实践过程可以发现，省级政府教育统筹一直未形成一种正常化、常态化的工作局面。但伴随省级政府教育统筹综合改革的不断推进和深入，各地纷纷出台相关改革方案，使我国省级政府教育统筹发展实践的连续性和规范性有了制度上的保障。自此，我国教育统筹制度顶层规划从非常态化走向常态化与制度化。

然而，值得注意的是省级政府统筹不是唯一的教育统筹方式，必须处理好其与中央、社会统筹之间的关系。省级政府教育统筹制度是国家的理性选择和推进教育体制改革的重要战略设计，是一种极富生命力的制度。这种新型的统筹制度和方式有其独特的功能和优越性，但是，必须认识到，省级政府教育统筹并不是我国教育统筹发展唯一的方式。在我国，中央统筹、社会统筹等方式同省级政府统筹一样具有其独特的功能和优势，都是我国教育改革和发展的重要途径，各有所长、互抵劣势，且互不否定、互不代替。例如，不能因为省级统筹具有弱权威性、资源有限、多部门难以协调等缺点，而力荐具有权威性大、资源集中等优点的中央统筹；也不能因为社会统筹具有随意性大、稳定性低等特点，而以稳定性较强、贴近基层的省级统筹代替之，等等。因此，必须有效协调好中央统筹、省级统筹与社会统筹之间的关系。究竟加强省级政府教育统筹权到何种程度，还需在实践中继续探索，但重要的是要进行协调、平衡，最有利的促进我国教育的发展。

---

① 涂端午：《教育政策文本分析及其应用》，《复旦教育论坛》2009 年第 5 期。

2. 教育统筹制度运行机制：从非理性和片面化走向科学性和综合化

片面的、非理性的运行机制使我国省级政府教育统筹发展制度在较长时间内呈“条块分离”状态，即运行机制间缺乏均衡化发展。前期，省级政府教育统筹制度更多地集中于政策规划、经费保障机制、资源共享机制等相关问题，而配套政策、扶贫济弱机制、部门间工作联动机制等则被边缘化，导致运行机制间的失衡。随着省级政府教育统筹实践的推进，不均衡现象得到了一定程度的好转与改善，人才培养机制、师资交流机制、多部门联动机制等被放到了重要位置。此外，教育统筹制度运行机制在向更加理性化、科学化方向发展的同时，也逐渐走向综合化，建立了教育服务提供机制、教育公平维护机制和教育质量监管机制等新的配套体制机制。由此可见，省级政府教育统筹运行的理性化、科学化以及管理的规范化将成为一种必然趋势。

然而，上述运行机制的理性化、科学化和综合化发展并非一蹴而就，在其完善过程中依然有一些问题需明确[①]：一方面，完善省级政府教育统筹制度运行机制不是终极目的。运行机制的健全与完善是为了制度更好的运行，更好地服务于国家教育的发展，不是为了完善而完善。因此，在教育统筹发展机制完善的过程中要分清主次目的，建立真正有利于实现教育公平与均等化的省级政府教育统筹运行机制，使省级政府教育统筹制度在实践中良好运行，不能因某一机制的不健全，大大减弱制度本身的效力。另一方面，要注意运行机制间的协调性、融合性和完整性。各机制间的均衡协调，是省级政府教育统筹政策在实践层面发挥最大效能的关键，相互联系的各机制之间只有相互协调、融合，才能最大限度地发挥省级政府教育统筹制度的效力。

3. 教育统筹制度核心价值：从相对均衡化走向均等化

教育发展的均衡与均等化是检测一种教育统筹发展制度是否具有实效、能否满足公众教育需求的实质性标准。均衡化是教育统筹发展制度的基本要求和表现形式，均等化是教育统筹发展制度的本质特点和核心价值。自省级政府教育统筹制度驶入酝酿阶段以来，均衡化便扮演着极为重要的角色。由《义务教育法》提出的“国务院和县级以上地方人民政府

① 梁丽芝、韦朝毅：《公开选拔干部制度的制度变迁与发展趋势》，《中国行政管理》2010年第3期。

应当合理配置教育资源，促进义务教育均衡发展”到《国务院批转教育部国家教育事业发展“十一五”规划纲要的通知》提到的“省级政府负责统筹规划实施，县级以上政府要均衡配置教育资源，推进义务教育的均衡发展”，教育均衡便由受教育机会均衡向财力均衡、师资均衡等纵深方向发展，均衡化在教育统筹发展实践中得到很好的体现。随着我国教育统筹发展制度理论和实践的不断深入，省级政府教育统筹发展制度的核心价值——均等化也逐渐在操作层面上得到体现和深化，从教育机会均等化到教育资源均等化，再到教育公共产品和教育结果的均等化。换句话说，均等化在教育统筹发展制度的探索与实践中已成为实质性的核心价值。教育统筹发展更趋均衡、更趋均等化将是省级政府教育统筹发展制度的必然趋势和要求，两者相伴而行。实践证明，均衡化的程度越高，均等化的实现程度就越高。

然而，需要注意的是，省级政府教育统筹的目标是实现教育均衡化和均等化，但也要注意把握好教育均等的度，不是一味地要求实现教育均等。省级政府教育统筹制度以“以县为主”“以乡为主”统筹时期的教育统筹为借鉴，对教育发展的均衡化和均等化非常重视，采取了一系列措施来保证教育供给的均等化，甚至认为，只有最大程度的均衡、均等，才能最大程度凸显省级政府教育统筹发展制度的优越性。在追求均等化的过程中，也不能忽略教育均等化水平高低。我们需要的是高水平的教育均等，优质化教育质量基础上的教育均等，只有保证了教育质量的优质化和教育均等的高水平，才能真正满足公众当前注重内涵式发展的教育需求，才能在真正意义上实现教育公平和发展。

四　省级政府教育统筹制度存在的问题

在推进教育治理能力和治理体系现代化建设的进程中，省级政府教育统筹综合改革作为国家推行的一项综合改革试点项目，在我国诸多地方予以推行，以其追求教育公平、统筹协调、均衡发展、服务导向等理念获得了快速的发展。省级政府教育统筹发展效果怎么样，还需要一段时间来评估，但当前也显露出一些突出的问题。因此，要科学评估省级政府教育统筹制度的运行状况，明确省级政府教育统筹制度实施过程中的问题与瓶颈，才能有针对地优化省级政府教育统筹制度顶层设计，提高教育改革的总体效果。

1. 教育统筹政府间权限划分不明且越位缺位并存

简政放权，是指中央向省级政府放权，地方政府向学校放权。然而，实际情况并不像理论上所说的那么简单，由于没有明确规定中央和省级政府权力和责任的分配，造成“越位”与“缺位”并存，中央政府超越管理权限，过度干预教育的统筹发展，而省级政府也未能很好地履行自己的职责，造成该管的没有管好或者没有管到位，阻碍了教育统筹发展改革的顺利进行。

中央的作用是引导地方、超越地方。不仅要纠正省级政府统筹教育过程中存在的缺陷，更重要的是超越省级政府，宏观把握和调控省级政府统筹教育的总体运行，引导教育统筹朝着正确方向发展，而不应管得过多过细，让中央的“越位”限制省级政府职责的履行和效用的发挥，阻碍教育改革和发展。以广东省为例，随着广东省经济的飞跃式发展，其对高层次人才的需求也急剧增长，需要大力发展教育，尤其是需要大力发展研究生教育，但由于教育部掌握着研究生招生计划的编制和录取权限，招生计划按基数增长的方式予以确定，且由于历史原因广东省招生计划基数偏低，教育部能给予的倾斜也只能是杯水车薪，再加上近年来国家加大了对研究生招生计划的调控力度，使得广东省加快研究生教育发展的目标根本无法实现。由此可见，中央的“不愿放”“不敢放”导致省级政府不能很好地根据本省的实际情况和需要来统筹本省的教育改革和发展，从而在一定程度上阻碍了当地经济和社会的发展。

省级政府作为教育统筹综合改革的主导者，统筹任务的具体执行者，政府及各个部门职责到位是保证改革取得良好成效的关键。但由于对两级政府权限划分不明，造成国家层面涉及教育的管理权限仍然偏多，对地方简政放权的力度不够，使得省级政府不能切实履行其职责，从而造成省级政府的“缺位”，阻碍了省级政府教育统筹综合改革的顺利推进。

2. 教育统筹发展缺乏配套政策的支持

《教育规划纲要》和《决定》的颁布，对省级政府教育统筹综合改革各方面给予了详细的阐述和规定，明确了省级政府教育统筹目标、统筹任务、统筹职能、统筹责任等，但在配套政策的完善方面却有一定的欠缺，未能适时满足教育统筹发展实践的需要。主要体现在以下几个方面：首先，中央下放教育统筹管理权限后，配套措施匹配不够及时。如规定了省级政府统筹区域内各级各类学校的发展，但对各级各类学校的办学条件、办学标准、教师编制和师资水平等没有及时地制定相应的符合当前教育改革发展时情的国家标准，而是各地自行制定实施标准，很容易造成新一轮区域教育发展的不均衡；其次，相应的体制、机制建设没有及时跟上，多部门联动机制没有真正建立起来。各地各学校提出的利益诉求，如财力支持、优质教师资源的引进、教师职称评聘等诸多问题往往不是教育部门自身能够解决得了的，需要多部门的协作和支持。真正落实省级政府教育统筹政策需要财政、人社、组织等多部门以及教育系统内部的充分协调。教育资源配置、职称评聘、校企合作、民办教育发展等诸多问题，离不开财政、人社、组织等相关部门协同出台统一的支持政策。然而，教育部门作为相对弱势部门，难以协调各方，很容易导致许多跨部门的问题难以解决和落实，真正关心教育、发展教育、支持教育的理念和主动解决教育问题、优先为教育发展办实事的体制机制还没有在各职能部门之间建立起来，这些问题在省级政府教育统筹综合改革各试点省（市）都不同程度地存在着。

3. 教育统筹发展缺乏有效的监督与评估

省级政府教育统筹综合改革的关键之一便是要建立和完善各类监督体系、考核评价机制，为此，须制定省级政府教育统筹监督与考核评价机制，以确保省级政府教育统筹政策落实到位。然而，从实践层面看，政策监督与评估存在一定的缺失与缺陷。一方面，中央对各省（市、自治区）的考核评价体系还没有真正建立起来，缺乏系统、科学的考核指标体系，考核主体、考核内容和考核方式也都没有明确的执行标准，因此，无法真正科学评估省级政府发展教育的努力程度和教育改革取得的成效，不能以此为抓手强化政府的责任意识，督促省级政府进一步优先发展教育，有力推进省级政府教育统筹工作的实施。另一方面，省级政府教育统筹发展过程中监督不够有力，缺乏强有力的监督机构来确保制度的真正落实。虽然，通常情况下，我国省级政府受到中央、自身、人民群众、新闻媒体等多方的监督，对其履行教育统筹管理的职能起着激励、监督的作用，但由于没有设置专门的、强有力的监督机构，也没有明确的部门职能分配，使得我国省级政府教育统筹的监督作月在实际操作过程中没有得到应有的发挥。从总体上看，我国省级政府教育统筹发展实施的监督与评估，还存在着“缺位”与“走过场”的现象，存在着重宣传，轻监督与评估的倾向。

4. 教育统筹发展制度缺乏权威性与约束力

当前，我国各地省级政府教育统筹多采取政府制定并下发“红头文件”而非正式的法律（法规）形式予以推行，使得省级政府教育统筹制度呈现“弱权威性、弱约束力”。省级政府教育统筹缺乏规范而正式的制度约束，容易造成地方政府在实施教育统筹实践时随意性较大；统筹标准和实施动力主要来源于主要领导人的个人主观意愿，容易造成各地各自为政；关于省级政府教育统筹发展的体制安排、信息公开、实施运行等方面缺乏正式的规章制度，容易使得省级政府教育统筹实践中权限不明、体制不顺、主观随意性大等现象发生频率大增，严重影响了省级政府教育统筹发展制度的科学性和有效性，导致教育统筹效力被弱化，造成省级政府教育统筹综合改革“雷声大，雨点小”。同时，由于没有统一的法律作保障，使得省级政府教育统筹发展只能是一种短期行为，难以保证其发展的长效性和持续稳定性。当前，我国省级政府教育统筹尚处于探索、试点阶段，总体来看，取得了一些成效，但仍面临着诸多的问题和挑战，使得教育统筹发展制度缺乏权威性与约束力，严重影响了教育统筹制度效力的完整性。

第三节　省级政府教育统筹发展的实践概览

一　省级政府教育统筹发展的实践进程

当前，我国省级政府教育统筹发展的实践概况，主要是通过省级政府教育统筹发展综合改革试点地区的改革情况、实践进程来反映。自2010年国务院办公厅颁发《关于开展国家教育体制改革试点的通知》（以下简称《通知》），部署教育体制改革试点以来，省级政府教育统筹综合改革试点工作全面启动，北京、上海、安徽、广东、云南、新疆、深圳被列为改革试点单位，历经四年，北京、上海等七个试点地区不断探索与创新，已初步形成具有各地特色的改革发展模式，为在全国范围内推广和拓展省级政府教育统筹提供了良好的经验。

北京市。作为为数不多入选省级政府教育统筹综合改革试点的省份之一，北京市特别强调在办学体制、管理体制、教育交流与和合作等方面实现新的突破与发展。[①] 特别注重统筹协调，强调“根据北京经济社会发展新形势，统筹教育与经济社会协调发展，统筹城乡与区域教育均衡发展，统筹中央和地方、学校和社会以及中外教育资源优势，统筹各级各类教育科学发展”；注重“统筹处理好普通教育和职业教育、正规教育和非正规教育、城区教育和农村教育、公办教育和民办教育之间的关系，促进教育全面协调科学发展”。[②] 作为中国教育水平较高地区，北京市已经拥有良好的教育资源和人才优势，各级各类教育体系已经相对完善，对统筹协调、改革创新、不断突破的强调有助于北京教育改革发展更上一个台阶。

上海市。为了全力推进上海市教育改革和发展，上海市制定了《上海市中长期教育改革和发展规划纲要》和《上海市教育改革和发展“十二五”规划》(以下简称《规划》)，《规划》指出，在推进上海市教育改革发展的进程中，要始终坚持“促进公平、追求卓越、推动创新、服务发展”的工作方针。在此方针的指导下，上海市省级政府教育统筹综合改革着重强调服务型政府的建设、教育管理体制改革的深化以及教育公共服务体系的健全等；注重在上海市政府的统筹管理下推进教育督导制度、教育监管、问责与评价制度的完善以及教育管理体制的健全，共同促进省级政府教育统筹综合改革的深化。[③] 与上海市省级政府教育统筹综合改革试点项目同时进行的还有由国家教育体制改革领导小组办公室批准由上海市承担的其他27项国家教育体制改革试点项目、10项教育综合改革重点试验项目和10项重点发展项目，共同组成了上海市教育改革发展的“10+10+27”项目。各项目共同实施，形成改革合力，协同推进上海市教育统筹发展。

安徽省。2012年5月颁布的《安徽省人民政府关于开展省级政府教育统筹综合改革试点的实施意见》明确规定教育统筹综合改革的目标为：到2020

---

① 北京市教育委员会：《北京市“十二五”时期教育改革和发展规划》，《中国教育报》2011年3月24日。

② 北京市教育委员会：《北京市中长期教育改革和发展规划纲要（2010—2020年）解读》，2011年10月23日，2014年10月26日，北京市教育委员会网（http://www.bjedu.gov.cn/publish/portal0/tab103/info6764.htm.）。

③ 上海市教育局：《上海市中长期教育改革和发展规划纲要（2010~2020年）》，《中国教育报》2011年8月4日。

年，实现“一个优先，两个保障、三个协调、四个突破”。[①] 把“深化教育体制、办学体制、人才培养模式改革；推进教育公平、现代学校制度建设、教育投入保障体制改革、教育民生工程建设；着力实施人才强教战略，深化督导评价制度改革，促进教育事业协调发展，提升教育服务经济社会发展水平”定为安徽省教育统筹发展的任务。[②] 全方位地对安徽省教育进行改革与探索、突破与创新，为安徽省的教育统筹发展注入动力与活力。

广东省。广东省自被批准为省级政府教育统筹综合改革试点单位以来，就按照国家要求，牢牢把握省级政府教育统筹的核心要求和关键环节，紧紧围绕“省级政府”“统筹”等做文章，开展了一系列创新性工作与活动，不断深化省级教育统筹综合改革。注重统筹各级各类教育与区域教育协调发展，统筹建立保障教育投入稳定增长的体制机制，不断提高教育服务经济社会的发展水平。为实现广州“十二五”期间“打造我国南方教育高地，建设区域文化中心，推动文化大发展大繁荣，努力满足人民群众不断增长的精神文化需求，为加快转型升级、建设幸福广东增强活力”的目标注入了力量和活力。

云南省。作为我国西南地区的代表，云南省在省级政府教育统筹综合改革中，着重强调解决各类教育热点、难点问题，切实保障教育公共服务的有效供给，满足人民群众的教育需求。在省级政府的统筹领导下，云南省在素质教育、义务教育均衡发展、职业教育办学模式、考试招生制度、创新人才培养、地方教育投入保障机制、城乡教育统筹发展等方面开展了改革试点工作，全方位的推动云南教育的跨越式发展。[③]

新疆维吾尔自治区。作为西北地区唯一一个省级政府教育统筹综合改革试点地，新疆在结合自身实际情况的基础上制定了符合其民族特色的教

---

① “一个优先”是指落实教育优先发展战略地位。“两个保障”是指教育投入保障水平达到全国平均水平；师资保障能力全面提升，教师队伍综合素质明显提高。“三个协调”指的是初步实现教育与经济、社会协调发展，城乡、区域教育协调发展，各级各类教育协调发展。“四个突破”指的是在管理体制、办学体制、人才培养模式和现代学校制度建设四个方面改革取得重大突破。

② 安徽省人民政府：《安徽省人民政府关于开展省级政府教育统筹综合改革试点的实施意见》，2012 年 7 月，安徽省人民政府网（http：//www. ah. gov. cn/UserData/DocHtml/1/2013/6/7/201306071226283523. html.）。

③ 袁振国：《加强省级政府教育统筹是历史的新要求》，2010 年 12 月，2014 年 10 月，中国教育和科研计算机网（http：//www. edu. cn/ziliao _ 6024/20101228/t20101228 _ 559383. shtml.）。

育改革规划和方案。把“到 2020 年，教育发展达到全国平均水平，位居西部前列，教育支撑自治区跨越式发展和长治久安的能力全面增强”定位其改革的总体目标。① 在省级政府教育统筹综合改革中，新疆维吾尔自治区特别强调民族特色，特别突出自治区经济社会发展的需要，其统筹内容和规定也彰显了新疆教育统筹发展的民族特色，为自治区的教育统筹发展提供了行动的方向和指南。通过教育统筹发展实践，不仅促进了新疆自身教育的向前，也为西部其他地区的教育改革和发展起到了很好的引领、辐射和示范作用。

深圳市。作为我国经济特区之一的深圳，在省级政府教育统筹综合改革试点地区中也类似于一个“教育特区”而存在着，作为改革试点地区中唯一一个地级市，深圳通过教育统筹发展改革实践展示了其“特区”的一面。为推进深圳市教育统筹综合改革顺利进行，深圳市制订了《深圳市教育统筹综合改革试点方案》，确定了教育综合改革的总体目标、总体任务、行动方案等内容，为教育统筹综合改革实践提供了良好的理论指南。在实践中，深圳市注重以国际先进城市为标杆，推动深圳市教育各方面的优质化发展；注重将教育的统筹发展与深圳的现代化、国际化建设有机融合，有利于深圳在实现城市现代化、产业现代化的进程中实现教育文化的现代化，推进深圳市教育统筹发展目标的实现。

二 省级政府教育统筹发展的实践趋势

如上文所述，推进省级政府教育统筹已成为近年来我国教育改革与发展的重要政策行动。在全国范围内，多地已经开展省级政府教育统筹综合改革，逐步把省级政府教育统筹纳入教育改革发展规划中，制订符合当地省情的省级政府教育统筹发展改革方案，并采取具体举措予以落实。省级政府教育统筹发展自实施以来，不仅统筹发展目标逐步明确，且统筹发展方式也日趋多元，不仅范围逐步扩大，且发展成效也缓慢凸显。

1. 教育统筹发展目标逐步明确

省级政府教育统筹发展是针对区域内教育差距逐步扩大、教育发展不均衡所提出来的。像我们这样一个大国，地区经济社会发展的不平衡性，

---

① 新疆维吾尔自治区教育工委、教育厅：《新疆维吾尔自治区中长期教育改革和发展规划纲要（2010—2020 年）》2011 年 8 月 11 日，2014 年 10 月 23 日，新疆维吾尔自治区教育厅网（http：//www. xjedu. gov. cn/xjjyt/null/jgcs/zcfgc/csxx/2012/50975. htm. ）。

历史形成的教育发展基础的差距，决定了不可能在短时间内消除全国范围内的教育水平差距，[①] 也决定了教育统筹发展总目标的分阶段、分层次的实现。我国教育发展的现实和现状要求教育统筹发展目标必须逐步明确化、具体化和阶段化，才能有助于教育统筹发展总目标的更好、更快地实现。

教育统筹发展目标从抽象化转向具体化。省级政府教育统筹是我国教育管理体制改革的重要内容。2010 年颁布的《教育规划纲要》将省级政府教育统筹的任务定位于“统筹推进省域教育现代化、统筹推进各级各类教育协调发展、统筹城乡、区域教育协调发展、统筹教育与经济社会协调发展、统筹保障教育经费投入以及统筹推进教育综合改革等等”；十八届三中全会通过的《中共中央关于全面深化改革若干重大问题的决定》明确提出“深入推进管办评分离，扩大省级政府教育统筹权”。这种统一的教育统筹发展任务为省级政府教育统筹发展实践的开展与深入提供了政策和法律依据，也明确了省级政府教育统筹发展的宏观目标和方向。但由于我国各地区间经济、社会、教育与文化等的差异，使得各地区、各学校间的办学层次、学校性质、财政支持、师资条件、学生基础等方面存在着巨大差异。[②] 因此，仅有统一的、抽象的目标是远远不够的，必须将目标具体化。细化目标，用明确、具体的目标明确省级政府教育统筹的方向和要求，不仅是相关政策与方案本身的要求，也是开展省级政府教育统筹发展实践的必须。教育统筹发展的实施有赖于省级政府根据自身省情将目标细化为本省、本区域各学校的教育发展指南。以深圳市教育统筹发展为例。2010 年，深圳市在教育统筹发展总目标的导向下，结合自身市情，制订了《深圳市省级政府教育统筹综合改革试点实施方案》，确定了深圳市教育统筹综合改革试点的总体目标。[③] 为保障总体目标的实现，还制定了分阶段目标：2015 年目标和 2020 年目标。为实现深圳市教育统筹综合

---

① 国家教育咨询委员会义务教育均衡发展工作组：《2010—2012 义务教育均衡发展》，教育科学出版社 2012 年版，第 4 页。

② 姚云：《高校素质教育的实践趋势》，《交通高教研究》2004 年第 1 期。

③ 总体目标是指：加大市政府对区域内各级各类教育的统筹，以国际先进城市为标杆，强力推进全市教育均衡化、优质化、多元化、国际化、全民化、信息化发展，建成国家教育综合改革示范区、高水平学习型城市和人力资源强市，在全国率先实现教育现代化，为深圳建设现代化国际化先进城市提供强大的人才支撑和智力贡献。

改革的总体目标提供了具体方向和行动指南。

教育统筹发展目标从模糊化转向清晰化。根据评价理论可知，只有明确清晰且可测的目标才能在教育统筹活动中起到导向、激励、调控、监督和评价的作用。[①]《教育规划纲要》明确了省级政府教育统筹综合改革的宏观目标，但诸如这类的宏观目标对于各省、各市县来说，总是略显模糊，缺乏针对性、指向性和激励性。不将总体目标细化、清晰化，区域内各市县、各学校可能会根据自身需要对相对模糊的目标断章取义、曲解目标，最终导致教育统筹发展实践偏离教育统筹发展的总体目标。可见，把宏观的目标阶段化、清晰化、可测化，实现教育统筹发展目标由模糊化转向清晰化是一种必然和必要趋势。要实现教育统筹发展综合改革的总目标，达到中央顶层设计的要求，就需要地方政府以加强本省教育统筹为重点，制订综合改革方案，确定本区域教育统筹发展的具体目标，解决本地的实际问题，落实国家重大教育改革任务。以云南教育统筹发展为例，自云南省被批准为省级政府教育统筹综合改革试点单位以来，按照国家教育统筹发展总要求，根据云南省教育省情，制定明确清晰的教育统筹目标，着重强调解决各级各类教育热点与难点，推动各项教育改革，从而推动云南教育的跨越式发展。

2. 统筹发展方式日趋多样

省级政府教育统筹发展在我国起步较晚，发展时间不长。前期，省级政府教育统筹发展相对狭窄、封闭，缺乏多样化的取向，对诸多的教育统筹方式也予以排斥，统筹方式呈单一化，省级政府教育统筹发展实践也难以实现新的突破。近年，省级政府教育统筹发展在总结前期经验、教训的基础上不断探索与创新，统筹理念、方式、体制、机制等都实现了新的突破，在新的统筹理念与价值取向的指导下，教育统筹发展方式日趋多样，促进着省级政府教育统筹新的发展与突破。多样化的教育统筹方式具体体现在以下三个方面。

一是以法制建设、标准建设推进教育统筹发展。加强教育统筹发展的法制化建设、标准化建设是推进省级政府教育统筹发展向规范化、纵深化发展的必要举措。自省级政府教育统筹发展综合改革实施以来，各试点地区根据中央顶层设计要求，统筹安排各项教育统筹发展工作，制定区域内

① 姚云：《高校素质教育的实践趋势》，《交通高教研究》2004 年第 1 期。

教育统筹发展法律法规和政策措施，依据国家标准制定省域内各级各类学校办学的基本标准和资源均衡配置标准，组织实施学校标准化建设，用法制建设和标准建设推进教育统筹发展。以安徽省为例，作为中部地区唯一的试点省份，在改革试点中，安徽省积极加快地方教育立法，以法制建设加强省级教育统筹。2011 年《安徽省实施义务教育法办法（修订）》颁布施行，完善了一系列法定标准和制度设计；且同年省教育厅启动了《安徽省学前教育条例（草案）》起草工作，以期对学前教育的管理体制、机构设置、人员管理、科学保教、安全保障、投入保障以及发展普惠性学前教育机构等，做出比较完备的法律规定。同时，安徽省积极加快学校建设、教师编制等基本标准建设，建立城乡一体化的学校建设标准、师资建设标准，以法制建设、标准建设推进省级政府教育统筹。

二是以宏观统筹、间接统筹推进教育统筹发展。以教育统筹方式创新引领教育治理、发展方式变革，是实现教育治理能力和治理体系现代化的目标和重要内容，这就需要在教育统筹发展实践中不断优化教育统筹方式。[①] 激发社会资本思维，发挥社会力量，实现政府对教育的宏观统筹、间接统筹是教育统筹方式的一种重要发展趋势。宏观统筹、间接统筹是对教育统筹发展前期政府微观统筹、直接统筹的一种转变和发展。让省级政府站在全省的宏观层面，进行全省教育统筹协调，在教育资源分配方面实现均衡化配置，切实达成全省教育均衡发展，实现教育公平；让政府把该管的管好，给予社会、学校更多的自主权与发展空间，实现全社会教育统筹的参与与治理。

三是以系统思维、综合改革推进教育统筹发展。省级政府教育统筹发展本身就具有一种系统性内涵，是一项典型的系统工程，涉及许多方面。用系统的思维来凸显教育统筹发展的统筹特征，充分促进教育统筹各方面的全面推进。当前的省级政府教育统筹发展，根据国家战略要求、考虑教育统筹发展目标，注重系统推进、综合配套、改革创新，推进教育统筹发展战略创新、教育统筹发展理论创新、教育统筹发展结构创新以及教育统筹发展体制与机制创新，充分体现了省级政府教育统筹发展对系统性思维的重视，对改革综合性与全面性的重视，推动着省级政府教育统筹的全面发展。

---

① 盛明科、朱玉梅：《我国教育统筹发展的政策变迁：问题及改进思路——基于 1979—2013 年国家教育政策文本的分析》，《理论探索》2014 年第 4 期。

3. 统筹发展范围有限扩大

加强省级政府教育统筹是国家教育体制改革的重要内容，扩大省级政府教育统筹发展范围是深化改革、全面改革的必然之举。通过对教育统筹发展实践历程的梳理和分析可发现，省级政府教育统筹发展范围得到了有限扩大，无论是在统筹主体的范围上，还是在统筹客体、统筹对象的范围上都呈现着有限扩大的趋势，具体情况如下：

一是统筹主体范围有限扩大。教育统筹发展实践明确的第一要素，就是教育由谁来统筹，即统筹权和统筹责任的归属问题。[①] 由于我国教育行政管理的特殊国情，中央政府一直是我国教育统筹发展政策的掌舵者，主导着我国的教育发展。但随着中央对地方分权的盛行，教育领域也逐步实施中央对地方的教育放权，地方政府的教育统筹权力逐步增大。1994 年颁布的国务院关于《中国教育改革和发展纲要》实施意见提到了“高等教育逐步实行中央和省、自治区、直辖市两级管理，以省级政府为主的体制”；2006 年《义务教育法》的修订与颁布明确了义务教育经费保障的“省级统筹”；2010 年颁布的《教育规划纲要》明确了省级政府对各级各类教育的统筹主体地位等。但在明确省级政府教育统筹主体地位的同时仍坚持着中央政府对教育的统筹和管理，且随着近年协同治理理论的发展，在教育统筹主体的确定上，协同治理思维也不断凸显，省级政府教育统筹发展逐步实现了中央政府领导下的地方政府统筹和社会统筹治理的协同发展。由此可见，教育统筹主体范围呈逐步扩大的趋势。

二是统筹对象范围有限扩大。通过对省级政府教育统筹发展实践的分析可以发现，统筹对象呈有限扩大的趋势。省级政府教育统筹发展最初是针对义务教育的均衡发展所提出来的，统筹对象自然也只有义务教育。后期，教育统筹对象逐步扩展到高等教育、中等教育、职业教育等各级各类教育。这种转变是我国政府治理机制、教育体制改革以及人民群众教育发展需求变化等多种因素促成的，同时也是治理思维的革新，总结过去教育发展教训和经验摸索出来的发展趋向。教育要实现均衡发展，省级政府教育统筹就不能只注重某一类教育，需要统筹好区域内、城乡间的各级各类教育发展，以促进我国教育更加均衡、全面的发展。

---

① 盛明科、朱玉梅：《我国教育统筹发展的政策变迁：问题及改进思路——基于 1979—2013 年国家教育政策文本的分析》，《理论探索》2014 年第 4 期。

三是统筹客体范围有限扩大。各省作为省级政府教育统筹发展的客体，是省级政府教育统筹发展政策的重要实践场所和推广之地。2010 年《教育规划纲要》的颁布，选取了北京市、上海市、安徽省、广东省、云南省、新疆维吾尔自治区、深圳市作为教育统筹发展综合改革试点地区。至今，已历经了四年的推进和发展历程，先行试点地区已经取得了令人鼓舞的成果，为省级政府教育统筹发展改革在全国范围内的全面实施和开展提供了宝贵的经验和借鉴，实施省级政府教育统筹发展的省份数量上的增加、范围上的扩大是一种不可避免的趋势。

4. 统筹发展效果缓慢凸显

自省级教育统筹发展政策提出并实施以来，各省积极响应政策精神，以省级教育综合改革项目为抓手，将典型经验转化为示范经验进行宣传与推广，充分激发各市县、各学校的教育发展动力与活力。同时各省级政府及相关部门积极培育各种社会组织、行业协会及学会，鼓励其积极参与到教育统筹发展中来，为教育决策建言献策，对教育统筹发展进行监督与评估。既着眼长远，抓住本省教育改革发展的关键点，提出发展战略和方案；又脚踏实地，切实加强本省经费保障和教育统筹发展监督评估体系的健全，各自打造出具有本省特色的教育统筹发展之路，并都取得了一定的成效。这种成效具体体现在教育管理体制、教育保障机制等两个方面。

一是教育管理体制方面的成效。教育统筹发展综合改革的关键就是转变政府职能，深化教育管理体制改革，为教育差距的缩小、教育均衡的实现提供良好的制度环境。各省在积极开展教育统筹发展的工作中，注重提高教育管理的规范性，并采取诸多措施完善教育管理体制，至今，各省在这方面也取得了一些成效。以广东省为例，广东省在《教育统筹发展综合改革方案》中就明确提出将着重改革政府管理教育的方式，按照建设服务型政府的要求，综合运用立法、规划、资源配置、信息服务、政策调控、督导评估等措施，来履行省级政府的统筹规划、政策引导、经费保障、监督管理等职责。一方面组建了教育综合改革试点专家咨询委员会，为教育统筹管理提供咨询意见和决策建议；另一方面，积极加强依法治教的进程，不断完善相关法律法规，提高了广东省教育统筹管理的规范化和制度化。

二是教育保障机制方面的成效。其一，经费保障方面。各省在省级政府教育统筹发展政策的指引下，不断创新经费保障体制机制，加大对区域内各级各类的教育投入，加强区域内教育资源的统筹协调。其二，师资保障方面。各省根据各市县、学校的教育发展需求不断强化高素质专业化教师队伍建设，积极解决中小学代课教师问题，使各省代课教师数量大大减少；积极培养优秀的免费师范生，鼓励其到经济欠发达地区的农村中小学任教，提高教育落后地区的教育质量；大大提升农村教师的工资福利待遇，提升城乡学校教师之间的流通率；同时，通过各种培训提高农村教师的整体素质，如有些省份安排大量专项资金开展欠发达地区的教师培训等。这一系列的举措都大大提高了教师的整体质量和水平，为教育的发展和差距的缩小提供了良好的师资保证。

在中央政府顶层制度设计的指引下，各省级政府及相关部门积极回应和行动，教育统筹管理在管理体制、培养体制以及保障机制方面都取得了一定的成效，进而带动教育统筹发展其他方面的改进，激励各省不断缩小教育差距，提高教育均衡化水平，不断满足当前人民群众的内涵式教育发展需求，使教育统筹发展效果日益凸显。

第四章　省级政府教育统筹发展效果评价的指标体系

党的十八届三中全会通过的《关于全面深化改革若干重大问题的决定》指出，深化教育领域综合改革，大力促进教育公平，逐步缩小区域、城乡、校际差距。① 深化教育领域综合改革，推进教育公平是根本目标，促进教育资源均等化配置是主要手段，形成有助于教育资源均等化配置的政府教育管理体制机制是重要途径。究竟该如何衡量政府教育资源配置差异？如何测度政府教育统筹发展效果？这就要求构建一套科学合理的教育统筹发展效果评价指标体系，其对于测量不同区域、城乡、学校、群体之间的均衡程度，科学地配置统筹调控与均衡发展要素等均具有重要的意义。

第一节　省级政府教育统筹发展效果的生成逻辑

一　发展效果的机制性生成

教育的公益性特征决定了它不可能像其他商品一样完全由市场提供，而必须依靠市场以外的资源配置机制来进行调节，这就使得政府的宏观调节机制在省级政府教育统筹发展中具有至关重要的作用。除了政府宏观调控机制，公共服务市场化和社会治理范式背景下，教育业绩进步、教育统筹与均衡化绩效也取决于社会系统合力机制与教育质量驱动机制等多种机制的协同促进。

1. 政府宏观调控机制

作为教育最大的供需者与受益人，国家和政府必然要对教育的输入、

① 《中共中央关于全面深化改革若干重大问题的决定》，《人民日报》2013 年 11 月 16 日。

投入、发展等环节进行调控，在加快减小教育差距、促进教育均衡发展方面担负主要责任。中央政府统筹规划，以战略思维与未来取向为调控导向，加强顶层设计，对省级政府教育统筹进行宏观指导、整体谋划，明确管理目标、法律保障、过程监测和结果问责等统筹发展的总体思路，为省级政府加强教育统筹提供有力支持。省级政府则多元并举，立足于国家教育发展战略和各省教育发展规划的实际，科学制定本省教育统筹发展的制度框架，构建本省教育统筹发展的政策体系，确立本省教育统筹发展的各阶段目标；同时，依据省域内经济发展基础、人口资源面貌、财政资源情况来统筹省域范围内教育结构比例、资源配置、空间布局以及发展规模和速度，形成一套完备而系统的教育宏观调控机制和体系，以更好地促进教育公平、提高教育质量。

政府宏观调控机制具体体现为“各级政府分担、省级政府统筹、管理以县为主”的财政体制，法律制度上明确中央政府与省级政府的经费保障责任，努力提高地方教育经费保障的积极性和主动性，拓宽教育经费的筹措渠道。综合考虑省域范围内各区域的社会经济发展状况、教育统筹发展规划和城乡教育统筹目标，特别要参照各项重要指标，如区域内人口（城市人口与农村人口）、人均收入、税收收入等来对教育的投入标准进行确定，实行区域、城乡差别化投入，并适时进行动态调整。同时，建立健全市与市之间的财政转移支付机制①，促进市与市之间教育投入的横向均衡。

2. 社会系统合力机制

作为社会系统的教育机制，在密切联系教育体系内部要素的同时，与社会体系、社会教育需求、社会活动等外部诸多因素有机结合，双管齐下，由此形成一种新型的与社会相互作用、彼此依赖的教育社会结构。教育作为社会发展的内部要素，不仅具有统筹教育发展目标、政策框架、结构规模、质量标准和管理体系等一系列作用，还体现为与社会各方主体的良性互动，实现整体规划，相互配合、彼此促进。如：社会力量与城市教育帮扶农村教育的共同体发展机制、弱势群体教育发展的社会支持机制。总之，社会系统合力机制是以政府为主导的教育社会市场的外部效应综合

---

① 王宏利：《构建城乡统筹的公共服务机制与推进公共服务均等化》，《农村经济》2011 年第 6 期。

化，全民动员，多方参与，充分利用有效的社会资源，促进城市与农村之间、地区之间及学校与学校之间的教育统筹发展，实现社会的和谐发展与教育资源的共建共享。

省级政府统筹教育发展依靠的不仅仅是政府这个单一主体的力量，而是社会多方系统的合力，实现统筹主体的多元化，合作共赢。具体来说，加强与教育外部的科技、文化与经济等部门的联系，建立政府统筹、各部门联动协同协作机制，充分调动各职能部门发展教育事业的积极性，因为省级政府教育统筹不仅仅是教育行政部门的责任与义务，涉及各个社会层面。同时，鼓励社会力量积极参与到教育统筹发展中来：运用社会智力，市场、社会、学校、教育专家与一线教育工作者共同参与，广泛寻求共识，协商教育统筹发展的战略方向、重点问题和改进措施；吸纳社会力量，实现教育统筹监督、评价主体多元化，有效保证教育统筹发展绩效；引入社会资本，推动民间资本进入教育领域，构建义务教育、农村教育等的优先资金注入机制，形成公平合理的教育成本分担机制与利益平衡机制，等等。

3. 教育质量驱动机制

教育质量是省级政府教育统筹发展的生命线，是评判省级政府教育统筹发展效果的关键标准。省级政府教育统筹发展提倡系统的质量观，全面关注教育质量标准、教育质量监测与教育质量保障等。教育质量观是基于教育均等化发展与教育质量的不断提升为价值取向，把办学效益、教职人员与学生发展以及教育要素的综合功能当作核心价值观：教育质量标准以目标和过程为重要取向，将学校质量目标、目标权重与维度作为重要因素来统筹学校办学标准、校长专业发展标准、教师专业发展标准、学生全面发展标准等；教育质量监测重点考察全方位多层次的机制构建，立足方法与技术、静态与动态、结果与改进等方面来评价教育统筹发展质量现状并给予适时修正；教育质量保障则着重于提供外部条件、智力支撑与创新学校内部运行机制等。全面而系统的教育质量驱动机制可以有效地提高省级政府教育统筹的发展效果。

省级政府教育统筹的质量驱动机制重点在于创建现代学校制度，主要体现在以下五点：第一，学生全面发展质量标准体现了“价值观指标、能力性指标、过程性指标和结果性指标四位一体的学校教育质量评价指标体系框架”[①]，对城市与农村学校的办学方向与行为系统进行动态引导。第二，多管齐下，全面多样地完善校长能力提升机制，如制定校长专业发展标准，积极开展学校间的校长交流、引援、内培等。第三，以教师专业发展标准为参照，通过对教师队伍进行优化，对落后地区学校教师的专业发展进行专项资助，区域间教师自由流动，校本研修等诸多方式来提升教师的专业素养。第四，健全政府、社会、学校和家庭协同参与的教育质量监控机制，通过定期发布教育质量监控报告、不间断修正等方式进行教育质量评价。第五，构建督导评价与教育问责机制，把“行政督导”与“专家督学”有机结合，多维度地问责与教育相关行政领导、教育领导和校长的教育质量“作为”。

二 发展效果的政策性生成

政策是国家、政党为实现一定历史时期的路线和任务而规定的行为准则。[②] 教育政策作为公共政策的一个分支，当然具有公共政策的一些特点。公共政策是一个政府对公私行为所采取的指引[③]，是社会各方利益的选择与整合，追求有效的社会利益的公平分配，来达到政府在特定时期的目标[④]。因此，教育政策是“政府在一定时期内为实现一定教育目的而制定的关于教育事务的行动准则”[⑤]，是一种有目的、有组织的动态发展过程，是有关教育的权利和利益的具体体现。综合以上观点，我们对“教育政策”做出这样的解释：教育政策是政府等公共权力部门在一定历史时期，为了实现一定的教育目的和任务而出台的一系列相关的法律、条例、计划、方针、措施等权威官方文本。教育政策主体是政府、执政党等公共权力机构，这是与其他公共政策共通之处，而不同的地方主要体现在政策目标和政策内容上。教育政策的根本目标在于促进教育事业的良性发展，进而实现人的全面发展。教育政策内容主要是教育资源及合理配置、教育权力及分配、教育制度建设、教育教学活动安排，等等。

任何国家都必须从本国的具体国情出发、遵循教育发展的基本规律，

---

① 周丹：《对学校教育质量评价指标体系的一些思考》，《江南大学学报》（人文社会科学版）2005 年第 12 期。

② 《辞海》（上卷），上海辞书出版社 1989 年版，第 1653 页。

③ 伍启元：《公共政策》（上册），中国人民大学出版社 2002 年版，第 67 页。

④ 陈庆云：《公共政策分析》，北京大学出版社 2006 年版，第 37 页。

⑤ 吴志宏：《教育政策与教育法规》，华东师范大学出版社 2003 年版，第 4 页。

制定和实施相关教育政策。通过制定公平合理的教育政策来解决和调整全省教育领域的社会问题，引导教育统筹发展的方向，规范整个教育统筹过程，才能促进教育事业的公平健康发展。省级政府教育统筹发展效果的政策性生成，可从以下两方面来理解。

第一，教育政策的本质是要调节教育利益的分配，保障教育事业稳步增长的同时推进教育均衡发展，包括均衡分配教育经费等物质利益和教育权利、教育机会等精神利益。公共政策的本质应该是政府对社会利益实行的权威性分配。① 因此，教育政策作为公共政策的一个组成部分，其本质是调整教育利益关系。政府制定实施教育政策的根本目的就在于对不同主体的教育利益进行协调和分配。公平合理的教育政策有利于调节省域范围内教育利益的分配，保证在最大限度上实现每个社会成员教育机会的平等，优先满足弱势群体的需要，“适合于最少受惠者的最大利益”，以其独有的导向性、规范性、一致性与严肃性等特征，在保障教育事业良性发展的同时注重推进省域内义务教育的均衡发展，以期通过教育政策的调控，能够加快缩小乃至遏制区域差距、城乡差距、校际差距在教育发展水平上差距日益扩大的局面，从而提高省级政府教育统筹发展效果。

第二，教育政策对教育利益进行分配与增进，是一个动态的过程。这个过程大致要经历以下四个环节：首先，教育利益的选择。政府从来不是盲目地分配教育利益。教育利益的选择受到政府利益导向的制约，由于社会政策资源的有限性，导致教育政策具有较为明确的利益取向，也就是教育政策有特定的获益者。同时，出于政治统治目的的考虑，政府会优先满足那些和自己价值取向相符的社会群体利益诉求。教育政策就是通过这种利益调控来对社会的利益结构进行改变，使那些不合理的教育利益要求受到抑制或转化，而那些合理的利益要求则得到鼓励、支持和保护，以此来合理化教育利益结构。其次，教育利益的整合。在现实教育实践中，每个社会成员的具体利益各不相同，由此导致他们利益要求纷繁复杂。事实上，教育政策要反映每个社会成员的特殊利益要求，那是不可能的，它只能反映不同阶层、不同群体带有共性的利益要求，这就需要教育政策在对教育利益关系进行协调的时候要整合不同的利益要求。在整合教育利益要求的过程中，在统筹考虑社会整体利益与政府利益的同时，也要考虑到社

① 陈庆云：《公共政策分析》，北京大学出版社 2006 年版，第 7 页。

会成员之间的利益相关性。政府应完善各种途径，使社会各阶层能够自由充分满足他们的教育利益需求，然后对教育利益需求进行筛选、分类与合并，从而实现教育利益的整合。再次，教育利益的分配。教育政策在对教育利益进行分配的过程中，部分人获得教育利益的同时，也意味着另一部分人失去教育利益。为推进教育事业均等化发展，教育政策应遵循公平原则，对社会弱势群体给予适当补偿。最后，教育利益的实现。为了能够满足社会成员合理的教育利益需求，政府通过制定实施教育政策对教育利益进行分配，但是如何去实现这些教育利益需求才是最为重要的。教育政策主体要积极主动地在教育实践中贯彻政策内容，把教育利益分配到位，广泛开展调研，使教育政策产生应有的效果。

三　发展效果的资源性生成

教育资源配置是指教育资源在教育系统内部各级各类教育资源的分配，包括社会总资源对教育的分配，也包括教育资源在各级各类教育间、各级各类学校间和各地区教育间的分配。[①] 它不仅是教育均衡发展的基础，也是实现教育公平的重要前提。省级政府教育统筹，就是要充分发挥省级政府的财政统筹和资源平衡能力，确保教育资源在区域之间、城乡之间、校际之间的均衡配置。然而，在教育实践中，作为推进教育统筹发展的根本性因素，地区经济发展水平决定了教育的投入、产出以及发展的速率，同时教育资源供给水平的差异也受经济发展水平差异的影响。当前，我国由于区域间、城乡间经济发展水平不可避免地存在着较大的差异，教育资源因经济发展水平不均、教育经费投入不足等诸多因素而配置失衡，由此引发了一系列连带问题。

1. 教育资源配置的区域差距

改革开放以来，由于地理位置、经济条件、国家政策等方面的原因，东部沿海地区的经济迅速发展起来，逐渐拉开了与中西部内陆地区的差距，而地区间经济水平的差距就直接造成了教育资源配置的不均衡。以2009年为例，我国普通小学财政预算内教育事业费生均3357.92元，其中，最高的上海市为14792.68元，最低的河南省为1949.00元，前者是后者的7.5倍多。同年，我国初中财政预算内教育事业费生均为4331.62

---

① 南京市教育科学研究所：《义务教育均衡发展与教师资源配置》，《内蒙古教育》2007年第4期。

元，最高的上海市为18224.25元，最低的贵州省为2698.18元，前者是后者的6倍多。低于平均值的省份多集中在中西部经济不发达地区。[①] 而且，由于近年来我国实施了西部大开发战略，西部地区加快了教育发展步伐，中部地区的差距则凸显出来，多项指标呈现出“中部凹陷”现象，进一步拉大了与东部地区的差距。2009年，中部地区小学、初中生均预算内事业费、生均预算内公用经费平均低于西部地区（其中中部地区小学、初中生均预算内公用经费平均值分别为862.14元和1134.31元，比西部地区低19%和21%）。[②]

这种区域差距除了存在于东、中、西部之间，还存在于行政省域内部，甚至各省域范围内教育差距明显大于省际教育差距，严重影响着省级政府教育统筹的发展效果。从国家教育督导团历年发布的教育督导报告得知，全国初中、小学生均预算内教育事业费的县际差距在缩小，但预算内公用经费的县际差距仍在扩大。

2. *教育资源配置的城乡差距*

当前，我国经济快速发展和工业化进程加快，农村大量剩余劳动力进城，学龄人口的地域分布也随之发生变化，从而导致教育实际需求与教育资源分配这一尖锐矛盾的出现。近年来，中央政府和省级政府积极采取多种措施加大对农村基础教育的投入，在一定程度上对均衡城乡基础教育资源配置产生了积极作用，但从未在根本上触动长期以来的城乡基础教育财政投入体制。根据国务院发展研究中心的调查，在农村基础教育资金的投资比例中，中央政府负担的部分仅为2%，省和地区（包括地级市）的负担部分合计起来也只有11%，县和县级市的负担为9%，而乡镇却负担了全部财政需要的78%。并且，目前我国人口中有70%的学龄儿童在农村，农村基础教育阶段的学生高达1.6亿。[③] 由此可知，财力薄弱的基层政府担负了绝大部分的农村基础教育经费，农村基础教育经费少之甚少。一些落后的农村小学连受教育最基本的设备、校舍甚至教科书都严重匮乏。农村教师的工资偏低甚至压根没有工资已是不争的事实，很多学校开展教学

① 教育部财务司：《2010教育经费统计年鉴》，中国统计出版社2011年版。

② 同上。

③ 陈潭、罗新云：《公共教育资源配置失衡及其政策补给》，《公共管理学报》2008年第2期。

到目前为止还主要以代课教师为主，更别提建立一支高素质的农村教师队伍了。截至2008年，全国中小学仍有37.9万名代课人员，其中81.8%分布在农村学校。①

对城乡教育资源进行优化配置，并不是要求其在数量和质量方面的绝对相等、平均，显然，这与我国的基本国情和教育资源优化配置的内在要求不相符合。教育资源配置均等化，实际上要求的是教育资源配置能够达到各级各类教育的基本要求，能够使广大农村学生享受到最基本的受教育权利。

3. 教育资源配置的校际差距

重点学校制度由来已久，尤其是1978年改革开放以来，国家更是逐渐把学校划分为各种等级的重点学校（如国家级重点、省级重点、市级重点、县级重点）和一般学校。在这种政策导向下，各级政府和教育行政部门纷纷在政策、财力、师资等方面向重点学校倾斜。重点学校制度能够把有限的教育资源集中起来培养优质人才，这是毫无疑问的，且在当时特定的历史条件下起到了较为积极的作用。但是，重点学校与非重点学校在获取教育资源方面的严重失衡。比如，在专项教育经费方面，重点学校获得的专项教育经费通常是生均经费总和的数倍。甚至一所重点学校获得的实际教育经费是全区域其他所有学校教育经费的总和，这导致了本来就极为有限的教育资源更过度集中在少数重点学校，人为地造成了重点学校独享优质教育资源的现状。鉴于此，重点学校还能够凭借着大量的经费投入和优质的师资力量得到更多更好的办学条件，从而也就具备较大的优势来选择生源，强化自身的“造血”功能，使得其与非重点学校的发展差距进一步拉大。相应地，一些非重点学校则因为较少的教育经费投入，缺乏软硬件基础设施，从而变成了薄弱学校。优质教育资源的稀缺性，在助长“择校生”盛行的同时，又恰好为重点学校提供了更多谋取人力、财力和物力的条件，由此导致了教育资源配置在重点学校与非重点学校之间的恶性循环。

虽然伴随着我国教育领域综合改革的不断深入，示范学校正逐步取代重点学校，但是因为原来的重点学校长期以来积累的人力、财力、物力等有形的教育资源和良好的社会声誉等无形资源，使示范学校被贴上了“重点学校”的标签，他们依然享受着特殊的教育政策优势和充足优质的教育资源。

① 杨东平：《教育的阶层差距仍在扩大》，《南方人物周刊》2008年第11期。

第二节　省级政府教育统筹发展效果评价指标体系的构建原则

“没有测评，就没有管理。”① 构建省级政府教育统筹发展效果评价指标体系是一个复杂的系统过程，评价指标的确定则是整个评价体系构建的关键。我国省级政府教育统筹发展效果评价涉及的范围点多面广，与省级政府教育统筹发展效果相关的指标也是形形色色，要将这一系列指标科学合理的甄选组合，确定一套导向明确、层次分明、切实可行的评价指标体系，必须坚持一定的原则。

一　动态性与静态性相结合

动态性原则要求对评价对象的发展状态进行评价，以此来反映评价对象的发展潜力和发展趋势。因此，在构建指标体系时要设置发展性指标，来反映省级政府教育统筹发展的增幅情况，体现省级政府教育统筹发展的动态趋势。同时，省级政府教育统筹发展是一个动态系统，相应的指标体系也不应是一个纯结果性的固定框架，而要顺应经济社会和教育的发展规律，不断调整，适时修正。

在设计省级政府教育统筹发展效果的指标时也要注重静态性原则。所谓静态性原则，即对当前评价对象已具备的条件以及达到水平的评价，它的特点在于进行评价时仅仅考虑评价对象在特定的空间和时间中的现实状态，而对评价对象过去的情况以及今后的发展趋势不予考虑。静态性原则要求在构建省级政府教育统筹发展效果评价指标体系时，要设置能反映目前省级政府教育统筹发展效果状况的指标，体现省级政府教育统筹发展的静态情况。

二　系统性与层次性相结合

省级政府教育统筹发展效果是多因素、多层面综合作用和影响的结果，因此，在设计省级政府教育统筹发展效果评价指标时，应着眼于整

① Claes Fornell, Michael D. Johnson, Eugene W. Anderson, Jaesung Cha, Barbara Everitt Bryant, “The American Customer Satisfaction Index Nature, Purpose and Finding”, *Journal of Marketing*, No. 4, 1996, pp. 7 - 18.

体，从省级政府教育统筹的战略目标和要求出发，建立一套比较完整的指标体系，尽量囊括省级政府教育统筹的各个层次、各个方面，突出重点，使评价结果能充分反映当前省级政府教育统筹发展的总体概况。同时，各指标间要有一定的逻辑关系，不但能反映各维度的主要特征与状态，而且能体现其相互间的内在联系，重视省级政府教育统筹发展效果内部各指标要素之间的相互影响、相互促进。

为避免指标的重叠，确保指标的可测性，便于从不同层面评价省级政府教育统筹发展效果，指标体系在注重系统性的同时也应具有层次性。根据省级政府教育统筹发展涵盖的内容，层层分解为各维度的评价目标，在此基础上围绕各维度的评价目标分为若干个子系统，再在每个子系统下细化出多个指标，逐一分析每个指标。值得注意的是，在确保整个指标体系同一层级、同一维度的目标系统一致性的同时，也要保持各指标之间的相互独立。

三 科学性与实用性相结合

构建省级政府教育统筹发展效果评价指标体系，要遵循教育发展规律，符合国家教育方针、培养目标要求，从当前我国省级政府教育统筹的客观实际出发来获取评价信息，确保指标维度的设计方法、指标的选样方法和指标的构建流程等环节的科学性；同时，各具体指标不仅要内涵明确、边界清晰，能够准确地刻画省级政府教育统筹发展效果各维度的状态和水平，还要相互联系，组合起来可形成具有综合评价职能的指标体系，科学分析省级政府教育统筹发展效果，从而尽可能地得出客观的、贴近实际的评价。

在遵循指标体系构建的科学性原则的同时，还要兼顾实用性原则。实用性原则一般体现在评价体系的功能上，对省级政府教育统筹发展效果评价指标体系的构建提出以下要求：一是反映功能。根据省级政府教育统筹的责任和绩效目标来构建评价指标体系，能够客观描述、如实反映省级政府教育统筹发展的现状。二是评价功能。指标体系能够科学评价当前省级政府教育统筹发展取得的成效，合理诊断薄弱环节，从而能够基于此制定相应的优化对策。三是监控功能。指标体系应能起到督促省级政府履职尽责的作用，积极促进省级政府教育统筹工作的全面实施，稳步推进教育治理体系和治理能力的现代化。要根据教育统筹效果评价的实际需要，尽可能选择通俗常用的教育评价指标，尽可能选择在教育领域和社会领域认同度高、影响力大的指标，要注重提升教育统筹发展效果评价指标体系的权威性和社会基础。

四　经济性与可行性相结合

在构建省级政府教育统筹发展效果评价指标体系时，为防止事无巨细、指标繁杂、评价成本较高而超出现实操作的承受能力，因此，指标体系力求简明实用，以最少的指标尽量全面反映省级政府教育统筹发展效果，但所选取的指标一定要最具有代表性；同时，指标体系所涉及的数据资料要易于搜集和整理，尽可能利用现行统计制度中可以量化的统计数据。此外，针对反映同一评价目的的不同指标的选取，应该尽量采用那些容易获取的、较低调查统计成本的指标。

指标的选取在符合经济性原则的同时，也要考虑指标的可行性。可行性原则规定在设计省级政府教育统筹发展效果评价体系时，一是指标要合理，设置指标要根据需要和可能，并立足于主客观条件，评价主体能够基于此来进行相应的评价；二是指标要统一口径和计量单位，可以用科学的方法对其进行计算和分析；三是指标要有可操作性，力求规范，尽可能量化，利于计算，能通过一定的指标设计、统计调查方式获得可靠数据，便于准确描述省级政府教育统筹发展效果的客观状态。同时，对具体指标遴选而言，应该在遵循指标可测量性前提下，以数量性指标为主，体现定量的要求，同时也有概念型、定性的规定，以量化指标和语言描述的评价相结合，科学合理地反映省级政府教育统筹发展效果的整体性水平。

第三节　省级政府教育统筹发展效果评价指标体系的主要内容

客观评价省级政府教育统筹发展效果，需要一把科学合理、层次分明、易于测量的“尺子”，也即教育统筹发展效果评价指标体系。通过构建符合当前我国国情的省级政府教育统筹发展效果评价指标体系，科学地选择省级政府教育统筹发展效果的指标要素，运用数据资料进行实证研究，研究当前省级政府教育统筹的基本状况和发展趋势，以统筹效果评价促进统筹实践，有利于督促省级政府履职尽责，促进省级政府教育统筹工作的落实，指导省级政府教育统筹实践纵深化发展。

省级政府教育统筹是近年来国家依据教育发展的实际而做出的重要战略选择，教育统筹发展制度建设还正处于不断探索的阶段。据了解，目前国内外基本上还没有学者研究省级政府教育统筹发展效果评价，关于省级政府教育统筹发展效果评价指标体系设计的研究更是无从谈起。省级政府教育统筹发展的落脚点在于实现教育公平，促进教育均衡发展。因此，笔者以教育均衡发展为突破口，借鉴教育均衡发展的相关指标体系来构建省级政府教育统筹发展效果评价指标体系。

国际上，对教育公平发展、教育均衡测度、教育现代化评价指标和标准体系的研究，世界银行、联合国教科文组织、经济合作与发展组织等国际组织对评价指标框架研制和指标开发有相当的影响。

2000 年世界银行（World Bank）发布了《世界发展报告》（*World Develepment Report*），构建了立足于一国的经济和社会发展而设计的综合性指标体系，主要由教育、人口、收入、消费、交通、能源、公共服务等评价指标体系构成。世界银行构建的教育指标体系包括教育支出、受教育机会、教育效率、教育内部效率、教育产出等一级指标，具体指标体系如表 4—1 所示。

表 4—1 《世界发展报告》中的教育发展指标体系①

一级指标	二级指标
教育支出	用于教育的公共支出占 GNP 的百分比、用于不同教育级别每个学生的支出、教师津贴的支出占经常性支出总额的百分比
受教育机会	小学生与教师比、义务教育年限、各级教育毛入学率、净入学率
教育效率	五年级的人占同龄组人口百分比、中小学生复读率、中小学失学儿童人数
教育内部效率	成人文盲率、青年文盲率、预期受教育年限
教育产出	中小学女教师占教师总人数的百分比、中小学女学生占学生总人数的百分比、中小学生中女童的失学率

联合国教科文组织（UNESCO）指出，教育现代化的推进必须着重解决教育质量与教育公平两个问题。要构建体现教育质量与教育公平的指标体系，必须将各级各类教育入学率、学生规模和公共教育投入情况以及教育公共服务供需均衡程度等作为评价教育现代化的重要指标。

除了世界银行（World Bank）、联合国教科文组织具有代表性的教育指标体系以外，还有经济合作与发展组织（OECD）开发的教育评价指标

① 世界银行：《2000 年世界发展指标》，中国财政经济出版社 2000 年版，第 68—87 页。

体系。OECD 开始教育指标开发活动最早始于 20 世纪 70 年代，当然最权威的教育指标开发工作主要围绕着教育系统指标项目（INES）展开。在 INES 项目的初始阶段，构建起科学的教育指标概念框架以合理组织指标成为整个项目工作的中心。项目团队共研发出 25 种教育指标体系概念模式，最后选取确立了“情境—过程—结果”指标框架。在这一类同于“投入—生产—产出”经济生产过程的概念框架中，OECD 最初还预设了由“情境”到“过程”再到“结果”的因果关系假定。[①] 2002 年，为提高教育指标的政策相关性，OECD 教育指标研制团队对指标体系概念框架进行了修改，在区分了个体学习者、教学情境、学习环境、教育服务提供者等能动因素基础上，依据“个体和国家的学习输出”“形成学习输出的政策杠杆与政策环境”以及“政策选择的先在或约束情境”几个标准对指标进行归类，提出了包括“教育机构的输出和学习影响”“教育投入的财政资源”、“获得教育、参与与进步”和“学习环境与学校组织”四个领域的框架模式[②]。具体指标体系如表 4—2 所示。

目前，国内针对教育均衡指标体系的研究大多是以教育公平为出发点，把教育起点、教育过程和教育结果均衡发展当作主线，涵盖了教育机会均等、办学条件配置均衡、师资配置均衡、教育经费配置均衡以及教育管理均衡等诸多方面。如：翟博在国内建立了公认度较高的教育均衡发展指标体系[③]，包括教育机会、教育资源配置、教育质量和教育成就 4 个维度。[④] 李继星构建的我国教育均衡发展指标体系由机会均等、资源配置均衡、学校教育质量均衡、教育综合成就均衡 4 个一级指标构成[⑤]，

---

① Walberg, Herbert Jetc, “Analyzing the OECD Indicators Model”, *Comparative Education*, Vol. 34, No. 1, 1998, pp. 56 - 57.

② “Education at a Glance 2002”, *Paris*: *OECD*, 2002, pp. 7 - 9.

③ 翟博：《教育均衡发展：理论、指标及测算方法》，《教育研究》2006 年第 3 期。

④ 教育机会的评价指标有特殊教育学生入学率、城乡学生入学率、男女入学率。教育资源配置的评价指标有教育经费、生均教育经费、生均预算内教育经费、生均校舍面积、危房所占比例、教学仪器达标率、图书资料达标率、教师学历合格率、教师合格以上学历率。教育质量的评价指标有毕业生升学率、学生巩固率、学生辍学率、教师合格率。教育成就的评价指标有教育普及程度、城乡非文盲率、男女非文盲率、人口受教育年限的基尼系数、不同经济收入家庭学生的入学率、不同民族学生入学率。

⑤ 李继星：《关于义务教育均衡发展指标体系的初步思考》，《人民教育》2010 年第 6 期。

表 4—2　　OECD 开发的教育指标体系（2002 年）

指标类别	指标名称	
A 教育机构的输出与学习的影响	A1 当前高中教育毕业率与成人人口成绩 A2 高教毕业与存留率和成人人口成绩 A3 劳动力和成人人口的教育成就 A4 不同学科领域的毕业生 A5 15 岁人口的阅读成绩 A6 15 岁人口的数学和科学成绩 A7 学生表现的校际差异	A8 公民知识与参与 A9 父母的职业身份和学生表现 A10 15 岁人口家庭语言和阅读成绩 A11 不同教育成就水平的劳动力参与 A12 15—29 岁人口预期教育、就业年数 A13 私人和社会回报率及其决定因素 A14 人力资本与经济增长的关联
B 教育的经费和人力资源投入	B1 生均教育支出 B2 教育机构支出占 GDP 的比例 B3 公共教育经费支出总额	B4 教育机构公共和私人投入的比例 B5 通过公共补助对学生和家庭的支持 B6 按资源和服务种类划分的教育支出
C 获得教育、参与进步	C1 预期教育年限和入学率 C2 高教进入及预期年数和中等教育参与 C3 高等教育的留学生	C4 成人人口的继续教育和培训参与 C5 青年人口的教育和工作地位 C6 低教育水平年轻人的处境
D 学习环境和学校组织	D1 9—14 岁学生的总的受教育时间 D2 班级规模和学生与教职工比率 D3 学校与家庭中计算机的获得与使用 D4 男女性运用信息技术的态度与经验	D5 课堂与学校氛围 D6 公立初等和中等学校的教师工资 D7 教学时间与教师工作时间

一级指标下面又分为若干个二级指标①。还有学者从观念、层次、成就等

① 机会均衡指标分为学龄儿童入学率差异、特殊教育学生入学率、入学率性别差异、汉族与少数民族学生入学率差异、不同经济收入家庭学生的入学率差异共 5 个二级指标。资源配置均衡指标分为教育经费配置均衡指标、教师配置均衡指标、建筑配置均衡指标、图书仪器资源配置（纸介质图书、电子图书、仪器设备）均衡指标、硬件设施（计算机、校园网配置）均衡指标。学校教育质量均衡指标包括学生辍学率、学生巩固率、初中毕业考试学生平均分差异、初中毕业率、初中毕业生中考平均分差异、毕业生升学率 6 个二级指标。教育综合成就均衡指标分为完成义务教育的公民人数占公民总数的比率、公民平均受教育年数差异、15 岁及 15 岁以上文盲和半文盲占该年龄段人口总数比率共 3 个二级指标。

角度着眼来构建教育均衡发展的三维结构，从教育投入、规模、成就指数和质量要求四个方面来设计基础教育均等化评价指标体系。同时，还有学者从教育制度、教育思想观念、教育内容、教育手段、教育管理、教育决策、教育队伍等方面来对教育现代化的指标体系进行研究。从以上这些关于基础教育均衡发展评价指标的研究可知，成果对于推进政府教育统筹发展测评和教育均等化评价指标研究具有很强的借鉴意义，为进一步研究提供了有价值的参考。但这些研究也有一些拘囿，即指标体系注重教育现代化层面的探索，没有从政府教育统筹发展效果生产的逻辑出发构建评价指标体系，没有体现政府统筹教育发展的结构性的作用及机制，从政策层面和政府统筹教育推进机制角度探讨指标体系也鲜有涉及，评价指标的可比性、前瞻性、契合度、适用性等有待进一步提升。

本书在前面众多学者研究的基础上，根据教育指标的“输入—过程—输出”系统模式和评价指标的选取原则，立足于我国省级政府教育统筹发展的实际情况，分别从教育机会均衡保障、教育资源均衡配置、教育质量与成就均衡发展 3 个维度来设计省级政府教育统筹发展效果评价指标体系，根据这 3 个一级指标，综合考虑统计数据和统计资料的可获得性和权威性，指标只涉及义务教育和高中教育阶段，设置了 12 个二级指标和 35 个三级指标，力求较为全面地反映现阶段我国省级政府教育统筹发展的情况，客观地评价省级政府教育统筹的整体发展效果。

一　教育机会均衡保障指标

省级政府教育统筹要保障人人都能享有平等的受教育权利和均等的受教育机会。教育机会均衡保障类指标主要用来评价省级政府教育统筹发展的机会公平程度，选取了入学率、义务教育与高中教育巩固率 2 个二级指标。

入学率指标。入学率是指某一级教育学龄人口中，进入同一级学校的在校学生数占某一级教育学龄人口总数的百分比。包括小学阶段入学率、初中阶段入学率和高中阶段入学率 3 个三级指标。小学阶段入学率 = 小学教育学龄人口进入小学的在校学生数/小学学龄人口总数（教育统计数）×100%；初中阶段入学率 = 初中阶段在校学生总数（不含成人）/12—14 岁年龄组人口数（统计局普查调整数）×100%；高中阶段入学率 = 高中阶段在校学生总数/15—17 岁年龄组人口数（统计局普查调整数）×

100%。设置这类指标的目的在于衡量省级政府教育统筹发展下适龄学生的入学状况。

义务教育与高中教育巩固率指标。义务教育与高中教育巩固率是指某一年入学的学生中能读到毕业的学生所占的百分比。计算公式为：巩固率＝第 n 年级的学生数/该年级入学时的学生数 ×100%，包括小学六年巩固率、初中三年巩固率和高中三年巩固率 3 个三级指标。该指标的设定用以说明在校学生各年级的保持率，以此来衡量接受教育机会的状况。

表 4—3 教育机会均衡保障指标体系

一级指标	二级指标	三级指标
教育机会均衡保障	学生入学率	小学阶段入学率
		初中阶段入学率
		高中阶段入学率
	义务教育和高中教育巩固率	小学六年巩固率
		初中三年巩固率
		高中三年巩固率

二 教育资源均衡配置指标

省级政府教育统筹要确保教育资源在区域、城乡、校际以及群体之间的优化配置，具体表现为受教育条件的均等。教育资源是教育活动的展开所涉及的所有要素，也就是教育的人力资源、财力资源和物力资源。教育资源均衡配置指标是将财力、物力、人力三方面的资源细化，选取了生均教育经费、生均公用经费、生均校舍建筑面积、生均图书量、生师比、教师合格率共 6 个二级指标。这类指标主要用来评价省级政府教育统筹发展的过程公平程度。

生均教育经费指标。生均教育经费是指学生人均能够获得的学校教育经费，涵盖公共财政以及非公共财政投入各级各类学校的教育经费，通常被用来反映某个区域教育投入的实际水平。包括小学生生均教育经费、初中生生均教育经费和高中生生均教育经费 3 个三级指标。该指标主要用来衡量政府用于每个在校学生的教育经费状况。

生均公用经费指标。生均公用经费是指为确保学校正常有序运转而必须开支的经费，如公务费、购置设备费以及其他属于公用性质的费用。包括小学生生均公用经费、初中生生均公用经费和高中生均公用经费 3 个三级指标。这一指标可以衡量省级政府在教育统筹过程中用于公用性质的相关费用状况，用来反映教育经费的紧张状况。

生均校舍建筑面积指标。生均校舍建筑面积是指某一级学生人均可使用的建筑面积，用来反映学校提供学生学习场所的整体能力。计算公式为：生均校舍建筑面积 = 某一级学校校舍的总建筑面积/某一级学校在校学生的总人数。包括小学生均建筑面积、初中生均建筑面积和高中生均建筑面积 3 个三级指标。各级各类学校为确保教学、生活、体育锻炼及学校长远发展的需要，必须拥有与学校发展规模相适应的土地和校舍。该指标的设置可以衡量各学校的校舍建筑面积是否均衡。

生均图书量指标。生均图书量是指某一级在校学生平均占有的图书量，用来反映学校图书满足教师教学和学生学习需要的情况。计算公式为：生均图书量 = 某一级学校拥有图书总量/某一级学校在校学生的总人数。包括小学生均图书量、初中生均图书量和高中生均图书量 3 个三级指标。该指标的设置可以衡量各学校的图书收藏量是否达到要求。各级各类学校为保证学生的课堂学习和课外知识增长的需求，必须要配备一定数量的教学参考资料和课外书籍等，订购必要的报刊，建立电子阅览室，等等。

生师比指标。生师比是指某年级内平均每名教师所负担的学生数量，是反映教育资源配置效率的一个重要指标。计算公式为：生师比 = 一所学校的同年级所有学生总数/该年级的所有专任教师总数。选取小学生师比、初中生师比和高中生师比 3 个三级指标。通常对照国家规定的生师比标准，来反映某地区的生师比水平。该指标的选用可以清楚地判断某地区教师使用效率，过高或过低对于教师资源有效使用的实现都是极为不利的。

教师合格率指标。教师合格率指取得教师资格应当具备的相应学历的教师数占教师总数的百分比。包括小学教师合格率、初中教师合格率和高中教师合格率 3 个三级指标。师资水平如何是衡量一个学校发展状况的重要指标，也是省级政府教育统筹发展资源配置的重要方面。教师合格率越高，表明学校的发展水平较高，资源配置相对合理；反之，教师合格率越低，则说明学校的发展水平较低，教育资源配置不合理，对教育的均衡发展不利。

表 4—4　　　　教育资源均衡配置指标体系

一级指标	二级指标	三级指标
教育资源均衡配置	生均教育经费	小学生生均教育经费
		初中生生均教育经费
		高中生生均教育经费
教育资源均衡配置	生均公用经费	小学生生均公用经费
		初中生生均公用经费
		高中生生均公用经费
	生均校舍建筑面积	小学生均校舍建筑面积
		初中生均校舍建筑面积
		高中生均校舍建筑面积
	生均图书量	小学生均图书量
		初中生均图书量
		高中生均图书量
	生师比	小学生师比
		初中生师比
		高中生师比
	教师合格率	小学教师合格率
		初中教师合格率
		高中教师合格率

三　教育质量与成就均衡发展指标

教育质量与成就均衡是教育发展目标和衡量区域间教育是否均衡最直接的标准，反映了省级政府教育统筹下各级各类教育质量和教育效果的优劣程度。选取毕业生升学率、学生辍学率、每十万人口平均在校学生、教育成就均衡指数 4 个二级指标。这类指标主要用来评价省级政府教育统筹的质量公平和结果公平程度。

毕业生升学率指标。毕业生升学率是指考入上一级学校的学生数占年度毕业生总人数的百分比。计算公式为：毕业生升学率 = 新学年高一年级学校招生数/某一级教育毕业生总数 ×100%。包括小学生毕业升学率、初中生毕业升学率和高中生毕业升学率 3 个三级指标。小学生毕业升学率 = 初中（含职业初中）招生/小学毕业生×100%；初中生毕业升学率=高中阶段招生数/初中毕业生数×100%=（普通高中招生数+技工学校招生数+中等职业学校招收应届初中毕业生数）/初中（含职业初中）毕业生数×100%；高中生毕业升学率=普通高校本专科招生数/普通高中毕业生数×100%。这一指标可反映某一级教育的学生能继续接受高一级教育的情况。

学生辍学率指标。辍学学生是指除正常的毕业（结业）、升级、留级、转学和死亡外，其他所有在中途不再上学而离开学校的学生，其总数涵盖休学、退学（办手续和不办手续）、开除、转学（转出但未在另一学校上学）的学生。计算公式为：学生辍学率=学年内辍学学生总数/学年初在校学生总数×100%。包括小学辍学率、初中辍学率和高中辍学率3个三级指标。

每十万人口平均在校学生数指标。每十万人口平均在校学生指平均每十万人口中的在校学生数。每十万人口平均在校学生=在校学生数/（总人口数/十万人口数）。包括每十万人口平均在校小学生、每十万人口平均在校初中生和每十万人口平均在校高中生3个三级指标。其中，初中阶段包括普通初中和职业初中，高中阶段包括普通高中、成人高中、普通中专、职业高中、技工学校和成人中专。

教育成就均衡指标。选取文盲半文盲人口占15岁以上人口的比例和平均受教育年限2个三级指标。文盲半文盲人口占15岁以上人口的比例=15岁及15岁以上不识字及识字很少人口占15岁以上总人口数×100%。平均受教育年限这个指标主要是通过计算平均受教育的年数来衡量公民整体接受教育所达到的水平。计算公式为：平均受教育年限=（∑各级教育程度的教育年数总和×受各级教育的人口数）/∑受各级教育的人口数。

上述指标体系是依照《国家中长期教育改革和发展规划纲要（2010—2020年）》把促进公平作为国家基本教育政策的基本精神，按照促进义务教育均衡发展和扶持困难群体，合理配置教育资源，向农村地区、边远贫困地区和民族地区倾斜，加快缩小教育差距的基本要求，综合国内外有关教育现代化研究和国内有关地区推进教育均衡发展的实践基础，构建出的省级政府教育统筹发展效果评价指标体系。

整个指标体系从我国发展中人口大国和地区发展不平衡的实际出发，贯彻落实科教兴国、人力资源强国的战略，突出了省级政府教育统筹的基本责任，彰显了省级政府教育统筹发展的调控点和着力点，坚持“先进的教育理念和战略地位、凸显教育公平的充足的教育机会、高质量人才培

表 4—5　　教育质量与成就均衡发展指标体系

一级指标	二级指标	三级指标
教育质量与成就均衡	毕业生升学率	小学生毕业升学率
		初中生毕业升学率
		高中生毕业升学率
	学生辍学率	小学辍学率
		初中辍学率
		高中辍学率
	每十万人口平均在校学生数	每十万人口平均在校小学生数
		每十万人口平均在校初中生数
		每十万人口平均在校高中生数
	教育成就均衡指标	文盲半文盲人口占 15 岁以上人口的比例
		平均受教育年限

养与结构适应性、凸显省级政府教育管理体制改革与制度创新、建成现代基础教育公共治理体系”基本思想，指标体系科学性、合理性、针对性和可操作性均比较强。

第五章　省级政府教育统筹发展效果评价的实证研究

《国家中长期教育改革和发展规划纲要（2010—2020 年）》明确提出，要加强省级政府教育统筹责任，统筹区域内各级各类教育，强化省级政府的统筹实施职能。测评省域区域内各级各类教育统筹发展效果，是推进省级政府教育统筹科学决策的前提。省级政府教育统筹发展涉及基础教育的各个方面，包括教育机会、教育资源配置、教育质量与成就等。本章运用变异指数和标准差测评省级政府教育统筹发展效果的绝对差异和相对差异，采取多元统计分析模型对 31 个省（市、自治区）域政府教育统筹发展效果进行因子与聚类分析，从时空角度对各省级政府教育统筹发展差异状况进行实证分析；采用熵值法和聚类分析方法对湖南省 14 个地级市政府教育公共服务供给差异进行综合评价，在此基础上分析教育公共服务供给的空间特征。

第一节　省级政府教育统筹发展效果评价方法与数据来源

基础教育区域均衡发展水平测度、义务教育城乡发展差距实证测评、政府统筹基础教育发展效果等，均是当前教育学和公共管理领域研究的热点问题。很多学者纷纷运用计量经济学、运筹学、统计学方法探究政府教育统筹发展水平。段仁军等运用 1995 年、1997 年、1999 年数据，对我国高等教育发展现状进行统计分析，描述了高等教育综合排名和变化趋势。① 祝梅娟借用福利经济学中的基尼系数指标，从公平的角度分析我国

---

① 段仁军、张伟：《我国普通高等教育发展水平的全局主成分分析》，《数理统计与管理》2002 年第 6 期。

省际间教育投入的差异，揭示了目前省际间教育投入失衡问题。[①] 涂冬波等采用因子综合评判方法对我国教育发展不平衡问题进行了实证研究，研究结果表明我国地区间教育发展总体上的差异不断增大。[②] 杨俊、李雪松运用教育基尼系数，量化评价了我国1996—2004年31个省份的教育不平等问题，得出了我国教育发展不平等程度在缩减的结论。[③] 张丽华等运用因子分析法进行义务教育发展水平评价，得出了义务教育发展水平及完成情况在地区间还存在较大差距的结论。[④] 刘丽运用熵值法对1998—2007年我国省级区域高等教育发展实力进行系统测度与空间分析，依托差异系数分析高等教育的区域差异，揭示出我国省级区域高等教育发展差异的空间格局变化。[⑤] 翟博等利用教育发展宏观数据和微观调查数据，构建出教育均衡指数，从区域、城乡、学校和受教育群体四个方面对我国基础教育均衡状况进行实证研究。[⑥] 这些成果大多运用量化分析方法进行实证测评，阐明我国教育发展不平衡问题。这里我们主要采用标准差和变异系数衡量省级政府教育统筹发展的绝对差异与相对差异，运用因子和聚类分析法对31个省（市、自治区）级政府教育统筹发展现状进行测量，运用熵值法和聚类分析方法对湖南省政府统筹14个地级市政府教育发展效果进行测评，从纵向时间序列分析与横向空间特征分析我国省域基础教育发展失衡水平，系统描述我国教育发展不平衡和省级政府教育统筹发展效果。

一 变异指标和因子聚类分析简介

目前教育经济学对区域和城乡教育发展失衡的测评，通常是运用教育基尼系数等方法来进行的。衡量区域和城乡教育资源配置分布的均衡度，比较普遍使用的指标包括标准差、极差、变异系数、加权变异系数、洛伦茨曲线和基尼系数等。这些教育发展均衡差异分析方法大多都是从计量经

---

① 祝梅娟：《我国省际间教育投入公平状况的实证研究》，《经济问题探索》2003年第2期。

② 涂冬波、戴海琦、邓远平：《我国教育发展差异的实证研究》，《教育科学》2005年第2期。

③ 杨俊、李雪松：《教育不平等、人力资本与经济增长：基于中国的实证研究》，《数量经济技术经济研究》2007年第2期。

④ 张丽华、王冲：《解决农村义务教育投入保障中的制度缺陷——对中央转移支付作用及事权体制调整的思考》，《经济研究》2008年第10期。

⑤ 刘丽：《区域高等教育发展实力分析》，《教育发展研究》2009年第19期。

⑥ 翟博、孙百才：《中国基础教育均衡发展实证研究报告》，《教育研究》2012年第5期。

济学中关于收入分配差异分析方法移植过来的。笔者也采用标准差和变异系数来描述省级政府教育统筹发展差异的特征。

1. 教育统筹发展效果综合指数：变异指标

标志的变异指标是评价平均数代表性的依据，标志的变异指标越大，平均数代表性越小；标志的变异指标越小，则平均数代表性越大。变异指标能综合反映总体的差异性，能反映总体各单位标志值差别大小的程度。变异指标是用方差或标准差、变异系数来测算其离散程度。省级政府教育统筹发展在教育机会均衡保障指标、教育资源均衡配置指标、教育质量与成就均衡发展指标上的不平等程度可以通过计算标准差和变异系数来反映。标准差反映教育统筹发展总体变异程度的绝对差异，变异系数反映教育统筹发展总体变异程度的相对差异，标准差和变异系数的指标值大小可以反映教育统筹发展程度的高低。这里笔者主要用标准差、变异系数来测算教育发展效果评价的差异性。

标准差是一组数值自平均值分散开来的程度的一种测量观念，系统计学上考察样本数据离散程度最常用的指标。标准差既可依据样本数据计算，也可依据观测变量的理论分布计算。前者称之为样本标准差，后者为总体标准差。通常在刻画离散程度方面，方差与标准差是一样的，但在解决实际问题时，我们常用标准差，因为标准差与样本数据具有相同的单位①。标准差的定义是总体各单位标准值与其平均数离差平方的算术平均数的平方根，用 S 表示。标准差的计算公式为：

$$S=\sqrt{\frac{\sum_{1}^{n}(Y_j-\bar{Y})^2}{N}}$$

式中，Y_j 和 Y 分别表示 j 地区某项指标与各地区某项指标的平均值，N 为地区个数。方差和标准差是常用的离散趋势指标，可用来表示数据变异程度，当两组数据单位相同时，均数接近，可用来比较数据的变异程度。标准差或方差的值越小，说明数据变异程度越小，数据值与平均值越接近；反之，其值越大，说明数据变异程度越大，均数代表性越差。对实际问题进行分析时更多地使用标准差。标准差比较全面地反映各个省级政府统筹

---

① 标准差是方差的算术平方根，标准差也被称为标准偏差，或者是实验标准差，是考察数据分散程度的常用方法，计量结果反映出数据中总体绝对变异的大小。

教育发展效果评价绝对差异的指标。

方差和标准差是反映标志变异程度有计量单位的绝对数指标。总体分布的标志变异程度不仅取决于标志值的差异状态，还受总体平均数的影响。若对两个总体分布进行变异性比较，当他们的平均数不等或计量单位不同时，则应消除平均数不同和计量单位不可比的影响。变异系数是消除平均数影响后的标志变异指标，用来对两组数据的差异程度进行相对比较，其形式为相对数，因此也成为标志变异相对数指标。变异系数也被称为离散系数、变差系数、差异系数，是一组数据的标注差与其相应的平均数之比，用 V 表示，计算公式为：

$$V=\frac{\sqrt{\dfrac{\sum_{1}^{n}(Y_j-Y)^2}{N}}}{Y}$$

式中，Y_j 和 Y 分别表示 j 地区某项指标与各地区某项指标的平均值，N 为地区个数。变异系数是测度数据离散程度的相对指标，可用来测度区域内省级政府统筹教育发展效果评价不均衡的程度。变异系数是测度数据离散程度的相对统计量，主要是用于比较不同样本数据的离散程度。离散系数大，说明数据的离散程度也大；离散系数小，说明数据的离散程度也小。① 变异系数反映各个省级政府统筹教育发展效果评价相对差异的指标。

2. 教育统筹发展效果测度方法：因子聚类分析

因子分析的基本思想是根据相关性大小把原始变量分组，使同组内的变量之间相关性较高，而不同组的变量间的相关性则较低。在同一个类别内的变量，可以想象是受到了某个共同因素的影响才彼此高度相关的，这个共同因素称之为公共因子。因子分析实质上就是一种降维思想，通过降维将相关性高的质量聚在一起，用少数几个因子去描述多个变量之间的关系，被描述的变量一般都是能实际观测的随机变量，而那些因子是不可观测的潜在变量。②

聚类分析是对样本或变量进行分类的一种多元统计方法，目的在于将

① 金勇进、何晓群、贾俊平：《统计学》（第四版），中国人民大学出版社 2009 年版。

② 刘访华、余瑞君：《基于因子分析的学生成绩评价对提高本科教学质量的启示》，《中国人民大学教育学刊》2013 年第 4 期。

相似的事物归类。[①] 聚类是将某个对象集划分为若干组的过程，使得同一个组内的数据对象具有较高的相似度，而不同组中的数据对象是不相似的。相似或不相似的定义基于属性变量的取值确定，一般就采用各对象间的距离来表示。一个聚类就是有彼此相似的一组对象所构成的集合，同组的对象常常被当作一个对象加以对待。聚类分析根据分类对象的不同可分为Q型和R型两大类。当聚类是要把所有的观测记录进行分类时，他把性质相近的变量分在同一个类，性质差异较大的变量分在不同的类，这称之为Q型聚类。当聚类把变量作为分类对象时，称之为R型聚类。这种聚类用在变量数目比较多，且相关性比较强的情形，目的是将性质相近的变量聚为同一个类，从中找出代表变量，从而达到减少变量个数的效果。

聚类分析是按照距离的远近将数据分成若干个类别，以使得类别内数据的差异尽可能小，类别间差异尽可能大。相似系数和距离是研究样品或变量的亲疏程度的数量指标。常用的聚类有绝对值距离、欧式距离、平方欧氏距离、切比雪夫距离、明考斯基效力距离五种定义方法。在这五种距离定义中，欧氏距离和平方欧氏距离是运用最广泛的。这里采用的是平方欧式距离，定义如下：

$$d(\chi, y) = \sum_{i=1}^{m} (\chi_i - y_i)^2$$

与多元分析的其他方法相比，聚类分析方法尽管比较粗糙，但由于它能解决管理统计方面的很多实际问题，所以其与回归分析、判别分析一起被称为多元分析的三大方法。聚类分析提供很多具体的分类方法。一是系统聚类法。将 n 个样品看成 n 类（一类包含一个样品），然后将性质最接近的两类合并成一个新类，得到 $n-1$ 类，再从中找出最接近的两类加以合并成 $n-2$ 类，如此下去，最后所有的样品均在一类，将上述并类过程画成聚类图。二是模糊聚类法。将模糊数学观点用于聚类分析，该方法大多多用于量化分类。三是K－均值法。K－均值法是一种非谱系聚类法，把样品聚集成 k 个类的集合，类的个数k可以预先给定或者在聚类过程中确定。四是有序样品的聚类。n 个样品按某种原因（时间、地层深度等）排成次序，聚成的类必须是次序相邻的样品才能在一类。五是分解法。将所

① 聚类分析并不是一种纯粹的统计技术，其方法基本上与分布理论和显著性检验无关，一般不用于从样本推断总体的研究。在市场研究中，聚类分析主要用于市场细分、研究消费者行为、寻找新的潜在市场和作为其他统计分析的预处理等。

有的样品均在一类，然后用某种最优准则将它分为两类，再用同样准则将这两类各自试图分裂为两类，从中选一个使目标函数较好者，这样有两类变成三类，一直分裂到每类只有一个样品为止（或用其他停止规则）。六是加入法。将样品依次加入，每次输入后将它放到当前聚类图的应在位置上，全部输入后即可得到聚类图。[①]

二　实证样本选择与数据来源

1. 实证样本选择

省是我国地方行政建制的最高层次，是相对独立的区域经济社会发展的规划单位。我国教育资料的统计是以省级行政区为单位的，各行政区之间具有较强的可比性，且以省级行政区为研究对象，便于资料的收集以及便于进行比较研究。如前所述，省级政府教育统筹发展效果评价指标体系的设计，是为了准确掌握评价省级政府教育统筹发展效果的差异程度。本书评价的对象是我国22个省和4个直辖市以及5个自治区共31个省级行政单位。东部地区是指北京、天津、河北、辽宁、上海、江苏、浙江、福建、山东、广东和海南等11个省（市、自治区）；中部地区包括8个省级行政区，分别是山西、吉林、黑龙江、安徽、江西、河南、湖北、湖南；西部地区包括的省级行政区共12个省（市、自治区），分别是四川、重庆、贵州、云南、西藏、陕西、甘肃、青海、宁夏、新疆、广西、内蒙古。

2. 数据来源和处理

本书研究的是2007—2012年全国各省（市、自治区）级政府教育统筹发展效果。根据前面章节构建的指标体系，为了确保各指标数据的科学性、权威性、口径一致性，我们采用的指标数据均来自《中国统计年鉴》(2008—2013)、《中国教育统计年鉴》(2008—2013)、《中国教育经费统计年鉴》(2008—2013)、《中国卫生与计划生育统计年鉴》(2008—2013)等。前面章节构建的评价指标体系中，仅仅少数几个指标数据是根据现有国家公布的教育数据计算间接得出来的，其他指标数据均来源于上述年鉴。由于“教师合格率”“学生辍学率”数据未有统计，我们在计算省级政府教育统筹发展效果评价时未纳入。同时，“教育机会均衡保障”指标由于获取的数据有限，这里我们使用“各地区小学阶段净入学率”“小学义务教育巩固率”“初中义务教育巩固率”“高中教育巩固率”四个指标

① 何晓群：《多元统计分析》（第二版），中国人民大学出版社2008年版，第60页。

进行计算。部分缺失数值记为缺失或以均值代替。

由于变量之间存在不同量纲和数量级，为使各个变量更具可比性，有必要对数据进行统一量纲。目前指标数据统一量纲的方法大致有三种，即标准化、极差标准化和正规化。为便于更直观地比较各省、市、自治区间同一指标的数值大小，我们采用标准化预处理方式。其计算公式为：

$$\chi_{ij}^{*}=\frac{\chi_{ij}-\overline{\chi_{j}}}{\sqrt{S_{jj}}}$$

式中，χ_{ij}^{*}为正规化后的值，$\overline{\chi_{i}}=\frac{1}{n}\sum_{i=1}^{n}\chi_{ij}$和$S_{jj}=\frac{1}{n-1}\sum_{i=1}^{n}(\chi_{ij}-\overline{\chi_{j}})^{2}$分别为第$j$个变量的样本均值和样本方差。

三　实证测评方案设计

对全国各省级政府教育统筹发展效果评价研究，不只是单纯的个别省省级政府教育统筹发展效果评价进行研究，更多的是对31个区域的省级政府教育统筹发展效果评价进行纵向和横向的比较分析研究。通过纵向和横向的量化分析，寻找各个区域省级政府教育统筹发展效果评价的差异性，总结省级政府教育统筹发展效果评价的基本规律和特征，探明教育统筹发展不平衡原因，以及为各级政府教育统筹发展决策提供依据。

纵向比较方法主要用于某个区域内历史与现实的比较分析，通过这一比较，分析该区域省级政府教育统筹发展效果变化情况的趋势。纵向比较是从时间维度认识省级政府教育统筹发展效果评价的发展演变过程，是一种动态研究，反映教育均衡发展的全过程，其特点是更多体现出综合性，直观反映出一个地区教育均衡发展的大致趋势是逐步缩小还是逐步拉大。对于纵向比较，这里主要计算教育机会均衡保障指标、教育资源均衡配置指标、教育质量与成就均衡发展指标的标准差和变异系数，衡量全国各地区教育均衡之间的相对差异和绝对差异，描述全国省级政府教育统筹发展的总体特征。以学生入学率指标为例，计算出2007—2012年全国学生入学率指标的标准差、差异系数。将其结果整理成表格，绘制成年份趋势变化图，衡量各地区省级政府教育统筹发展效果评价的差异变化，描述省级政府教育统筹效果教育机会均衡保障指标差距的总体特征。

横向比较方法主要用于各个区域省级政府教育统筹发展效果评价之间进行比较分析，通过比较，分析各个区域省级政府教育统筹发展效果的相对发展水平。横向比较方法往往是从空间维度认识某一时期不同区域省级政府教育统筹发展效果评价的差异性，它是一种静态的比较。对于横向比较，这里主要运用因子分析、两步聚类法，对全国31个省（自治区、直辖市）级政府教育统筹发展效果评价进行综合评价，对2007—2012年的教育统筹发展水平展开全面的比较与分析。利用软件 Acrgis 10.2 根据聚类分析结果，依次绘制2007年、2008年、2009年、2010年、2011年和2012年我国各省、市、自治区教育统筹发展空间格局，系统地分析省级政府教育统筹区域差距的空间格局演化。横向比较方法清晰地分析出省级政府教育统筹发展效果的大致态势，其不足是对省级政府教育统筹发展的阶段性及其趋势不易直观表现。

第二节　基于评价结果的省级政府教育统筹发展效果差距特征描述

一　教育机会均衡保障指标差距的总体特征描述

教育机会均衡保障指标主要反映了就学机会的不均等、教育资源的不均等、教育结果的不平等。教育机会均衡保障指标主要包括学生入学率、义务教育与高中教育巩固率。学生入学率指全国适龄学生入学的比例，是目前普遍采用的用来衡量教育普及程度和教育机会平等的指标。义务教育和高中教育巩固率指标可以评价教育系统的保持率和内部效益，以及可以间接地度量各年级学生辍学情况。分别计算小学生入学率、义务教育与高中教育巩固率的标准差和变异系数描述教育机会均衡保障指标差距的总体特征，结果如表5—1所示。

表5—1　2007—2012年教育机会均衡保障指标的标准差和变异系数

指标 \ 年份		2007	2008	2009	2010	2011	2012
小学入学率	标准差	0.5585	1.7166	1.4390	0.7160	0.2797	0.1676
	变异系数	0.0056	0.0172	0.0144	0.0072	0.0028	0.0017
义务教育与高中教育巩固率	标准差	0.1213	0.0982	0.1249	0.1258	0.1358	0.1327
	变异系数	0.1275	0.1063	0.1377	0.1363	0.1459	0.1462

数据来源：《中国统计年鉴》（2008—2013）、《中国教育统计年鉴》（2008—2013）、《中国卫生与计划生育统计年鉴》（2008—2013）等。

从表 5—1 可以看出，小学入学率标准差呈现波浪式的趋势，2007—2008 年的差异变大，但从 2008 年开始，小学入学率标准差逐年的下降，到 2012 年标准差为 0. 1676，反映了在省级政府教育统筹下教育机会的差距不断缩小。然而，义务教育与高中教育巩固率的标准差呈现出随着时序的变化有不断拉大的趋势，义务教育与高中教育巩固率的相对差异逐年扩大，反映教育机会均衡之间差异越大。

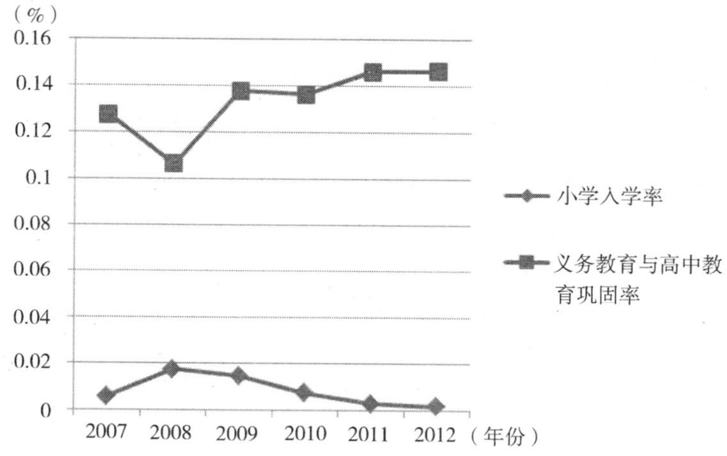

图 5—1　2007—2012 年教育机会均衡保障指标变异系数的时序变化

从图 5—1 教育机会均衡保障指标的变异系数的趋势来看，小学入学率从 2007—2008 年变异系数变大，2008 年以后变异系数呈现出逐年下降的趋势，小学入学率的绝对差异逐渐缩小，这表明区域内教育普及程度越高。但义务教育与高中教育巩固率的变异系数随着时序的变化不断扩大，表明省级政府之间教育统筹差距较大，区域间教育机会不平等化正逐步扩大。

二　教育资源均衡配置指标差距的总体特征描述

教育资源均衡配置指标主要反映了省级教育城乡、学校间财政收入、教学设备、师资等办学条件的差异程度。教育资源均衡配置指标主要包括教育经费配置均衡、建筑配置均衡和教师配置均衡等三个方面，通过分别计算生均教育经费、生均公用经费、生均校舍建筑面积、生均图书量、生师比五项指标的标准差和变异系数描述教育资源均衡配置指标差距的总体特征，结果如表 5—2 所示。

表 5—2　2007—2012 年教育资源均衡配置指标的标准差和变异系数

指标	年份	2007	2008	2009	2010	2011	2012
生均教育经费	标准差	3532.06	4237.11	4787.07	5823.62	7151.99	7206.37
	变异系数	0.7355	0.7152	0.6790	0.6969	0.6884	0.6773
生均公用经费	标准差	1466.55	1825.21	1827.74	2264.14	3162.06	3245.98
	变异系数	0.9545	0.9152	0.8195	0.8221	0.8285	0.8304
生均校舍建筑面积	标准差	5.2617	5.3943	6.1354	6.2597	6.3639	6.5677
	变异系数	0.5593	0.5562	0.5935	0.5825	0.5743	0.5584
生均图书量	标准差	9.6986	9.9510	11.6691	11.9219	11.8851	12.7129
	变异系数	0.5494	0.5380	0.6014	0.5881	0.5305	0.5119
生师比	标准差	2.9132	2.7967	2.7472	2.6933	2.7605	2.7068
	变异系数	0.1700	0.1685	0.1711	0.1715	0.1789	0.1809

数据来源：《中国统计年鉴》（2008—2013）、《中国教育统计年鉴》（2008—2013）、《中国卫生与计划生育统计年鉴》（2008—2013）等。

从表 5—2 可以看出，生均教育经费、生均公用经费、生均校舍建筑面积以及生均图书量四个指标的标准差呈现逐年扩大的趋势，但生师比的标准差从 2007—2011 年呈现不同程度的减小，2010—2011 年增加到 2.7605。生均教育经费、生均公用经费、生均校舍建筑面积和生均图书量的变异系数较大，而生师比的变异系数相对较小。这表明，人力投入在省级政府教育统筹发展进程中一直保持相对的优势地位，而生均教育经费、生均公用经费、生均校舍建筑面积、生均图书量的较大差异，表明教育中资源调动和分布的不公平。

从图 5—2 教育资源均衡配置变异系数的趋势来看，生均教育经费、生均公用经费从 2007—2009 年不断下降，2009—2012 年全国各地区的生均教育经费绝对差异稳定在 0.68 左右，生均公用经费绝对差异稳定在 0.82 左右，并且生均公用经费变异系数大于生均教育经费、生均校舍建筑面积、生均图书量、生师比的变异系数，反映了财力投入地区间的不平衡，是目前影响我国省级政府教育统筹发展的重要因素之一。除了 2007—2008 年有小幅度上升外，全国各地区的生均校舍建筑面积、生均图书量的变异系数呈缩小趋势，表明 2007—2012 年物质配置均衡绝对差

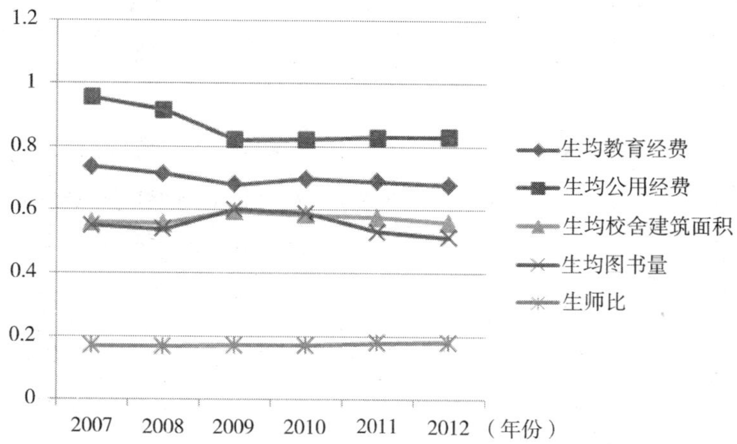

图 5—2　2007—2012 年教育资源均衡配置指标变异系数的时序变化

异在缩小。全国各地区的生师比随时序变化呈小幅度波浪式变化，逐年保持稳定在 0. 17 上下，表明 2007—2012 年，我国人力投入中生师比指标各地区间绝对差异较小，基本趋于均衡趋势。

三　教育质量与成就均衡发展指标差距的总体特征描述

教育质量与成就均衡发展反映了在现有的背景条件和资源投入的基础上，整个国民的受教育水平以及教育效果的优劣程度。主要包括小学生毕业升学率、每十万人口平均在校生数、文盲半文盲人口占 15 岁以上人口比例、平均受教育年限四个方面，分别通过计算毕业生升学率、每十万人口平均在校生数、文盲半文盲人口占 15 岁以上人口比例、平均受教育年限四项指标的标准差和变异系数，描述教育质量与成就均衡发展指标差距的总体特征，结果如表 5—3 所示。

表 5—3 中的数据显示，2007—2010 年，小学生毕业升学率的标准差逐年缩小，但从 2010—2012 年呈逐年增长趋势。每十万人口平均在校生数 2007—2010 年标准差呈缩小的趋势，2010—2011 年由 2302. 61 增至 2311. 99，增长的幅度并不是很明显，以及每十万人口平均在校生数的变异系数变化趋势与其标准差的变化趋势是一致的，2007—2010 年呈缩小趋势，2010—2011 年有小幅度的扩大趋势。2007—2012 年，文盲半文盲人口占 15 岁以上人口比例的标准差随着时序的变化呈波浪式发展，先缩小后扩大再缩小。然而，其变异系数从 2007 年的 0. 7154 趋势平缓上升到 2010 年的 0. 8885，2010—2011 年呈小幅度的缩小。平均受教育年限 2007—2012

表 5—3　2007—2012 年教育质量与成就均衡发展指标的标准差和变异系数

指标	年份	2007	2008	2009	2010	2011	2012
小学生毕业升学率	标准差	2.8083	2.5743	2.4409	2.3958	2.6271	3.5911
	变异系数	0.0282	0.0259	0.0246	0.0241	0.0265	0.0372
每十万人口平均在校生数	标准差	2750.41	2627.17	2328.94	2302.61	2311.99	2245.50
	变异系数	0.5095	0.4943	0.4658	0.4644	0.4772	0.4808
文盲半文盲人口占 15 岁以上人口比例	标准差	6.8692	6.6669	6.8820	4.2987	5.1116	6.0033
	变异系数	0.7154	0.7464	0.8312	0.8885	0.8480	1.0046
平均受教育年限	标准差	1.1431	1.1132	1.1478	1.0815	1.0073	1.1119
	变异系数	0.1398	0.1348	0.1371	0.1323	0.1143	0.1251

数据来源：《中国统计年鉴》（2008—2013）、《中国教育统计年鉴》（2008—2013）、《中国卫生与计划生育统计年鉴》（2008—2013）等。

年标准差呈波浪式的发展，忽高忽低，变异系数呈小幅度波浪式变化，逐年保持在 0.13 上下。这表明 2007—2012 年，省级政府教育统筹发展中平均受教育年限各地区间绝对差异较小，以及反映了我国或地区教育水平和人力资本存量越均等。

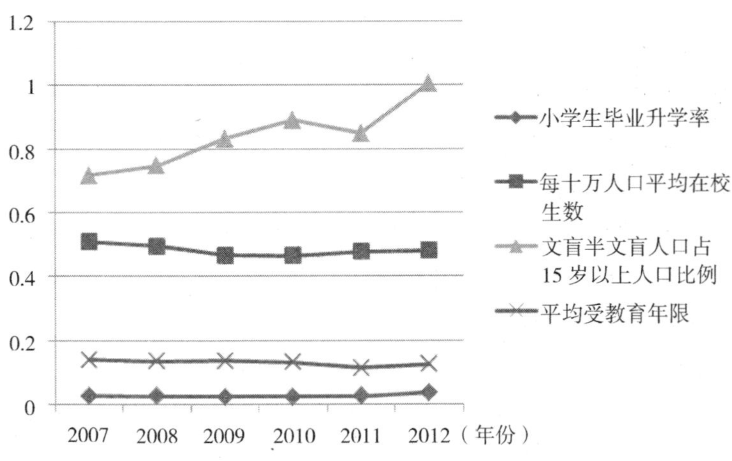

图 5—3　2007—2012 年教育质量与成就均衡配置指标变异系数的时序变化

从图 5—3 教育资源质量与成就均衡配置指标变异系数的趋势来看，小学生毕业升学率和平均受教育年限的变异系数基本保持稳定，分别稳定在0.02和0.13左右，表明了小学生毕业升学率和平均受教育年限的绝对差异并不明显，基本处于均衡状态。但是，每十万人口平均在校生数和文盲半文盲占15岁以上人口比例的变异系数均比较大，尤其是文盲半文盲占15岁以上人口比例的不均衡程度，反映我国省域之间教育发展水平差异较大。

第三节　基于聚类分析的省级政府教育统筹发展效果区域差异分析

一　省级政府教育统筹发展区域差异的综合评价

因子分析是将多个实测变量转换为少数几个不相关的综合指标的多元统计分析方法。因子分析的基本目的是用少数几个因子去描述多个变量之间的关系，被描述的变量一般都是能实际观测的随机变量，而那些因子是不可观测的潜在变量。聚类分析是研究样品或指标分类问题的一种统计方法。聚类分析可以将多个指标数据进行很好的分类，但是并不能得到各个指标之间的优劣程度的评价结果。所谓的因子聚类分析方法是将主成分分析与聚类分析相结合的一种综合评价方法，即先作因子分析，再取若干公共因子对样品进行聚类分析，其具体的步骤如下。

因子分析的基本步骤如下：第一，原始数据标准化。以消除变量间在数量级和量纲上的不同，由于研究中所选取的指标单位可能不同，为了消除不同变量之间由于量纲和数值大小差异造成的误差，使指标数据之间具有可比较性，减小研究结果的误差，需要首先对原始数据进行标准化处理。其次是计算各因子的特征值、方差贡献率和累积方差贡献率。方差贡献率是衡量公共因子相对重要程度的指标，方差贡献率越大，表明该公共因子对变量的贡献越大。第二，确定因子。设 F_1，F_2，……F_p 为 P 个因子，其中前 m 个因子包含的数据信息总量（即其累积贡献率）不低于70%，可取前 m 个因子来反映原评价指标。第三，转轴因子矩阵。若所得的 m 个因子无法确定或实际意义不是很明显，这时需将因子进行旋转以获得较为明显的实际含义。用原指标的线性组合来求个因子得分，采用回归估计法、Bartlett 估计法或 Thomson 估计法计算因子得分。第四，综合得分、得分排序。以各因子的方差贡献率为权数，由各因子的线性组合得到综合评价指标函数，利用综合得分得到得分名次。

经过变量转换初步消除变量差异后，使用 SPSS 19.0 进行聚类分析。首先，使用两步聚类，分类变量为省份，连续变量为学生入学率、义务教育与高中教育巩固率、生均教育经费、生均公用经费、生均校舍建筑面积、生均图书量、生师比、教师合格率、小学生毕业升学率、每十万人口平均在校生数、文盲半文盲人口占 15 岁以上人口的比例、平均受教育年限等。其次，选择距离度量为对数相似数，连续变量计数全部进行 Z 得分标准化。聚类数量指定固定值为 4。然后根据变量的重要性等级聚类，重要性度量为显著性的卡方检验或 t 方检验。最后，输出选择聚类进行描述。

二 省级政府教育统筹发展效果的综合得分和排名

采取因子分析和聚类分析综合评价法，运用软件 SPSS 19.0，计算得出 2007 年省级政府教育统筹发展效果的评价结果，如表 5—4 所示。

表 5—4 2007 年全国各省省级政府教育统筹发展效果的综合评价

地区	综合得分	排名	地区	综合得分	排名
北京	1.51	1	湖北	-0.01	12
天津	-0.22	22	湖南	-0.33	26
河北	-0.40	30	广东	0.49	4
山西	-0.05	15	广西	-0.28	24
内蒙古	-0.36	29	海南	-0.01	12
辽宁	-0.18	20	重庆	0.23	5
吉林	-0.35	28	四川	0.06	10
黑龙江	-0.75	31	贵州	-0.25	23
上海	1.07	2	云南	-0.34	27
江苏	0.06	9	西藏	0.10	7
浙江	0.71	3	陕西	-0.07	16
安徽	0.07	8	甘肃	0.13	18
福建	-0.01	12	青海	-0.14	19
江西	-0.09	17	宁夏	0.14	6
山东	-0.20	21	新疆	-0.32	25
河南	0.04	11			

从表 5—4 可以看出，2007 年全国 31 个省级政府教育统筹发展效果的综合排名情况，基本符合现实情况和理验认知。综合得分大于 0 表明该省级政府教育统筹发展效果处于整体样本的中上等水平，小于 0 则表明该省级政府教育统筹发展效果水平相对较弱。综合得分正负并无实际意义，这是由于指标标准化后出现的现象。综合得分大于 0 的省（市、自治区），有北京、上海、浙江、广东、重庆、宁夏、西藏、安徽、江苏、四川、河南等 11 个省，大部分处于中国的东部经济发达地区，这些区域的教育统筹发展效果水平相对超前。而大多数省域的政府教育统筹发展效果水平的综合得分小于 0，这些区域的教育统筹发展效果水平在整体样本中处于相对较弱的水平，基本上是西部或中部经济欠发达地区。我国省级政府教育统筹发展表水平呈现出东部地区高于中部地区与西部地区的发展格局，这与区域经济发展水平的顺序是一致的，可见，区域经济发展水平在根本上制约着我国教育统筹发展的速度规模。这表明，经济发展不平衡是造成省级政府教育统筹发展的根本原因。

表 5—5　　2007 年全国各省省级政府教育统筹对应的类别

类别	省份
类别一	北京、上海、浙江、西藏
类别二	山西、安徽、河南、湖北、重庆、陕西、甘肃、宁夏、江西
类别三	河北、内蒙古、辽宁、吉林、江苏、山东、湖南
类别四	天津、黑龙江、福建、广东、广西、海南、四川、贵州、云南、青海、新疆

由表 5—5 可以看出，2007 年省级政府教育统筹发展的聚类分析结果为四类：第一类地区中北京、上海，这一类地区省级政府教育统筹发展因子综合得分远高于其他地区，这三个地区均为我国经济最为发达的地区，这说明随着经济的发展程度提高，政府用于教育财政支出、教育资源投入、教师人力投入等支出所占比重会逐渐提升。而其中西藏地区教育统筹发展效果水平在全国的平均水平之上，表明在党和政府的高度重视下，中央财政加大了对西部教育的转移支付力度和专项投入，西部教育的总体水平和质量得到较大提高。第二类地区除了安徽、河南、重庆、宁夏外，其他省（市、自治区）的综合得分均比较低，说明我国各地区之间教育发

展存在显著的差异。第三类地区和第四类地区的省级政府教育统筹发展效果的综合得分比较低，说明我国大多省（市、自治区）教育统筹发展不均衡。

表 5—6　　2008 年全国各省省级政府教育统筹发展效果的综合评价

地区	综合得分	排名	地区	综合得分	排名
北京	1.53	1	湖北	-0.26	23
天津	0.60	4	湖南	-0.07	10
河北	-0.13	13	广东	0.26	5
山西	-0.18	17	广西	-0.27	24
内蒙古	-0.23	21	海南	-0.06	9
辽宁	-0.01	12	重庆	-0.05	8
吉林	-0.17	16	四川	-0.23	21
黑龙江	-0.37	27	贵州	-0.47	31
上海	1.12	2	云南	-0.18	17
江苏	0.20	7	西藏	-0.09	11
浙江	0.61	3	陕西	-0.14	14
安徽	-0.42	29	甘肃	-0.42	29
福建	0.21	6	青海	-0.36	26
江西	-0.30	25	宁夏	-0.14	15
山东	-0.20	19	新疆	-0.21	20
河南	-0.41	28			

从表 5—6 可知，2008 年，北京、上海、浙江、天津、广东、福建、江苏等 7 个省（市、自治区），排名前七，并且综合得分均为正值，说明这些区域的省级政府教育统筹发展效果均在全国平均水平之上，区域教育均衡程度较高，但是其他 24 个省的综合得分都为负值，表明这些区域的教育统筹发展水平低于全国平均水平，教育均衡发展的总体发展水平差异较大。省级政府教育统筹发展水平低于全国平均水平的省（市、自治区）占了全国一半以上，表明 2008 年全国教育统筹发展的整体水平较低。

表 5—7　　2008 年全国各省省级政府教育统筹对应的类别

类别	省份
类别一	北京、天津、内蒙古、吉林、黑龙江、上海、西藏
类别二	河北、辽宁、江苏、浙江、福建、江西、山东、湖北、湖南
类别三	山西、安徽、广东、海南、重庆、陕西、甘肃
类别四	河南、广西、四川、贵州、云南、青海、宁夏、新疆

从表 5—7 可知，北京、天津、内蒙古、吉林、黑龙江、上海、西藏 7 个地区为第一类地区，其中北京、天津、上海三个地区的省级政府教育统筹发展的综合水平均在全国教育统筹发展平均水平之上，表明这 3 个地区教育均衡发展的程度较高。但黑龙江、内蒙古却排在第 21 位和第 14 位，省级政府教育统筹发展效果相对较差。第二类地区为河北、辽宁、江苏、浙江、福建、江西、山东、湖北、湖南等 9 个地区，其中浙江、江苏、福建的综合得分均大于 0，但河北、辽宁、江西、山东、湖北、湖南的综合得分均低于全国教育统筹发展平均水平。第三类地区为山东、安徽、广东、海南、重庆、陕西、甘肃等 7 个地区，除了广东外，其他城市的综合得分均比较低。第四类地区为河南、广西、四川、贵州、云南、青海、宁夏、新疆 8 个地区，位于综合排名的第 15—31 位，是省级政府教育统筹发展中下水平地区。

根据 2009 年全国各省省级政府教育统筹发展效果的因子得分、排名情况，通过表 5—8 可知，2009 年我国各省级政府教育统筹发展水平呈整体水平较低、区域发展严重不平衡的局面。从排列顺序看，北京、上海居于前两位，这两地分别是我国的政治中心和经济中心，经济实力优势明显，地区综合实力强。且北京、上海是省级政府教育统筹重点领域综合改革的试点地区，较注重教育发展的普惠性，使得各级各类教育发展相对均衡。然而，大多数省（市、自治区）政府教育统筹发展效果综合得分小于 0，这些区域的教育统筹发展效果在省级政府教育统筹综合评比中处于较弱水平，教育发展十分不均衡。

表 5—8　　2009 年全国各省省级政府教育统筹发展效果的综合评价

地区	综合得分	排名	地区	综合得分	排名
北京	1.71	1	湖北	0.00	11
天津	0.26	4	湖南	0.12	7
河北	-0.11	19	广东	-0.08	16
山西	-0.10	18	广西	-0.35	28
内蒙古	-0.06	14	海南	-0.30	25
辽宁	0.00	10	重庆	-0.04	13
吉林	0.09	8	四川	-0.16	22
黑龙江	-0.14	21	贵州	-0.58	31
上海	1.15	2	云南	-0.35	28
江苏	0.22	5	西藏	-0.24	23
浙江	0.33	3	陕西	0.02	9
安徽	-0.31	26	甘肃	-0.36	30
福建	0.17	6	青海	-0.08	16
江西	-0.12	20	宁夏	-0.27	24
山东	0.00	10	新疆	-0.07	15
河南	-0.34	27			

表 5—9　　2009 年全国各省省级政府教育统筹对应的类别

类别	省份
类别一	北京、天津、上海、西藏
类别二	河北、内蒙古、辽宁、吉林、黑龙江、江苏、浙江、福建、山东、湖北、湖南、新疆
类别三	山西、安徽、重庆、四川、陕西、甘肃、青海
类别四	江西、河南、广东、广西、海南、宁夏、贵州、云南

根据表 5—9 可知，2009 年，我国 31 个省（市、自治区）政府教育统筹发展效果水平分为四类：第一类是北京、上海、天津、西藏 4 个地区，其中北京、上海的综合得分遥遥领先于其他省份，但位于西部地区的西藏综合得分是 -0.24，排名第 23 名，西藏地区教育统筹发展效果水平

在全国的平均水平之下。第二类是河北、内蒙古、辽宁、吉林、黑龙江、江苏、浙江、福建、山东、湖北、湖南、新疆。除了内蒙古、新疆属于西部地区外，其他都是东中部地区，其中浙江、福建处于沿江地区，经济条件优越，地方政府的教育财政支出比重相对较高，从而促进了教育统筹发展效果整体水平的提升。由此可知，我国西部地区的省级政府教育统筹发展效果水平分布非常不平衡，基本形成东部沿海地区和西部地区教育统筹发展效果水平两极化的局势。第三类是山西、安徽、重庆、四川、陕西、甘肃、青海等 7 个地区，这 7 个地区除重庆、陕西外，其他省份的教育统筹发展效果水平均低于全国平均水平。第四类有江西、河南、广东、广西、海南、宁夏、贵州、云南，这些省（市、自治区）的教育统筹发展的综合得分均低于平均水平。

表 5—10　　2010 年全国各省省级政府教育统筹发展效果的综合评价

地区	综合得分	排名	地区	综合得分	排名
北京	1.43	1	湖北	－0.10	17
天津	－0.08	15	湖南	－0.22	24
河北	－0.37	27	广东	0.60	3
山西	－0.01	12	广西	－0.11	18
内蒙古	－0.30	25	海南	0.14	8
辽宁	－0.43	29	重庆	0.19	6
吉林	－0.70	30	四川	－0.17	21
黑龙江	－0.76	31	贵州	－0.20	23
上海	1.13	2	云南	－0.03	14
江苏	0.02	10	西藏	－0.01	12
浙江	0.56	4	陕西	－0.12	19
安徽	－0.12	19	甘肃	－0.08	15
福建	－0.18	22	青海	0.00	11
江西	0.16	7	宁夏	0.41	5
山东	－0.30	25	新疆	－0.41	28
河南	0.06	9			

从表 5—10 可以看出，2010 年，位于省级政府教育统筹发展效果综

合评价水平前11位的分别是：北京、上海、广东、浙江、宁夏、重庆、江西、海南、河南、江苏、青海，这些省（市、自治区）的综合得分均为正值，表明各省级政府教育统筹均衡程度在全国平均水平之上。其他省（市、自治区）综合得分均为负值，说明这些区域的教育统筹发展相对滞后，明显低于全国平均水平。

表5—11　　2010年全国各省省级政府教育统筹对应的类别

类别	省份
类别一	北京、上海、江苏、浙江、山东、湖南
类别二	山西、安徽、江西、河南、广东、海南、四川、陕西、甘肃、宁夏
类别三	河北、福建、湖北、广西、重庆、贵州、云南、西藏、青海
类别四	天津、内蒙古、辽宁、吉林、黑龙江、新疆

由表5—11可知，北京、上海、江苏、山东、浙江、湖南六个省（市、自治区）为第一类地区，其中北京、上海的省级政府教育统筹发展效果水平综合得分分别是1.43和1.13，居全国31个省的前两位，江苏、浙江的教育统筹发展效果水平综合得分也高于全国平均水平，但是湖南、山东综合排名分别位于全国的第24、第25位，教育统筹发展水平相对较低，低于全国教育统筹发展的平均水平。第二类地区为山西、安徽、江西、河南、广东、海南、四川、陕西、甘肃、宁夏，其中江西、河南、广东、海南的教育统筹发展水平均高于全国平均水平，而其他省（市、自治区）教育统筹发展水平均位于中等水平。第三类为河北、福建、湖北、广西、重庆、贵州、云南、西藏、青海，除了重庆市的综合得分为正值外，其他省（市、自治区）的综合得分都相对较低，且低于全国平均水平。第四类为天津、内蒙古、辽宁、吉林、黑龙江、新疆6个地区，这6个省（市、自治区）的教育统筹发展综合得分均低于全国平均水平。

由表5—12可知，2011年全国31个省（市、自治区）中有10个省的省级政府教育统筹发展效果综合得分为正值，分别为北京、上海、浙江、江苏、天津、福建、广东、湖南、河北、宁夏，大都位于中国经济发达的东部地区，由于拥有经济社会发展得天独厚的条件，其政府对教育机会、教育资源配置、教育质量和成就等方面比较重视。而位于经济欠发达

表 5—12　　2011 年全国各省省级政府教育统筹发展效果的综合评价

地区	综合得分	排名	地区	综合得分	排名
北京	1.54	1	湖北	-0.21	19
天津	0.36	5	湖南	0.11	8
河北	0.06	9	广东	0.22	7
山西	-0.32	25	广西	-0.10	16
内蒙古	-0.26	24	海南	-0.07	14
辽宁	-0.01	11	重庆	-0.23	22
吉林	-0.41	29	四川	-0.14	17
黑龙江	-0.66	31	贵州	-0.41	29
上海	1.21	2	云南	-0.32	25
江苏	0.43	4	西藏	-0.35	27
浙江	0.66	3	陕西	-0.03	12
安徽	-0.21	19	甘肃	-0.39	28
福建	0.27	6	青海	-0.08	15
江西	-0.15	18	宁夏	0.01	10
山东	-0.24	23	新疆	-0.21	19
河南	-0.06	13			

的中西部的省份政府教育统筹发展效果综合得分基本为负值，且低于全国的平均水平。由此可见我国东、中西部地区的省级政府教育统筹发展效果水平分布非常不平衡，基本形成东部沿海地区和西部地区教育统筹发展效果水平两极化的局势。

表 5—13　　2011 年全国各省省级政府教育统筹对应的类别

类别	省份
类别一	北京、上海、江苏、浙江、福建、重庆、陕西
类别二	河北、安徽、江西、河南、湖北、湖南、广西、四川
类别三	广东、海南、贵州、云南、甘肃、青海、宁夏
类别四	天津、山西、内蒙古、辽宁、吉林、黑龙江、山东、西藏、新疆

由表 5—13 可知，2011 年全国 31 个省省级政府教育统筹发展效果划分为四个类型。第一类为北京、上海、江苏、浙江、福建、重庆、陕西，除陕西省和重庆市的综合得分分别为 -0.03、-0.23，低于全国省级政府教育统筹发展的平均水平外，其他 5 个省（市、自治区）的省级政府教育统筹发展综合得分均为正值，高于全国平均水平，尤其北京、上海两地分别是我国的政治中心和经济中心，由于其经济实力优势明显，地区综合实力强，

对教育财政投入、教育资源配置投入、教师投入等方面比较重视，所以这两个区域教育统筹发展综合得分远高于其他省份，教育均衡程度最高。第二类是河北、安徽、江西、河南、湖北、湖南、广西、四川，除天津市、湖南省的综合得分为正值外，其他省份的综合得分均为负值，教育均衡程度相对较低。第三类是广东、海南、贵州、云南、甘肃、青海、宁夏，其中广东、宁夏的教育统筹发展效果高于全国平均水平，而海南、云南、甘肃的教育统筹发展效果为负值，且低于全国的平均水平。第四类是天津、山西、内蒙古、辽宁、吉林、黑龙江、山东、西藏、新疆，除了天津市、西藏的综合得分为正值外，其他省（市、自治区）的综合得分都相对较低，均低于全国平均水平，可见教育发展十分不均衡。

表 5—14　2012 年全国各省省级政府教育统筹发展效果的综合评价

地区	综合得分	排名	地区	综合得分	排名
北京	1.32	1	湖北	0.28	7
天津	0.51	5	湖南	0.20	8
河北	0.10	10	广东	0.07	11
山西	-0.25	19	广西	-0.25	19
内蒙古	-0.11	16	海南	-0.25	20
辽宁	0.00	12	重庆	-0.22	17
吉林	-0.29	24	四川	-0.27	22
黑龙江	-0.54	30	贵州	-0.60	31
上海	0.95	2	云南	-0.31	26
江苏	0.60	4	西藏	0.18	9
浙江	0.67	3	陕西	-0.10	15
安徽	-0.23	18	甘肃	-0.45	29
福建	0.40	6	青海	-0.05	13
江西	-0.28	23	宁夏	-0.35	27
山东	-0.09	24	新疆	-0.30	25
河南	-0.37	28			

由表 5—14 可知，2012 年全国 31 个省（市、自治区）中有 12 个省的省级政府教育统筹发展效果综合得分为正值，分别为北京、上海、浙

江、江苏、天津、福建、湖北、湖南、西藏、河北、广东、辽宁，教育统筹发展效果水平均高于全国的平均水平，其教育统筹发展水平较高。省级政府教育统筹发展水平高于全国平均水平的省（市、自治区）占了全国1/3，表明2012年全国教育统筹发展的整体水平得到改善。

表5—15　　2012年全国各省省级政府教育统筹对应的类别

类别	省份
类别一	北京、河北、江苏、浙江、湖北、湖南
类别二	天津、山西、福建、山东、广东、陕西、甘肃
类别三	内蒙古、吉林、黑龙江、西藏、新疆、上海、辽宁
类别四	安徽、江西、河南、广西、海南、重庆、四川、云南、青海、宁夏、贵州

由表5—15可知，2012年全国31个省省级政府教育统筹发展效果划分为四个类型。第一类地区为北京、河北、江苏、浙江、湖北、湖南，这一类地区省级政府教育统筹发展综合得分均高于全国平均水平，教育均衡程度较高。第二类地区是天津、山西、福建、山东、广东、陕西、甘肃，除天津、福建、广东的综合得分为正值外，其他省份的综合得分均为负值，教育均衡程度相对比较低。第三类是内蒙古、吉林、黑龙江、西藏、新疆、上海、辽宁，其中上海、西藏、辽宁的教育统筹发展效果高于全国平均水平，而内蒙古、吉林、新疆、黑龙江的教育统筹发展效果为负值，且低于全国的平均水平。第四类是安徽、江西、河南、广西、海南、重庆、四川、云南、青海、宁夏、贵州等11个地区，这11个省（市、自治区）的教育统筹发展综合得分均低于全国平均水平。并且这些省份大部分处于我国西部经济落后地区，一定程度上影响了其教育统筹发展效果。尤其贵州省级政府教育统筹发展效果综合得分为-0.60，居于全国倒数第一，教育统筹发展效果远远低于全国的平均水平，可见其教育统筹发展十分不均衡。

三　省级政府教育统筹区域差距的空间格局演化

前文主要通过因子聚类分析计算了全国31个省（市、自治区）政府教育统筹发展效果综合得分，分析了省级政府教育统筹发展效果的时序演化。本节主要利用软件Arcgis 10.2绘制2007—2012年我国各地区的省级政府教育统筹发展效果的空间格局，进而分析我国省级政府教育统筹区域差距的空间格局演化趋势。

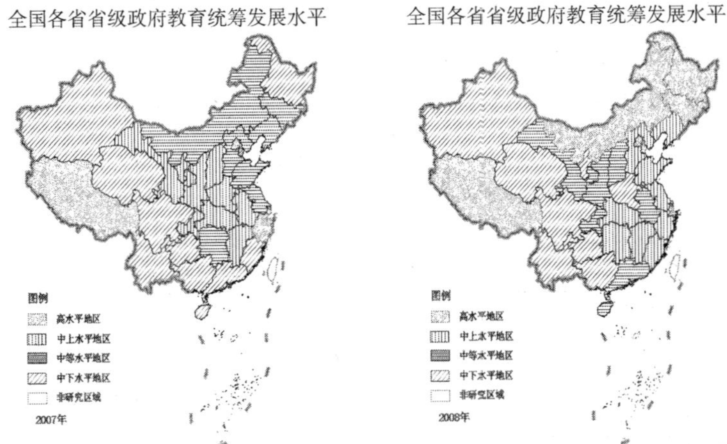

图 5—4　2007 年、2008 年中国省级政府教育统筹发展空间格局

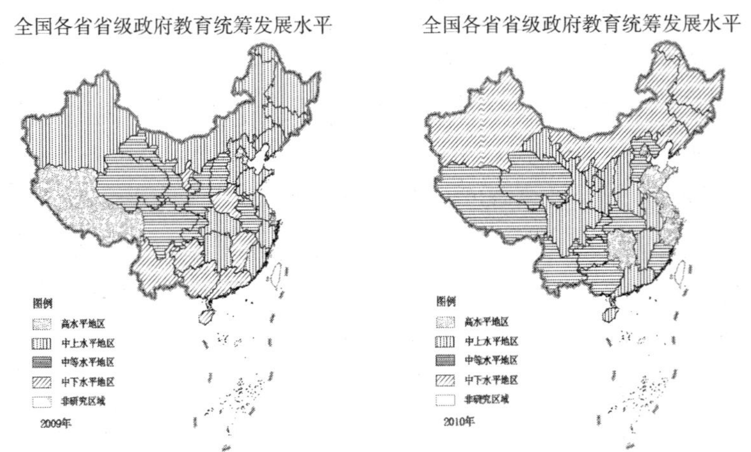

图 5—5　2009 年、2010 年中国省级政府教育统筹发展空间格局

从图 5—4、图 5—5、图 5—6 可知，各年份的省级政府教育统筹发展效果的数目一直呈动态变化，但北京市始终处于最高水平地区，综合得分排名总为第一名，这主要是由于北京市拥有绝对的地理区位优势，经济实力雄厚，对教育机会、教育资源配置、教育质量和成就投入较大所致的。从 2007—2012 年的我国省级政府教育统筹发展空间格局演化并结合实际情况可以看出，第一类省级区域的个数相对较少，但这些区域的省级政府教育统筹发展效果综合得分和经济发展水平均比较高，反映我国教育统筹

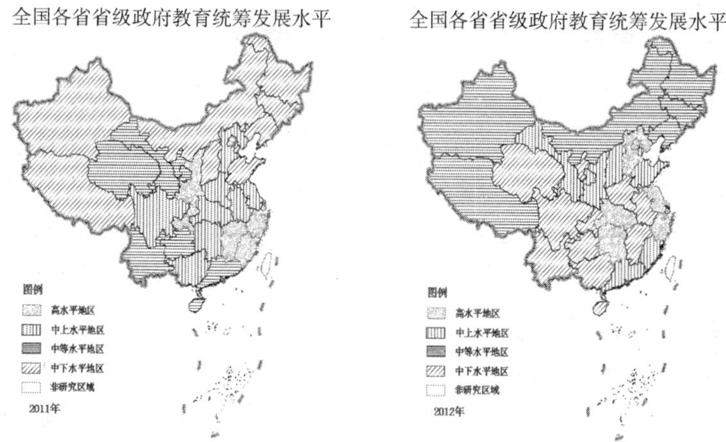

图 5—6　2011 年、2012 年中国省级政府教育统筹发展空间格局

发展水平高和经济发达的行政区域占总比重比较少，可以称之为省级政府教育统筹发展与经济社会发展整体水平高区域。而大部分的行政区域属于第 2、第 3、第 4 类，即经济中等型或落户的地区。第二类地区的特点是省级政府教育统筹发展效果水平和经济社会发展整体水平在全国均处于较高水平，而且发展潜力较大，则称之为中上水平；第三类地区的特点是省级政府教育统筹发展效果水平和经济社会发展整体水平在全国均处在一般状态，则称之为中等水平；第四类地区的特点是省级政府教育统筹发展效果水平和经济社会发展整体水平在全国均处于较低水平，则称之为中下水平。

2007 年，省级政府教育统筹发展效果较好的省（市、自治区）有北京、上海、浙江和西藏 4 个行政区域，其综合得分均高于全国省级政府教育统筹发展的平均水平，位居全国前列。而省级政府教育统筹发展效果较低的省份共有 11 个，教育统筹发展效果综合得分均低于 0，而且综合得分最低的黑龙江达到了 -0.71。

2008 年，从 2007 年省级政府教育统筹发展效果较好的省份除了浙江外，北京、天津、西藏仍然保持较高的教育统筹水平，而且新增加了内蒙古、黑龙江、吉林等 3 个省份，使得教育统筹发展度高的省份个数扩大为 7 个省份。而 2007 年教育统筹发展水平较低的福建、江西和湖北跨入了中上等水平，2007 年教育统筹发展水平中等的河南、宁夏演变为中下水平，这些省份的教育统筹发展效果综合得分几乎低于全国平均水平。

2009 年，省级政府教育统筹发展的空间格局又发生了变化，2008 年处于教育统筹发展高水平的内蒙古、黑龙江及吉林等省份，教育统筹发展的综合得分均有不同程度的降低，其行政区教育统筹发展水平降低，跨入到了教育统筹发展中等水平。而且，2008 年处于中上等水平的江西、海南演化成了中下水平地区。但是，新疆、四川与青海等省份教育统筹发展水平均有所提高，分别跨入了教育统筹发展中上水平与中等水平。

2010 年，省级政府教育统筹发展的空间格局发生重大变化。2009 年处于教育统筹发展中上水平的江苏、浙江、山东、湖南演化成了高等水平，北京、上海仍然保持较高的教育统筹发展水平，而 2009 年处于高等水平的西藏、天津分别演化成中等水平、中下水平。同时，2009 年处于教育统筹发展高水平与中上水平的天津、内蒙古、辽宁、吉林、黑龙江、新疆，教育统筹发展的综合得分均有不同程度降低，演化成中下水平。江西、河南、广东、海南等省份教育统筹发展水平有很大提高，均从中下水平演化成中上水平。

2011 年，除了北京、上海、江苏、浙江仍处于教育统筹发展高等水平以外，山东、河南等省份由于教育统筹发展水平综合得分略微下降，分别跨入教育统筹发展中上和中等水平。相反，福建、重庆及陕西则分别由教育统筹发展中下水平及中上水平上升到高等水平。河北、湖北及广西分别从教育统筹发展中下水平，跨入到中上水平。

2012 年，由于国家教育政策的变化，省级政府教育统筹发展水平发生了重大演变。除了经济比较发达地区的北京、江苏、浙江处于教育统筹发展高等水平，福建、陕西、重庆分别演变成中上水平、中下水平，尤其陕西的教育统筹发展效果综合得分由 -0.03 降低为 -0.10，其教育统筹发展水平有所降低。2011 年教育统筹发展效果处于中等水平的甘肃、处于中下水平的天津、山西、山东分别演化成中上水平，其教育统筹发展效果综合得分均有所提高。

总体来看，全国 20% 左右的省份属于教育统筹发展中下水平，而教育统筹发展高等水平的省份仅占 16% 左右，26% 左右的省份属于教育统筹发展中等水平，剩下的 38% 左右的省份属于教育统筹发展中上水平。可见，多数省份处于教育统筹发展的中上水平，仅有少数经济发达的沿海地区处于教育统筹发展高等水平，反映我国教育统筹发展的潜力较大，教育不均衡程度逐渐缩小。从 2007—2012 年，北京与上海一直处于教育统筹发展高等水平，而贵州与云南则一直处于教育统筹发展中下水平，其他省份则随着年份的不同一直在演化。经济发达的省份其教育统筹发展水平较高，而经济不发达的省份其教育统筹程度较低，并且随着时间的推移，我国教育统筹发展效果“东高西低”的格局并未改变，这不仅与我国东西部地区的经济发展水平有关，也与我国教育政策有着密切联系。

第四节　湖南省区域教育公共服务水平差异的时空格局分析

基本公共服务均等化问题是构建社会主义和谐社会的重要内容，而教育服务均等化是政府基本公共服务均等化的重要方面。[①] 教育公共服务作为构建新型公共服务体系中的关键环节之一，越来越引起世界各国政府的重视，教育公共服务水平已经成为衡量一国文明发展水平的重要指标。[②] 基础教育资源配置的非均等化是目前国家面临的主要矛盾之一，解决该矛盾是各区域实现基础教育公平的主要途径。[③] 科学的测定湖南省教育公共服务的差异水平并且分析其空间格局，揭示其形成和变化机制，可为国家制定和实施区域教育基本公共服务均等化的政策提供科学的决策依据。本书拟以湖南省14个地市级行政区为研究单位，选取18个指标，采用熵值法和聚类分析方法，对其县域教育公共服务差异进行综合评价，并在此基础上分析其空间特征。从纵向的时间序列分析与横向的空间特征分析两个层次，系统、全面地分析湖南省教育公共服务差异水平。

一　评价指标体系的构建

依据指标选取的可比性原则、科学性原则、系统性原则、简明性原则、可操作性原则等五大原则，我们选取了可以较全面地反映我国教育公共服务水平的18个指标，其中包括3个一级指标、18个二级指标。

---

① 吕伟、刘国辉：《中国教育均等若干影响因素研究》，《数量经济技术经济研究》2010年第5期。

② 蒋云根：《我国现阶段教育公共服务存在的问题及对策研究》，《天津行政学院学报》2008年第1期。

③ 翟博：《教育均衡论——中国基础教育均衡发展实证分析》，人民教育出版社2008年版，第84—86页。

表 5—16　　教育公共服务水平综合评价指标体系

一级指标	二级指标
教育机会	小学入学率、初中入学率、普通小学学校数、普通中学学校数
教育设施	教育经费投入、普通小学在校学生数、普通中学在校学生数、公共图书馆数
教师资源	普通小学教职工数、普通中学教职工数、普通小学专任教师数、普通中学专任教师数
教育产出	高考录取率、本科录取率

二　测度方法：熵值法和聚类分析方法

1. 熵值法

熵是物理学中表示各种可能性的多少，某些物质系统的非均匀宏观状态的无序程度。熵值法计算各指标的权重，能反映各项指标值的变化差异程度，即各指标的数值变化对系统的影响程度，在此基础上为准确的综合评价提供依据。[①] 在信息论中，熵是不确定性的一种度量。信息量大，不确定性就越小，熵也就越小；信息量越小，不确定性越大，熵也就越大。根据熵的特性，我们可以用熵值判断某个指标的离散程度，指标的离散程度越大，该指标对综合评价的影响越大。主要步骤如下[②]：

建立原始指标数据矩阵：假设有 m 个地区、n 项评价指标，形成原始指标数据矩阵 $X=\{\chi_{ij}\}_{m\times n}$（$0\leqslant i\leqslant m$，$0\leqslant j\leqslant n$），$\chi_{ij}$为第 i 个地区第 j 个指标的指标值。进行数据标准化处理：

正指标　$y_{ij}=\dfrac{\chi_{ij}-\min(\chi_{ij},\cdots,\chi_{mj})}{\max(\chi_{ij},\cdots,\chi_{mj})-\min(\chi_{ij},\cdots,\chi_{mj})}$；

负指标　$y_{ij}=\dfrac{\max(\chi_{1j},\cdots,\chi_{mj})-\chi_{ij}}{\max(\chi_{1j},\cdots,\chi_{mj}-\min(\chi_{1j},\cdots,\chi_{mj}))}$；

由于在熵值法中运用到了对数，标准化后的数值不能直接使用。为了合理解决负数造成的影响，对标准化的数值进行平移。$Z_{ij}=y_{ij}+A$，式中，Z_{ij}是平移后的数值，A 为平移幅度。

---

① 邱寇华：《管理决策与应用熵学》，机械工业出版社 2002 年版，第 10—11 页。

② 王富喜等：《基于熵值法的山东省城镇化质量测度及空间差异分析》，《地理科学》2013 年第 11 期。

将各指标同度量化，计算第 j 项指标下，第 i 个地区占该指标比重（P_{ij}），$P_{ij}=Z_{ij}/\sum_{i=1}^{n}Z_{ij}$（$i=1，2\cdots，n$；$j=1，2，\cdots，m$），式中，$n$ 为样本（地区）个数，m 为指标个数。计算第 j 项指标熵值（e_j）：$e_j=-k\sum_{i=1}^{n}P_{ij}\ln(P_{ij})$，式中，$k=1/\ln(n)$，$e_j\geqslant 0$。计算第 j 项指标的差异系数（g_j），$g_j=1-e_j$。对差异系数归一化，计算第 j 项指标的权重（w_j），$w_j=g_j/\sum_{j=1}^{m}g_j$（$j=1，2，\cdots，m$）。计算样本的评价得分（$F_j$）：$F_j=\sum_{j=1}^{m}w_jP_{ij}$。

2. 聚类分析

聚类分析是统计学所研究的“物以类聚”问题的一种方法。度量类与类之间的亲疏程度度量方法有绝对值距离法、欧式距离法、平方欧式距离法、切比雪夫距离法、明考斯基效力距离法等。在这五种距离的定义中，欧氏距离和平方欧氏距离是实际常用中最广泛的，而明考斯基效力距离是五种距离中最综合的，而本文采用的是平方欧式距离。平方欧式距离公式：

$$d_{ij}=\sum_{i=1}^{n}(F_{ik}-F_jk)^2\quad(i=1，2，\cdots，n；j=1，2，\cdots，m)$$

式中计算得到的 d_{ij}，运用组间联接法进行聚类分析。

3. 数据来源

研究2008—2013年湖南省教育公共服务水平差异时空格局的演化机制，为了确保各指标数据的科学性、权威性、口径一致性，我们采用的指标数据均来自《湖南教育统计年鉴》《湖南统计年鉴》和各地市《国民经济和社会发展统计公报》以及统计年鉴等。

4. 综合评价模型

运用熵值法、聚类法对湖南省区域内的14个地市教育公共服务水平进行综合评价，对2006年至2012年的教育发展水平展开全面的比较与分析。利用软件 Acrgis 10.2 根据聚类分析结果，依次绘制2006年、2007年、2008年、2009年、2010年、2011年和2012年湖南省区域内的14个地市教育公共服务水平发展空间格局，系统的分析湖南省区域教育公共服务的空间格局演化机制。

根据熵值法的计算步骤，对湖南省区域内的14个地市的3个一级指标和18个二级指标的数据进行相关处理，计算出湖南省14个地市的教育公共服务水平综合得分如表5—17所示。

由表 5—17 观察可知，湖南省区域内 14 个地市的教育公共服务水平的综合评价差异十分明显，但随着时间的推移，14 个地市的教育公共服务水平的综合得分以及排名总体上无差异，只有个别的地级市差异较明显。从教育公共服务水平数据来看，14 个地级市均出现了一定幅度的下降。与湖南省教育公共服务的平均综合得分相比，2006 年超过湖南省教育公共服务平均水平的地级市有 7 个，2008 年有 8 个，而到 2012 年超过湖南省平均水平的地级市只有 6 个，即湖南省还没有一半的地级市达到教育公共服务的平均水平，说明湖南省各地级市政府，对教育的重视程度越来越低，教育投入越来越不合理。

从表 5—17 可以看出，2006—2012 年 7 年内，湖南省教育公共服务水平排名前三位的地区始终为衡阳市、邵阳市、长沙市。其中，长沙市、衡阳市均属于湖南省经济较发达的地区，长沙市、衡阳市政府在教育财政支出、教育资源投入、教师人力投入和教育产出等方面较为重视。从 2006—2012 年，湖南省教育公共服务水平综合评价最高的是衡阳市，区域教育公共服务水平综合得分都在 0.085 以上，相当于综合排名最后的张家界市的 1.5 倍，在 2007 年长沙市教育公共服务水平首次超过衡阳市。长沙市的教育公共服务水平综合得分呈现波浪式的变化，综合得分从 2006 年 0.077484 增长到 2007 年的 0.088143，排名从第三名上升到第一名，2007—2010 年，长沙市的教育公共服务水平综合得分呈现不同程度的减小，但从 2010 年后，长沙市教育公共服务水平综合得分稳定在 0.082 左右，排名一直居全省第三名。由此可知，长沙的教育公共服务水平综合差异较明显。

湘西自治州、湘潭市、株洲市、张家界市 4 个地级市的教育公共服务水平位次比较稳定，基本在后四位之间徘徊，其中湘潭市、张家界市的位次总体保持在全省的后两位。张家界市的教育公共服务水平综合得分平均为 0.056，2010 年张家界市的教育公共服务水平综合得分达到最低为 0.053024，而衡阳市的教育公共服务水平综合得分为 0.087980，约为张家界市的 1.66 倍，教育公共服务水平综合得分最高得分与最低得分相差悬殊，说明湖南省地级市教育公共服务水平内部相差较大，教育不均等化现象突出，亟待政府制定相关政策加以解决。张家界市的教育公共服务水平一直排名垫底，原因在于经济基础薄弱，产业不发达，政府财力有限，致使教育投入水平相对较低。

表 5—17　湖南省区域内 14 个地市教育公共服务水平综合得分及排序

市县	2006 年		2007 年		2008 年		2009 年		2010 年		2011 年		2012 年	
	综合得分	排序	综合得分	排序	综合得分	排序	综合得分	排序	综合得分	排序	综合得分	排序	综合得分	排序
长沙市	0. 077484	3	0. 088143	1	0. 079128	3	0. 080965	3	0. 076102	5	0. 082273	3	0. 082663	3
株洲市	0. 062804	12	0. 063946	11	0. 064946	10	0. 063605	11	0. 060418	12	0. 066442	11	0. 063074	11
湘潭市	0. 060495	13	0. 059312	13	0. 061568	13	0. 059459	13	0. 057912	13	0. 058126	14	0. 059340	13
衡阳市	0. 085415	13	0. 085473	3	0. 086621	1	0. 086695	1	0. 087980	1	0. 085085	1	0. 089598	1
邵阳市	0. 084439	2	0. 085579	2	0. 082281	2	0. 084301	2	0. 084203	2	0. 082872	2	0. 086430	2
岳阳市	0. 074859	5	0. 073407	6	0. 072175	8	0. 074382	5	0. 075090	6	0. 074744	5	0. 076017	5
常德市	0. 073509	7	0. 073755	5	0. 074753	5	0. 074336	6	0. 076776	4	0. 073143	6	0. 074081	6
张家界	0. 057674	14	0. 054806	14	0. 055684	14	0. 055994	14	0. 053024	14	0. 058519	13	0. 056258	14
益阳市	0. 070175	9	0. 069742	9	0. 064506	11	0. 068827	10	0. 070754	7	0. 068727	9	0. 069059	9
郴州市	0. 074237	6	0. 071274	7	0. 074119	6	0. 072010	7	0. 070722	8	0. 072328	7	0. 069377	8
永州市	0. 076406	4	0. 074785	4	0. 076763	4	0. 077444	4	0. 082916	3	0. 077766	4	0. 076028	4
怀化市	0. 064934	11	0. 069943	8	0. 072971	7	0. 069896	8	0. 069341	10	0. 072002	8	0. 070187	7
娄底市	0. 070878	8	0. 068273	10	0. 070812	9	0. 068853	9	0. 070036	9	0. 066615	10	0. 066502	10
湘西自治州	0. 066692	10	0. 061562	12	0. 063672	12	0. 063233	12	0. 064726	11	0. 061359	12	0. 061387	12

2006—2012 年 7 年内，排名居中的 7 个地级市，其教育公共服务水平的综合得分均在 0.064 至 0.076 之间，其排名基本保持相对稳定的位置，其中，常德市、怀化市的教育公共服务水平在 7 年内排名略有上升，郴州市、娄底市的教育公共服务水平略有下降。

总体来看，教育公共服务水平较高的地市主要分布在湖南省经济较为发达的地区，经济欠发达部分地市的教育公共服务发展滞后，这表明教育公共服务水平受经济发展的影响。区域教育公共发展水平与经济发展水平在空间上具有高度的一致性，经济发达的地市在区域教育公共服务水平上相对较高。

为了便于总体上把握湖南省教育公共服务水平的空间分异特征，我们运用 spss 19.0 统计分析软件，根据教育公共服务水平综合得分对 14 个地级市进行系统聚类，划分了 4 个教育发展类型。我们选用了目前使用最多的一种聚类方法系统聚类分析方法。系统聚类分析样本区间的度量标准采用欧式距离平方法，聚类方法采用组间联接法，使样本与小类、小类与小类两个类别里所有两两配对观测的平均距离达到最小，配对的两个观测属于不同的类。系统聚类分析结果如表 5—18 所示。

分析表 5—18 湖南省 14 个地市政府教育公共服务水平聚类结果，可以发现：从 2006—2012 年，衡阳市、邵阳市、长沙市几乎一直处于第一类，第一类地级市的教育公共服务水平综合平均得分为 0.083，远高于湖南省平均水平，说明这三个地级市的教育均衡程度较高。这三个地区均为湖南省经济发达的地区，随着经济的发展程度提高，政府用于教育财政支出、教育资源投入、教师人力投入等支出所占比重逐渐提升，政府注重教育发展的普惠性，使得各级各类教育发展相对均衡。一直处于第二类地级市的是岳阳市、常德市，而处于第二类地级市的教育公共服务水平平均得分 0.073，较高于湖南省平均水平。张家界市为湖南省教育公共服务最不均衡的地级市，一直处于第四类，其教育公共服务水平平均得分为 0.055，其他地级市的教育公共服务水平则在湖南省平均水平附近波动。从各地级市的位置来看，地区教育发展水平高于或基本高于全国平均水平的地级市基本集中在湖南省的东、中地区，而低于湖南省教育发展平均水平的地级市则全部在西部地区，而且从 2006—2012 年格局基本保持不变。

表 5—18　　2006—2012 年湖南省域教育公共服务水平差异聚类结果

年份	类别	地市
2006	类别一	衡阳市、邵阳市
	类别二	长沙市、岳阳市、常德市、郴州市、永州市
	类别三	益阳市、怀化市、娄底市、湘西自治州
	类别四	株洲市、湘潭市、张家界市
2007	类别一	长沙市、衡阳市、邵阳市
	类别二	岳阳市、常德市、益阳市、郴州市、永州市、怀化市、娄底市
	类别三	株洲市、湘潭市、湘西自治州
	类别四	张家界市
2008	类别一	长沙市、衡阳市、邵阳市
	类别二	岳阳市、常德市、郴州市、永州市、怀化市、娄底市
	类别三	株洲市、湘潭市、益阳市、湘西自治州
	类别四	张家界市
2009	类别一	衡阳市、邵阳市
	类别二	长沙市、永州市
	类别三	岳阳市、常德市、益阳市、郴州市、怀化市、娄底市
	类别四	株洲市、湘潭市、张家界市、湘西自治州
2010	类别一	衡阳市、邵阳市、永州市
	类别二	长沙市、岳阳市、常德市
	类别三	益阳市、郴州市、怀化市、娄底市、湘西自治州
	类别四	株洲市、湘潭市、张家界市
2011	类别一	长沙市、衡阳市、邵阳市
	类别二	岳阳市、常德市、郴州市、永州市、怀化市
	类别三	株洲市、益阳市、娄底市
	类别四	湘潭市、张家界市、湘西自治州
2012	类别一	长沙市、衡阳市、邵阳市
	类别二	岳阳市、常德市、永州市
	类别三	益阳市、郴州市、怀化市、娄底市
	类别四	株洲市、湘潭市、张家界市、湘西自治州

三　湖南省区域教育服务水平差异空间演化结果分析

前面章节主要通过熵值法计算了湖南省区域内 14 个地级市的教育公共服务水平综合得分，并根据教育公共服务水平综合得分对 14 个地市进行系统聚类，划分了 4 个教育发展类型，对 2006—2012 年的教育发展水平展开全面的比较与分析。本节主要利用软件 Acrgis 10.2 根据聚类分析结果，依次绘制 2006 年、2007 年、2008 年、2009 年、2010 年、2011 年和 2012 年湖南省区域内的 14 个地级市的教育公共服务水平发展空间格局，系统地分析湖南省区域教育公共服务的空间格局演化机制，进而分析我国省级政府教育统筹区域差距的空间格局演化趋势。

根据聚类结果，将湖南省 14 地市划分为 4 种类型：教育公共服务发展高水平区域、教育公共服务发展较高水平区域、教育公共服务发展中等水平区域、教育公共服务发展低水平区域。

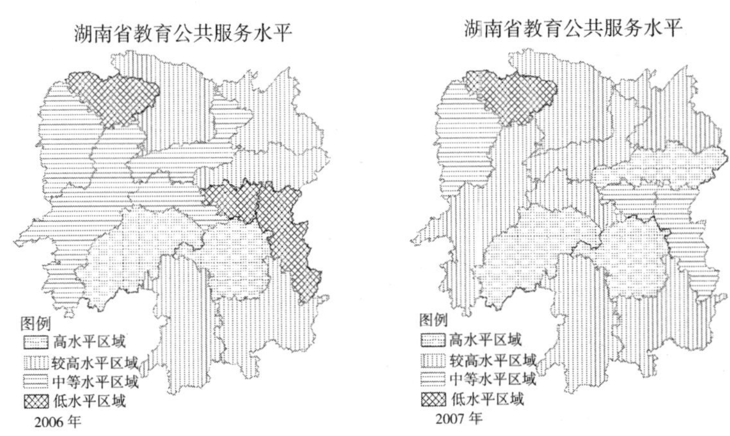

图 5—7　2006 年、2007 年湖南省教育公共服务发展空间格局

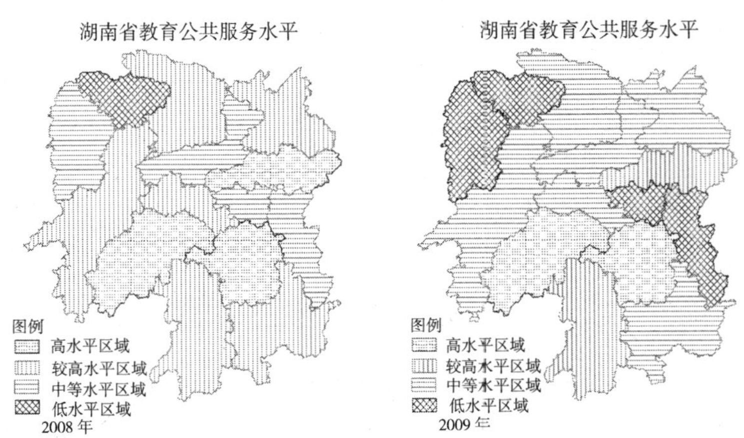

图 5—8　2008 年、2009 年湖南省教育公共服务发展空间格局

2006 年，湖南省教育公共服务发展较高的地级市包括衡阳市、邵阳

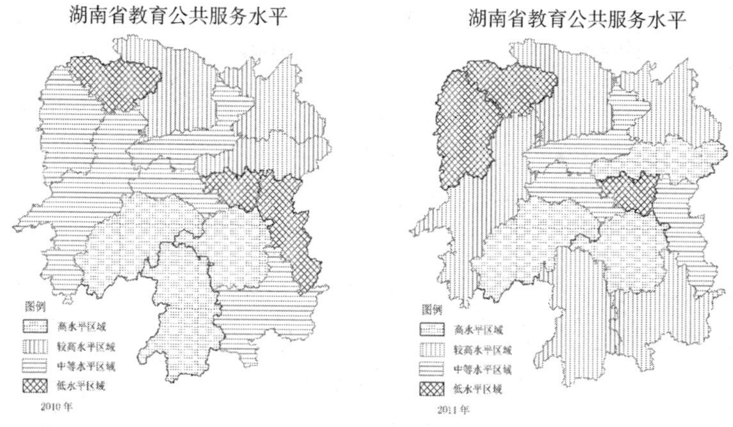

图 5—9　2010 年、2011 年湖南省教育公共服务发展空间格局

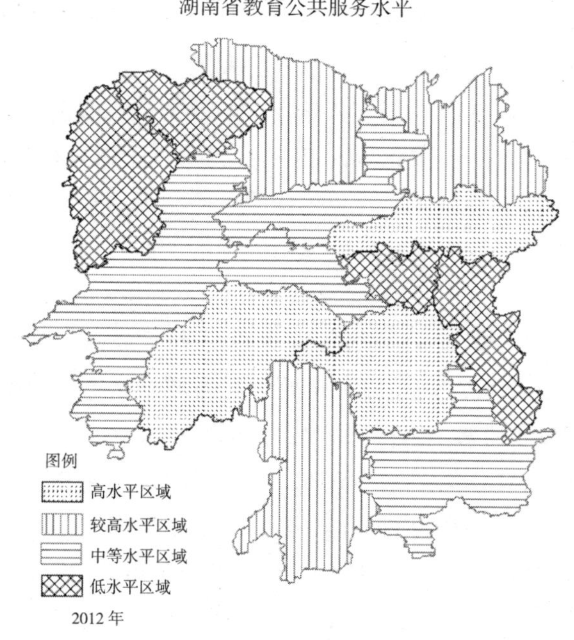

图 5—10　2012 年湖南省教育公共服务发展空间格局

市两个，衡阳市教育公共服务水平综合得分为 0.085415，其社会经济发展水平高，教育统筹发展基础条件较优越，教育均衡程度较高。而处于教育公共服务水平低区域的地级市共有 3 个，分别为株洲市、湘潭市、张家界市，其教育公共服务水平综合得分均低于 0.065，远远低于湖南省的教育公共服务平均水平。

2007 年，原来 2006 年教育公共服务水平发展度高的地级市仍然保持较高的教育发展水平，而且新增了长沙市，使得教育公共服务水平高区域地级市个数扩大为 3 个。益阳市、怀化市、娄底市由 2006 年的教育公共服务发展度中等变化为 2007 年的教育公共服务发展度较高，而株洲市、湘潭市的教育公共服务水平综合得分均有一定幅度的增长，均由教育公共服务发展低区域演化成教育公共服务发展中区域。

2008 年，湖南省教育公共服务发展的空间格局大致与 2007 年的空间格局相一致。只有益阳市的教育公共服务发展格局发生了显著变化，由教育公共服务发展较高区域演化成教育公共服务发展中等区域，主要是由于益阳市教育公共服务水平的综合得分有所下降。

2009 年，湖南省教育公共服务发展的空间格局发生了显著变化。衡阳市、邵阳市教育公共服务发展优势突出，一直处于教育发展高区域，长沙市教育公共服务发展变化显著，从教育发展高区域演变为较高区域。岳阳市、常德市、郴州市、怀化市、娄底市的教育公共服务综合得分均有所下降，由教育发展较高区域跨入到教育发展中等区域。株洲市、湘潭市、湘西自治州从教育公共服务发展中等区域下降为低区域，处于教育公共服务发展低区域新增了 3 个地级市，说明湖南省的教育公共服务整体水平有所下降。

2010 年，永州市教育公共服务综合得分有所提高，为 0.082916，这 7 年中最高得分，由教育公共服务发展较高区域跃居教育公共服务发展高区域。湘西自治州的教育公共服务综合得分略有提高，由 2009 年的 0.063233 提高至 2010 年的 0.064726，从低区域跨越到中等区域。长沙作为湖南省的省会城市，全省的政治、经济、科教、信息、文化中心，教育公共服务综合得分明显降低，综合得分为 0.076102，达到 7 年内的最低得分，从教育公共服务发展高区域演化为较高区域。相比之下，其他地级市的教育公共服务发展空间格局相对比较稳定，变化不显著。

2011 年，处于教育公共服务发展高区域变为了长沙市、衡阳市、邵阳市，这三个地区在该时期内经济发展速度较快，政府对教育投入较为重视，形成了教育公共服务的核心区域，同时对周边地区产生了正辐射效应。郴州市、怀化市、株洲市的区域教育公共服务发展水平也显著提高，分别从中等区域、低区域跃居为较高区域、中等区域，而永州市、湘西自治州由于在教育公共服务发展速度上与上述地区存在较大差异，因此在该时期已经变成了较高区域和低区域。

2012年，湖南省的教育公共服务发展空间格局发生了略微变化。经济发展和生活水平高的长沙市、衡阳市、邵阳市一直处于教育发展高区域，岳阳市、常德市、永州市处于教育公共服务发展较高区域，益阳市、娄底市处于教育公共服务发展中等区域，湖南省中西部的湘潭市、湘西自治州、张家界市处于教育公共服务发展低区域。相反，郴州市、怀化市和株洲市的教育公共服务发展水平有所降低，教育公共服务发展综合得分均有所下降，分别由2011年的0.072328、0.072002、0.066442降低为0.069377、0.070187、0.063074，空间格局分布发生相应的变化，分别由教育公共服务发展较高区域、中等区域变成了中等区域、低区域。

2006—2012年的湖南省教育公共服务发展的空间差异呈现变化不稳定和东、中、西差异大的趋势，教育公共服务发展的空间差异为“中部突出、两翼凹陷”的不平衡发展态势。从图5—7、图5—8、图5—9、图5—10可以看出教育公共服务发展高的地级市呈集聚状态，呈现“群”的特点，教育公共服务发展高的区域主要集中在湖南省的衡阳市、邵阳市、长沙市一带，这一带处于湖南省东南地区，比重为21.4%。湖南省东南部地区的教育公共服务发展水平居全省前列，成为湖南省教育公共服务发展的核心区域。岳阳市、常德市、永州市、益阳市、郴州市、怀化市、娄底市的教育公共服务发展水平基本都处于中高水平，比重为50%，教育公共服务发展中高区域主要集聚在湖南省的中南部地区，成片状分布，形成一定规模的集聚地带。

教育公共服务水平低区域的地级市主要分布在株洲市、湘潭市、湘西自治州、张家界市，比重为28.6%，这与湖南省的自然地理条件和经济条件较差的偏远地区分布有一定的拟合，说明教育公共服务水平与地级市所处的地理位置、当地的经济发展水平密切相关。湖南省教育公共服务发展基本为西北弱、东南强的空间格局，各时期各地级市教育公共服务发展水平的高低与同时期经济发展水平基本一致，经济发展水平高越高，教育公共服务发展水平越高。反之，经济发展水平越低，教育公共服务发展水平越低。各地经济发展的不均衡导致各地政府对教育公共服务的投资能力存在较大差异，从而教育公共服务差异明显，说明经济因素是造成教育公共服务差异的主导因素，是改善教育公共服务差异的基本条件。

第六章　省级政府教育统筹发展效果的影响因素解释和分析

把加强省级政府教育统筹作为深化教育管理体制改革的重点，是充分发挥省级政府财力统筹和资源平衡能力、推进教育事业科学发展、深化教育综合改革与发展的客观要求。省级政府教育统筹是指为催生整体最佳绩效，省级政府遵循教育发展的基本规律，综合考虑教育与经济社会发展的内在联系，在充分挖掘影响统筹效果各项因素基础上协调各办学主体、资源条件、管理要素的相互关系，逐步推进省域内教育结构布局优化。本章立足前面章节关于省级政府教育统筹发展效果实证评价结论，研究省级政府教育统筹发展效果的影响因素，揭示省级政府教育统筹发展效果的生成逻辑，为探寻省级政府教育统筹发展效果提升对策提供参考。

第一节　省级政府教育统筹发展效果的影响因素的多元维度

通过前面对全国和湖南省域内教育统筹发展效果的纵向与横向比较分析发现，各级各类教育区域差异、城乡义务教育失衡、地区间基础发展不均衡，在教育机会、教育资源配置、教育质量和教育成就发展方面表现较为显著。[①] 那么究竟是何种因素在导致或诱致这些差距的产生？经验分析和已有的资料充分说明，导致这些教育水平和统筹发展效果的因素有很

① 根据前面的研究结论显示：全国31个省（市、自治区）中除了北京、上海、浙江、天津、广东等少数东部经济发达地区的省级政府教育统筹发展效果水平的综合得分大于全国的平均水平，其余大多数中部和西部地区的教育统筹发展效果水平的综合得分低于全国平均水平，教育统筹发展十分不均衡。

多，如区域经济社会发展条件、社会结构分化格局、国家教育政策及制度等。分析影响省级政府教育统筹发展效果的因素，是探索省级政府教育统筹发展效果提升对策的前提。

一　城乡二元结构及政策供给因素

从宏观社会结构和制度供给层面观之，长期存在的城乡二元社会结构、重点学校与非重点学校发展体制、国家教育宏观政策及其执行的结构性矛盾，是当前我国各级各类教育区域、城乡、群体、校际失衡的重要原因。

1. 长期存在的城乡二元社会结构

长期存在的城乡分割和对立的二元结构，是导致我国教育发展不均衡的重要原因。城乡二元结构[①]是我国的基本国情，其存在和发展有着特殊的历史背景和发展历程。新中国成立初，为把一个贫穷的农业国建设成为强盛的工业国，国家只能采取优先发展重工业的赶超型发展战略，只能依靠农业和农村为工业化提供原初资金积累。1958 年，国家开始实行城乡分割的户籍制度[②]，在一定程度上促进了工业化战略的快速起步和国家工业跨越式发展，但这些政策和制度使农业和农村长期处于被剥夺状态，将农民被固定和束缚在农村。此后基于这种二元结构的长期影响，我国二元社会结构逐步形成，城乡在政治、经济、文化、教育等各个方面的差距越来越大。[③] 尽管随着改革开放经济体制逐步由计划经济体制向市场经济体制转型，国家开始对户籍制度以及附着在户籍制度上的社会福利制度进行改革，但农村和城镇之间经济发展差距没有得到有效缩控，农村户籍人口的医疗、教育、文化、社会保障等差距没有得到根本改善。

---

① 城乡二元结构是指由市民组成的城市社会和由农民组成的农村社会的对立结构，这种二元结构以二元户籍制度为核心，包括二元教育制度、二元就业制度、二元社会福利与保障制度等在内的一系列社会制度体系，这是由身份壁垒、不平等交换、城市化滞后乃至包括户口、粮食供应、住宅等制度组成的不平等现象。

② 1958 年 1 月，《中华人民共和国户口登记条例》颁布，这标志着中国从法律上正式实施二元户籍管理制度。根据这一法律，公民户口被人为地分为农业户口与非农业户口两种形式。以户口为基础，国家又相继出台了与户籍制度相配套的政策制度，如粮食供应制度、教育制度、医疗制度、就业制度、住房制度、养老保障制度等。这些制度规定的社会福利只有城镇居民才能享有，农业户口的无法享有。这种制度严格闲置农村人口转为非农户口，将农民禁锢在了农村土地上，形成了城乡二元分治的社会结构。

③ 刘豪兴：《农村社会学》，中国人民大学出版社 2008 年版，第 466—467 页。

城乡二元结构下的教育事业等政策，都彰显着浓厚的城市优先配置取向。这就导致各种教育资源在城乡间分配严重不均衡，城乡间教育财政投入、办学条件、优质师资、教育质量以及教育成就等差距日渐突出，进而造成城乡间各级各类教育发展差距不断形成并扩大。我国城乡义务教育办学条件差距非常之大，2006—2007 年小学和初中办学条件差异如表 6—1 所示。同时，以城乡义务教育生均教育经费为观察对象，2010 年，全国普通小学生均教育经费为 9751.4 元，其中城镇小学生均教育经费为 5191.07 元，占全国普通小学生均教育经费的 53.23%，而农村普通小学生均教育为 4560.33 元，占全国普通小学生均教育经费的比例为 46.77%，明显低于城市普通小学生均教育经费；2010 年全国普通初中生均教育经费为 12597.35 元，其中城镇初中生均教育经费为 6723.28 元，占全国普通初中生均教育经费的 53.34%，而农村中学的生均教育经费仅占全国普通初中生均教育经费的 46.63%，城乡间普通初中生均教育经费差距也非常明显。①

表 6—1　　　　我国城乡义务教育基础办学条件的总体比较

类别	办学条件	农村		城市		城乡差距	
		2006 年	2007 年	2006 年	2007 年	2006 年	2007 年
小学	自然仪器达标学校比例（%）	51.69	53.14	73	73.8	21.31	20.66
	建网学校比例（%）	7.61	8.68	51.09	55.27	43.48	46.59
	百名学生拥有计算机台数（台）	3.11	3.30	7.52	7.67	4.41	4.37
普通初中	理科实验仪器达标学校比例（%）	71.64	72.82	76.35	77.93	4.71	5.11
	建网学校比例（%）	28.62	32.36	58.28	62.27	29.66	29.91
	百名学生拥有计算机台数（台）	4.93	5.49	7.69	7.95	2.76	2.46

资料来源：教育部发展规划司，《全国教育事业发展简明统计分析 2007》，2008 年。

由于城乡分离的户籍制度，一方面大量富余农村人口长期滞留于农村，农村家庭承受的经济负担加重，多数农民家庭在承担子女教育费用时表现出相当的困难；另一方面，流入城市的农民因没有城市户籍而无法获得与城市人同样的权利和福利，大批进城务工就业的农民子女被远远超过

① 数据来源于《2011 年中国统计年鉴》和《2011 年中国教育经费统计年鉴》。

他们的经济承受能力的入学赞助费、借读费、建校费等花样不断翻新的各种费用挡在城市学校之外，无法接受到与城市儿童平等的义务教育。[①] 由此可知，城乡二元结构背景下的城乡教育经费与资源分治，影响了城乡间教育的公平发展，制约了政府教育统筹发展和均衡发展。然而，随着中国社会转型的加快、城镇化进程的加速、户籍制度的改革，与上述传统城乡二元分治的教育结构不同，很多农民进城务工产生了大量的子女上学需求和问题，形成了教育的城乡二元结构新形态。农民进城务工成为农民工，是对传统城乡二元结构的突破，农民工逐渐成为农民与市民间的社会阶层意义上的第三个社会群体，是伴随着城市化进程新生的社会第三元。[②] 当前，农民工区别于农民、市民的社会底层新群体的三元结构日渐清晰，教育的“三元结构”也随之显现，这种教育的“三元结构”本质上是在城市内部形成的新的城乡教育二元结构，其外在表现是城市内部教育的双轨制，是对农民工及其随迁子女身份的制度歧视，是以流动人口为代表的弱势群体教育的边缘化。[③]

2. “精英主义”取向的教育发展政策与路径

不同国家对于如何推进教育发展、如何处理好教育公平与效率之间的关系，存在着不同的观点和路径抉择。在人类教育发展实践过程中，存在“精英主义”（elitism）和“平等主义”（egalitarianism）两者教育发展观。这两种教育发展观反映在教育发展目标和社会发展整体层面，即选择以个人资质或社会背景优异的少数精英的受教育模式，还是选择实现大众化的教育机会均等为目标的受教育模式[④]；反映在教育发展模式和资源配置层面，即选择公共教育资源集中向重点学校倾斜，推动重点学校办学条件与教育质量的提高，还是推进教育资源在整个社会不同地区、学校之间的均衡化配置。这里对政府教育统筹发展及其效果的影响，国家教育发展政策与路径的“精英主义”取向，主要是从教育发展模式和资源配置层面来阐释。

---

① 鲍传友：《中国城乡义务教育差距的政策审视》，《北京师范大学学报》（社会科学版）2005 年第 3 期。

② 有学者以此为基础，提出了“三元社会结构”的概念。

③ 褚宏启：《化解城乡二元结构推进教育公平》，《光明日报》2012 年 12 月 12 日。

④ 周洪宇：《教育公平——维系社会公平正义的基石》，中国人民大学出版社 2014 年版，第 32 页。

20 世纪 50 年代，随着大规模工业化与经济建设的开始，国家亟须培养大批经济社会建设领域人才。为了满足国民经济建设的需要，“快出人才、早出人才、出好人才”，政府实施“重点校”政策①，即采取了集中稀缺教育资源办好重点学校的教育发展政策，重点学校与非重点学校非均衡发展的历史由此而来。“重点校”政策的初衷旨在“快出人才、出好人才”。在教育资源稀缺条件下，将公共教育资源集中向重点学校倾斜，通过教育资源重点投入，有利于推动重点学校办学条件的改善和教育质量的提高，并形成拥有优质教育资源的“重点校”“名牌校”和“示范校”。②就本质而言，基础教育精英主义导向下的“重点校”政策，是当时国家整个经济社会非均衡发展战略、效率优先战略在教育领域中的集中体现。“重点校”政策在推动部分学校教育质量提高的同时，政策性和人为地扩大了各级各类教育在区域和城乡间的差距，导致了优质教育资源配置和教育质量差距，造成了基础教育在内校际之间教育公平的差别。据统计，1963 年 9 月全国 27 个省（市、自治区）确定的重点中学为 487 所，而北京、吉林等 9 个省（市、自治区）中有 135 所，其中城市 84 所，占 62%，县镇 43 所，占 32%，农村 8 所，占 6%。有 7 个省、市、自治区没有选定农村中学③。

我国各级各类教育层层设立了重点学校，各级政府对重点学校实施政策倾斜，大量优质教育资源优先、集中分配于重点学校，非重点学校在教育财政、校舍条件、优质师资配备和教育质量等方面则得到相对较少的投入。在办学硬件条件方面，重点学校的教学设备、教学场地、图书资料、

① 1952 年 6 月，国家教育部颁发了《关于有重点地办好一些中学和师范学校的意见》，这是国家首次以部门文件的形式推进重点校建设。1962 年 12 月，教育部下发了《关于有重点地办好一批全日制中小学校的通知》，这标志着国家“重点校”政策的初步形成。1978 年 1 月，教育部出台了《关于办好一批重点中小学试行方案》，随后又颁发了《关于分期分批办好重点中学的决定》。1983 年，教育部在《关于进一步提高普通中学教育质量的几点意见》文件中，重申了办好重点中学的必要性。20 世纪 90 年代中期，国家教育委员会做出在全国建立 1000 所示范高中的决定，至此，我国教育发展精英主义导向的“重点校”政策最终形成。到 20 世纪末期，全国各省市乃至县都先后建立了一大批重点小学、重点中学。

② 王善迈：《“重点校”政策影响了教育的公平》，《中国教育报》2007 年 3 月 8 日。第 9 版。

③ 袁振国：《论中国教育政策的转变：对我国重点中学平等与效益的个案研究》，广东教育出版社 1999 年版，第 27 页。

实验设备等远远优于非重点学校。而非重点学校，尤其是农村非重点学校，在基础设施、办学条件等各方面则远远落后于重点学校。在办学软件上，重点学校与非重点学校也存在着较大差距，教学师资的差异表现尤为突出。重点学校在福利待遇、职业晋升、进修深造等方面具有非重点学校不可比拟的优越性，吸引了大量优质教育师资，大量优质教育师资不断从非重点学校流向重点学校，使得重点学校与非重点学校的校际差距越拉越大。随着经济社会发展形势以及教育发展实际的变化，"重点校"政策与设置的初衷相距越来越远，与政府公平配置教育资源和提供均等化教育服务的目标相背离。特别是近年来，基础教育"重点校"政策极大地加剧了校际教育资源投入、教育条件、教育质量不均，引发了以权择校、以钱择校等现象，使得基础教育群体间入学机会不公平，尤其接受优质教育不公平。[①] 针对这些政策弊端，教育部曾多次下发文件强调义务教育阶段不许办"重点校"与"重点班"[②]，但由于教育管理体制惯性、学校间和群体间教育利益格局固化、政府教育统筹力度等因素，导致基础教育"重点校"仍然普遍存在，短期内难以改变。

3. 教育宏观政策及其执行的结构性矛盾

教育政策是国家和政府制定的、用以调整教育领域社会利益关系的公共政策，是国家为实现一定历史阶段的教育发展目标和任务而制定的关于教育的行动准则或规定[③]，是社会众多因素综合的产物。作为教育制度的重要构成部分，教育政策是教育理念和教育思想的具体化，反映了政策决策者对教育的重视程度，也直接指导着教育实践活动的开展[④]，对教育实践及其公平发展有着更为直接、重要的影响。当前教育领域出现的城乡、区域、校际、群体差距不断扩大的现象与教育政策的不完善有着很大的关联。教育政策的不完善主要表现为：一是教育政策的类别均衡性较差。政策过于偏向义务教育的发展，而对于学前教育、职业教育、高等教育等的

---

① 王善迈：《基础教育"重点校"政策分析》，《教育研究》2008 年第 3 期。

② 1993 年 3 月，国家教育委员会出台的《关于减轻义务教育阶段学生过重课业负担　全面提高教育质量的规定》（教基［1993］3 号）强调，义务教育阶段不应分重点学校（班）与非重点学校（班）。1997 年 1 月，国家教委《关于义务教育阶段办学行为的若干原则意见》（教基［1997］1 号）再次指出，义务教育阶段不设重点校、重点班、快慢班。

③ 张玉堂：《中国高等教育公共问题研究》，中国书籍出版社 2015 年版，第 164 页。

④ 田芬：《基础教育均衡发展研究》，博士学位论文，苏州大学，2004 年。

发展则缺乏重视，影响了各级各类教育的均衡发展。而只有不同类别的教育都得到充分重视，才能使各级各类的教育实现良好契合，优化整个教育发展体系，促进整个国家教育均衡发展。① 二是教育发展政策在完善过程中缺乏重大突破。如当前的招生考试制度改革仍相对滞后，不能很好地满足经济和社会发展的需要，成为制约教育改革、教育发展与人才发展的重大瓶颈。三是教育政策顶层设计偏抽象，导致各级政府及教育部门在政策理解、政策执行上存在偏差。如简单地用德、智、体、美的目标或用学生分数的高低来衡量教育质量的好坏，偏离了素质教育的方向，也不利于学生的健康和长远发展。综上所述，我国教育攻策仍还存有诸多问题与不足，影响了各级各类教育的均衡发展，也不利于城乡、区域、校际、群体间教育的统筹发展。要促进各级各类教育均衡发展，缩小城乡、区域、校际以及群体间的教育差距，亟须优化我国的教育政策，不断增强教育政策的规范性、系统性以及类别均衡性。

二　教育公共财政投入规模与结构

教育公共财政效率问题，是影响教育均衡发展的关键因素。提高教育公共财政投入规模和质量，是政府教育财政管理体制改革的核心。近年来，国家非常重视基础教育发展，中央和地方财政对基础教育投入逐年加大，但财政资金短缺，教育经费支出低效或无效，经费支出结构不合理，经费配置地区间不均衡等问题较为突出。

1. 教育财政投入总量不足

随着我国经济的快速发展，国际地位的不断提升，国家教育发展水平也得到了大幅度提升。纵观近年来我国教育财政投入状况可知，尽管教育财政性经费投入②呈逐年增长的态势，但教育财政投入仍存在总量不足的现象。长期以来，国家财政性教育支出占 GDP 的比重较低，尽管 1993 年

① 盛明科、朱玉梅：《我国教育统筹发展的政策变迁：问题及改进思路——基于 1979—2013 年国家教育政策文本的分析》，《理论探索》2014 年第 4 期。

② 财政性教育经费支出是指政府用于维持与发展各类教育事业的经费支出，包括两部分：一部分是政府财政预算内教育支出，指中央和地方各级财政或上级主管部门安排，并划拨到教育部门和其他部门主办的各级各类学校、教育事业单位，列入国家预算支出科目的教育经费（含教育事业拨款、科研经费拨款、基建拨款、其他经费拨款）；另一部分是政府财政预算外教育支出，主要指各级政府征收用于教育的税、费，企业办学的教育经费，校办产业、勤工俭学和社会服务收入用于教育的经费。

颁布的《中国教育改革和发展纲要》中明确规定："要逐步提高国家财政性教育支出占GDP的比重，在20世纪末达到4%；提高各级财政支出中教育经费所占的比例，'八五'期间财政支出中教育经费所占比例不低于15%。"但1993年，国家财政性教育经费支出占GDP的比重为2.76%，预算内教育经费支出占财政支出比例为13.58%。1995年，国家财政性教育经费支出占GDP的比重为2.46%，预算内年全国预算内教育经费支出占财政支出比重为16.05%。[①] 由此可知，"八五"期间财政支出中教育经费所占比例已超过15%，但国家财政性教育经费支出占GDP比重4%的目标却没能实现。相比之下，不仅低于发达国家的平均水平，而且低于发展中国家的平均水平。2001—2011年国家财政性教育支出、预算内教育支出情况如表6—2所示。

表6—2　2001—2011年国家财政性教育支出、预算内教育支出情况

年份	财政性教育经费支出占GDP的比例（%）	预算内教育经费支出占GDP的比例（%）	财政性教育经费占财政支出的比例（%）	预算内教育经费占财政支出的比例（%）
2001	3.14	2.78	16.17	14.31
2002	3.32	3.09	15.83	14.76
2003	3.28	3.09	15.62	14.68
2004	2.79	2.66	15.68	14.90
2005	2.82	2.69	15.21	14.58
2006	3.01	2.91	15.70	15.18
2007	3.32	3.24	16.63	16.26
2008	3.48	3.40	16.69	16.32
2009	3.59	3.52	16.03	15.69
2010	3.66	3.53	16.32	15.76
2011	3.93	3.77	14.78	16.31

数据来源：《全国教育经费执行情况统计公告》（2001—2011）。

从表6—2可知，2001—2004年，我国财政性教育经费支出占GDP的

① 教育部等：《1993年全国教育经费执行情况统计公告》，《中国教育部》1994年12月19日；教育部等：《1995年全国教育经费执行情况统计公告》，《中国教育部》1996年9月18日。

比重和预算内教育经费支出占 GDP 的比例呈小幅度的波浪式变化，财政性教育经费支出占 GDP 比例从 2001 年的 3.14% 下降到 2004 年的 2.79%。从 2005 年开始，我国财政性教育经费支出和预算内教育经费支出占 GDP 的比例呈逐年增长，到 2011 年分别达到 3.93% 和 3.77%。虽有所提高和进步，但与国外其他国家相比仍有很大差距。当前发达国家财政性教育经费支出占 GDP 比重为 5%—6%，远远高于我国提出的 4% 发展目标，发展中国家 4.4% 的平均水平，也略高于我国当前的财政投入水平。财政性教育经费占财政支出的比例和预算内教育经费占财政支出的比例，2001 年—2008 年呈缓慢、平稳上升趋势，但从 2009 年开始逐步下滑，且下滑较为显著。如财政性教育经费占财政支出的比例从 2010 年的 16.32% 下降到 14.78%，下降了约 2 个百分点。由以上分析可知，当前我国财政性教育经费支出占 GDP 比重偏低，财政性教育经费占财政支出比例偏小。总之，我国教育财政投入总量明显不足。

2. 教育财政投入结构不合理

当前，我国教育财政投入不仅总量上不足，且教育投入结构上也存在诸多不合理现象，教育投入在地区间、城乡间、不同层级教育间存在较大差异性与不合理性，首先表现为不同层级教育间投入结构不合理。义务教育、中等教育以及高等教育在生均教育经费上呈明显的、不合理的倒金字塔结构，高等教育投入比重远远高于义务教育、中等教育的教育财政投入比重。2008—2012 年我国生均教育经费支出学级结构如下表 6—3 所示。

表 6—3　2008—2012 年我国生均教育经费支出学级结构　（经费单位：元）

类别＼年份	2008	2009	2010	2011	2012
普通小学	2757.53	3357.92	4012.51	4966.04	6128.99
普通初中	3543.25	4331.62	5213.91	6514.86	8137.00
普通高中	3208.84	3757.60	4509.54	5999.60	7775.94
职业中学	3811.34	4262.52	4842.45	6148.28	7563.95
普通高校	7577.71	8542.30	9589.73	13877.53	16367.21

数据来源：《全国教育经费执行情况统计公告》（2008—2012）。

从表 6—3 可知，2008—2012 年，我国普通小学、普通初中、普通高中、职业中学和普通高校的生均教育经费均呈逐年增长的趋势。但同时也可看到，普通高校生均教育经费均高于同期的普通小学、普通初中、普通高中和职业中学的教育经费投入，义务教育阶段和中等教育阶段的教育投入相对不足。虽近年来国家加大了对义务教育发展的重视和投入，但与高等教育相比，投入仍很不够，阻碍了基础教育的健康发展。教育经费投入过分倾向于高等教育，义务教育尤其是农村义务教育投入比重较低，进一步加大了各级各类教育的不均衡。从上述分析可知，我国不同层级间的教育投入结构呈明显的不合理，导致了我国各级各类教育间的不均衡发展。

教育投入结构不合理性还表现在地区间教育投入方面。在传统资源配置体制和发展模式等多因素的作用下，我国不同地区间的经济社会发展水平呈现出较大的差异性。不同地区间经济发展水平上的差异，进一步导致了不同地区间教育投入和教育发展质量上的差异。不仅东、中、西部的教育投入存在很大差异，且城乡间的教育投入也存在着较大的差距，教育投入结构不合理状况突出。2011 年，我国普通小学生均公共财政预算教育事业费是 4966.04 元，比上年增长 23.76%。其中，农村为 4764.65 元，增长 25.29%，虽有所增长，但仍低于全国平均水平，更低于城市生均公共财政预算教育事业费①。2012 年，全国农村小学、初中、高中的生均教育经费远远低于全国平均水平，仅分别占到全国小学、初中、高中生均教育经费的 28.3%、23.7%和 35.2%。② 北京、天津、上海、浙江等东部经济发展地区，生均公共财政预算教育事业费明显高于中西部地区。地区间教育投入结构的不合理，阻碍了区域、城乡间教育的公平与均衡发展，进一步影响了省级政府教育统筹发展政策效果的提升。

3. *教育财政转移支付制度的影响*

分税制基础上形成的地方政府财权、事权不匹配，地方政府财政赤字现象较为严重，捉襟见肘的地方财政难以有效投入周期长、见效慢的教育事业上，继而形成教育财政投入偏好，加剧了区域间、城乡间和校际间的教育差异。因此，教育财政转移支付制度既是教育财政体制的重要组成部分，同时也是促进教育均衡发展实现教育公平的重要手段。

教育经费不足是制约我国教育发展的关键因素，教育财政转移支付制度对解决我国教育经费短缺问题有着重要意义。国内外学者在对教育财政

① 数据来源于《2011 年全国教育经费执行情况统计公告》。

② 数据来源于《2012 年中国教育经费统计年鉴》。

转移支付制度进行研究的过程中提出著名的“粘蝇板效应”“激励效应”和“激励替代效应”，教育财政转移支付不仅直接改变教育不足的现状，而且带动地方财政对教育事业的投入，改变地方财政支出结构，各级政府共同保障教育经费充足。我国财政逐年增加对教育的财政转移支付力度，一般性教育财政转移支付和专项教育财政转移支付为教育发展注入大量资金，尤其是加大对义务教育的财政转移支付，为教育发展提供了较为充足的财政保障，在很大程度上缓解了我国教育经费短缺的问题。2009—2014年我国义务教育一般性财政支付情况如表6—4所示。

表6—4　　2009—2014年我国义务教育一般性财政转移支付情况

年份	预算（亿元）	决算（亿元）	预决算比（%）	决算数与上年决算数比（%）
2009	908.49	893.56	98.4	213.1
2010	929.29	947.59	102.0	106.0
2011	1138.92	1085.00	95.3	114.5
2012	1680.32	1593.25	94.8	146.8
2013	1821.19	1663.77	91.4	104.4
2014	1718.70	1611.97	93.8	115.2

数据来源：《中央对地方税收返还和转移支付决算表》（2009—2014）。

社会经济发展的不均衡进而造成教育发展的不均衡，我国教育发展城乡之间、区域之间和校际之间差异巨大，教育财政转移支付制度为中央政府和省级政府统筹教育均衡发展、实现教育公平提供了强有力的手段。教育财政转移支付是一个对教育资源再分配过程，具有强烈的针对性和目的性，中央政府通过教育财政转移支付制度将财政资金面向教育欠发达的中西部地区和广大农村地区，直接扶持该区域的教育发展，缩小教育的区域和城乡差异，实现全国性的教育均衡发展战略。省级政府是教育统筹的主力军，通过教育财政转移支付手段增加省域内教育投入，增强省域内的教育实力和竞争力，缩小与他省的教育发展差距；有针对性地使优质教育资源向农村、欠发达区域和一般学校倾斜，统筹省内教育的相对均衡和公平发展，教育财政转移支付制度影响着省级政府教育统筹的成败。省级政府必须充分发挥教育财政转移支付制度的作用，实现教育统筹的目标。教育财政转移支付制度不仅影响政府的教育投入，同时还影响着居民的消费支出结构，教育基尼系数下降能确保居民对教育的长期投入，从而提高居民的受教育水平。只有实现政府和居民对教育的双向投入，才能有效推动教育的均衡发展，缩小教育差距，实现教育公平。

三　政府教育统筹体制机制与能力

建立健全政府教育统筹体制机制，是当前国家深化教育综合改革亟待实现的重要目标。通过全面深化教育综合改革，关键是要通过综合改革形成一个制度化的基础教育公平发展的治理架构。这个架构应该具备三个特征：一是形成科学完备的政府教育统筹体制，健全要素齐备、结构合理、责权明确的教育统筹组织体系；二是搭建高效的政府教育统筹机制，保障教育统筹组织体系灵活高效、运转协调、方法科学；三是能够形成充分的教育统筹与治理能力，有助于促进教育发展中面临的各种现实矛盾与问题的有效解决。

1. 政府教育统筹体制

长期以来，我国教育财政体制经历了五个阶段的发展变化，呈现出教育管理权与预算权重心的“双下移”特点。具体来说，我国的教育财权与事权呈现出以下特征。

表 6—5　　新中国成立以来我国中央与地方教育财权与事权的特征

特征＼年份	1949—1980	1981—1993	1994—2000	2001—2005	2006 年至今
教育财权	中央统一财政	中央与地方分级管理	财政拨款为主地方依法筹资	中央和地方分级管理	经费省级统筹
地方事权	地方分级管理	地方负责	事权和财权相统一原则	地方负责以县为主	管理以县为主

新中国成立 60 多年来，我国教育财政经历了从国家垄断到中央与地方共同承担，并以地方为主的转变。但教育财政投入主体的高层级性与教育管理责任主体的低层级性，与我国现行的财政制度—分税制存在潜在矛盾。由中央统一领导下的财政分级管理体制—分税制，导致了中央和地方财权与事权的巨大鸿沟。中央政府成为财政实力最雄厚主体的同时，基本上不承担义务教育责任。相比之下，县乡政府财政收入最低，其教育管理责任却愈重，逐渐形成教育发展财权与事权脱节局面。地方财力投入的不足，加之教育管理事项的繁重，导致我国义务教育尤其是在农村，基层教育的乱收费现象不止，义务教育的规模、质量以及公民受教育权利受到严重影响。

在这种严重依赖国家教育财政投入的背景下，并未能生成教育经费保稳促增的体制机制，各级各类政府、学校及办学企业对政府财政拨款依赖严重，自主独立性较差。中央与地方政府财权与事权不对称，加上省级政府财政收入的地域差，省以下财政收入分配体制的不完善，使得单纯依靠国家财政投入统筹发展教育存在越来越大风险。从现实情况来看，我国中西部、经济不发达地区的教育落后状况非但未得到缓解反倒成愈演愈烈趋势。

2. 政府教育统筹机制

科学发展观的第一要义是发展，科学技术是第一生产力。改革开放以来，我国积极推进教育的科学化、现代化均衡发展。从国家开始实施科教兴国战略，到2010年国务院颁布《教育规划纲要》，我国教育事业有了快速发展。这种发展主要体现在教育规模和教育质量以及受教育权利的逐步扩大，但这种发展并非长足发展之路，我国教育的统筹发展机制存在缺陷。

一方面，国家宏观教育规划缺位，教育发展与经济发展阶段脱节。现阶段，我国的经济发展正逐渐由劳动密集型转向资本密集型、技术密集型和知识密集型产业过渡，我国就业市场急需一批高质量、高技能的素质型人才，建立健全现代教育管理制度日益凸显其重要性。但目前，人才培养的结构性失衡导致就业市场与“普通教育”的毕业生无法形成完美对接，人才和市场资源配置存在着巨大的浪费现象。另一方面，教育行政管理手段高度行政化，行政权力高于教育权、学术权，与教育自主发展规律相背离。现行我国教育管理手段侧重于行政指令、命令等高度集权方式，过度强调政府对教育发展事业的控制，学校的自主性及教育职责被淡化。教育管理的高行政化，一定程度上导致教育行政组织效率低下、官僚作风凸显、教育质量难以衡量、教育公平难以实现、教育机构的督导督察及问责机制的缺失等等问题，因而时常发生各种教育突发事件。

3. 政府教育统筹能力和水平

目前，我国基本形成了“中央和省（市、自治区）两级管理、分工负责，以省级政府统筹为主”的教育权力纵向运行模式，省级政府的决策权和统筹权不断得以扩大，地方拥有更大的办学灵活性和自主权。我国教育统筹发展一贯注重强调教育作为公共服务之一的政府责任，但长期以来，政府教育职能更多地偏向于管理而非服务，政府的角色仍是教育管理者而非服务者。与此同时，不同层级政府间职能交叉、权限不清、配置不合理等问题并存。在实际操作中，上一级政府常常依靠其行政权力优势把责任推给下一级政府，出现“上级请客、下级买单”，互相推诿、上下踢球，结果看似谁都该管，其实谁都不管的尴尬局面。[①]

具体来看，我国教育统筹发展缺乏有效竞争机制。过去由政府作为单一统筹主体包揽教育办学的局面长期存在。教育机构应享有的教育权力受过去高行政化管理体制影响被大大弱化，政府化身成为包揽教育办学者、管理者于一身的“万能者”。在政府垄断国家教育管理权、办学权及教育经费投入权的体制下，教育行政部门成为“大教主”，其他机构、社会力量对办学治理的参与基本无法实现。一方面是教育统筹责任主体重心过低，财力投入不足；另一方面是社会办学力量的高难度准入，最终只能导致教育发展缺乏竞争性、教育供给资源缺乏、成本持高不下、设租寻租等现象屡禁不止。

四　区域经济发展基础与区位地理条件

理论研究和实践证明，区域经济发展基础与基本公共服务水平之间存在着显著的正相关性。教育公共服务水平和资源配置同样存在类似的规律。尽管之间并不是非常严格的正相关关系，但区域经济发展基础和地理条件对教育公共服务供给和资源配置起着非常重要的作用。

1. 区域经济发展非均衡对基础教育的影响

中国是一个幅员辽阔、资源分布不均、经济发展极不平衡的大国。教育与经济之间是相互制约、相互促进的关系，但从改革开放以来，中国区域经济发展的非均衡性主要体现在东部经济发达地带、中部经济较为发达地带、西部相对落后地带。东、中、西部地区经济发展不平衡影响当地政府对教育投入的差异，导致基础教育不均衡发展。东部地区由于经济较为发达，来自政府财政的教育经费投入比例较大，而中西部地区由于经济欠发达，来自政府财政的教育投入比例较小。中国改革开放以来的区域差距和城乡差距拉大问题，是与中国的财政政策和中央政府过去主导的区域发展政策分不开的。政府主导的区域发展政策在很大程度上助推了中国的

---

① 宋立、刘树杰：《各级政府公共服务事权财权配置》，中国计划出版社2005年版，第24—25页。

中、西部内陆地区成为东部沿海地区的劳动力和原材料供应基地。[①] 正因如此，内陆地区在过去的三十余年发展过程中，逐渐沦为一个低附加值的落后生产地区。进而中、西部的人才、技术等要素进一步向工业化程度较高的东部沿海地区转移。[②] 由于区域经济发展不均衡和教育投入向经济发达地区倾斜的政策，导致教育投入经费、教育公用经费在东、中、西部地区之间以及城乡之间都存在严重的不均衡。

2. 地理区位条件对教育统筹发展效果的影响

地理环境是指人类生存和发展所依赖的各种自然条件的总和，是人类社会存在和发展的自然物质基础。不同的地理区域位置有着不同的地理环境、物质基础。地理环境通过影响人类经济活动、社会活动以及文化活动，直接或间接地影响着教育发展，从而使得各地区的教育发展呈现不同状态。地理位置好的、经济发展迅速的区域，教育机会、教育投入、教育质量等都会优于经济落后、地理位置不好的区域，进而使得各地区教育呈现典型的地域不平衡性。当前，我国政府教育统筹发展效果呈现东部强、中部中、西部弱的特征。教育统筹发展效果较高的地区主要集中于东部沿海地区，其中一个重要原因就在于这些地区享有得天独厚的地理位置与环境，工业、农业、交通、科技等发展迅速。经济的发展、科技的进步、交通的便利等有利于刺激人才需求增加、教育投入增加、办学条件改善、师资力量与结构改善，进而促使教育的发展与进步，促进政府教育统筹发展效果的提升。而区域位置相对不好的地区，经济、政治、文化、交通等也相对不发达，在对外交流与合作、接受新思想与新观念、提高办学质量与效益等方面相对较为落后，办学动力、师资吸引力也相对不足，进而影响了教育统筹发展的效果。东、中、西部在地理位置、经济发展、思想观念等多方面都有着很大的差异，地理位置、经济环境、办学条件等一系列的不同与差异也影响了政府教育统筹发展效果的好坏。

3. 区域文化环境对教育均衡发展的影响

文化作为一个复杂体，既包括知识、信仰、艺术、道德、法律、风

① 刘志彪、张少军：《中国地区差距及其纠偏》，《学术月刊》2008 年第 5 期。

② 王志凯、史晋川：《中国区域经济发展的非均衡状况及原因分析》，《浙江大学学报》（人文社会科学版）2011 年第 11 期。

俗，又包括其他从社会上学得的能力与习惯。[①] 教育作为一种培养人的活动自然成了文化的一部分。教育作为文化的一个子系统，其目标、内容、质量等也直接或间接地受到文化的影响。我国不同区域因政治、历史、地理等多种因素的共同作用与影响，各地区形成了各具特色的地域文化。各具特色的地域文化影响着各地区的教育发展，使得各地区的教育发展参差不齐，不均衡现象突出。尤其是不同地区间存在的地域性文化隔阂，使得区域间的教育发展差距进一步拉大。据调查，在我国贫困、边远地区，女孩的辍学率远远高于男孩，入学率也远远低于男孩，传统的地域性文化观念致使女性接受高层次教育机会大大减少。沿海地区地理位置优越、经济发达、信息畅通、各种文化相互交融，且人们易于接受新事物，在这种地理文化环境下，自然有利于教育的发展与进步，有利于提升教育统筹发展效果。而边远地区自然条件落后，地理环境闭塞，经济水平落后，与外界的文化交流受到限制，进一步增强了地区教育文化的保守性，这种地域文化的保守性使得其教育方式、教育理念与现代教育、素质教育也形成了一定的冲突和矛盾，制约和阻碍了省级政府教育统筹发展效果的提升。

第二节　省级政府教育统筹发展效果影响因素分析的理论模型

一　面板数据模型基本介绍

面板数据（Panel Date），又称时间序列横截面数据（Time Series And Cross Section Date），是由数据集中每个横截面单位的一个时间序列组成[②]。面板数据模型最早是由芒德拉克（Mundlak）（1961）、巴勒斯特拉（Balestra）和纳洛夫（Nerlove）（1966）引入到经济计量中，而近二十年来面板数据模型则成为计量经济学理论方法的重要发展之一。面板数据模型由于集中考虑了截面数据和时间序列数据，因而具备单纯一维数据模型不可比拟的优点：一方面，能反映某一时期各个个体数据的规律，也能描

① ［英］E. B. 泰勒：《原始文化》，连数声译，上海文艺出版社 1992 年版。

② ［美］Jeffrey M. Wooldrridge：《计量经济学》，费剑平译，中国人民大学出版社 2008 年版，第 10 页。

述每个个体样本时序变化规律，能有效控制横截面个体的异质性；另一方面，能有效克服时间序列数据分析过程中分析内容较少的局限，减少解释变量之间的多重共线性。

1. 面板数据模型的设定

面板数据模型根据截距项向量和系数向量中各分量的不同限制要求，可以划分为三种类型：无个体影响的混合回归模型、含有个体影响的变系数模型、变截距模型。

面板数据模型的基本形式为：

$$y_{it}=\alpha_{it}+X_{it}\beta_{it}+\varepsilon_{it}\quad i=1,2,\cdots,N;\ t=1,2,\cdots,T \qquad (6.2.1)$$

其中，y_{it}是因变量，X_{it}为 $k\times1$ 阶回归自变量列向量，N 为截面个数，T 为每个截面成员的观测时期总数。参数 α_{it}表示模型的常数项，β_{it}为回归向量 X_{it}的 $k\times1$ 维系数向量，k 表示解释变量个数。随机误差项 ε_{it}相互独立，且满足零均值、同方差的假设。在成员截面上，该模型共含有 N 个截面方程；在时间截面上，该模型共含有 T 个时间截面方程。

由于模型（6.2.1）中含有 NT（$k+1$）个系数和 NT 个方程，无法从模型中直接识别所有参数，所以实际应用时需要对模型附加一些约束条件。如果假定时间序列参数齐方差性且参数满足时间一致性，也就是说参数值不随时间的不同而变化，模型可以简化为：

$$y_{it}=\alpha_{i}+X_{it}\beta_{i}+\varepsilon_{it}\quad i=1,2,\cdots,N;\ t=1,2,\cdots,T \qquad (6.2.2)$$

其中，参数 α_i和 β_i都是个体时期恒量，其取值只受到截面个体不同的影响。根据截距项 α_i 以及系数向量 β_i 的不同限制要求，又将公式（6.2.2）所描述的面板数据模型分为三种不同的类型：无个体影响的不变系数模型、有个体影响的不变系数模型（即变截距模型）和含有个体影响的变系数模型。无个体影响的不变系数模型的单方程回归形式为：

$$y_{it}=\alpha+X_{it}\beta+\varepsilon_{it}\quad i=1,2,\cdots,N;\ t=1,2,\cdots,T \qquad (6.2.3)$$

假设该模型在横截面上存在个体影响但无结构变化，此时各截距方程中系数向量相同。将模型各截面个体的时间序列数据组合在一起，作为样本数据，利用普通最小二乘法便可给出参数 α 和 β 的一致有效估计。变截距模型的单方程回归形式为：

$$y_{it}=\alpha_{i}+X_{it}\beta+\varepsilon_{it}\quad i=1,2,\cdots,N;\ \mathrm{t}=1,2,\cdots,T \qquad (6.2.4)$$

在该模型中，假设在横截面上存在个体影响但无结构变化，并且个体影响可以用截距项 α_i的差别来说明，即在该模型中各截面方程的截距项

α_i不同，而系数向量β相同，称该模型为变截距模型。从估计方法角度，也称该模型为个体均值修正回归模型（individual - mean corrected regression model）。

变系数模型的单方程回归形式为：

$$y_{it} = \alpha_i + X_{it}\beta_i + \varepsilon_{it} \quad i = 1,\ 2,\ \cdots,\ N;\ t = 1,\ 2,\ \cdots,\ T \qquad (6.2.5)$$

假设该模型在横截面上既存在结构变化，又存在个体影响，即在允许个体影响由变化的截距项α_i来说明，同时还允许系数向量因截面个体的不同而变化，用以说明横截面上的结构变化，则称该模型为变系数模型①（unrestricted model）。

根据模型中待估参数的不同特性，变截距方程（6.2.4）和变截距方程（6.2.5）可以分成固定效应模型（fixed effect models，简记为 fe）和随机效应模型（random effect models，简记为 re）。固定效应模型分为三种类型，即个体固定效应回归模型、时点固定效应回归模型和个体时点双固定效应回归模型。

变截距模型的单方程形式为：

$$y_{it} = \alpha_i + X_{it}\beta + \varepsilon_{it} \quad i = 1,\ 2,\ \cdots,\ N;\ t = 1,\ 2,\ \cdots,\ T \qquad (6.2.6)$$

该模型中截距项α_i是固定参数，随机误差项ε_{it}表示被忽略的随时间或个体变化的影响，并且在给定非观测效应和解释变量的条件下有：$E(\varepsilon_{it} \mid X_i,\ \alpha_i) = 0$，$\mathrm{Var}(\varepsilon_{it} \mid X_i,\ \alpha_i) = \mathrm{Var}(\varepsilon_{it}) = \sigma_{it}^2$，$\mathrm{Cov}(\varepsilon_{it},\ \varepsilon_{is} \mid X_i,\ \alpha_i) = 0$，$t \neq s$ 则该模型为面板数据固定效应模型（fixed effect models）。② 其模型形式为：

$$y_{it} = \alpha + \lambda_i + y_t + X'_{it} + \beta + \varepsilon_{it} \quad i = 1,\ 2,\ \cdots,\ N;\ t = 1,\ 2,\ \cdots,\ T \qquad (6.2.7)$$

Mundlak 等人认为，若模型中只存在个体效应，其模型形式为：

$$y_{it} = \alpha + \lambda_i + \mathrm{X}'_{it}\beta + \varepsilon_{it} \quad i = 1,\ 2,\ \cdots,\ N;\ t = 1,\ 2,\ \cdots,\ T \qquad (6.2.8)$$

其中，λ_i为表示个体效应的变量，该面板模型称为个体固定效应模

---

① Masulis & Ronald W, "The Effect of Capital Structure Change on Security Prices: A Study of Exchange Offers", *Journal of Financial Economics*, No. 18, 1980, pp. 139 - 177.

② ［美］Cheng Hsiao: *Analysis of Panel Date*, 北京大学出版社 2005 年版。

型。若模型（6.2.7）中只存在时间效应，则其模型形式为：

$$y_{it}=\alpha+\gamma_t+X_{it}'\beta+\varepsilon_{it} \quad i=1,2,\cdots,N;\ t=1,2,\cdots,T \tag{6.2.9}$$

其中，γ_t为表示时间效应的变量，该面板模型称为时间固定效应模型。

随机效应模型是指经典线性模型的一种推广，就是把原来（固定）的回归系数看作随机变量。Maddala 等人将混合回归模型的随机误差项分解为个体随机误差分量、时间随机误差分量和个体时间随机误差分量三部分，称为随机效应模型（random effect models）。模型形式为：

$$y_{it}=X_{it}'\beta w_i+v_t+\varepsilon_{it} \quad i=1,2,\cdots,N;\ t=1,2,\cdots,T \tag{6.2.10}$$

其中随机分量 $w_i\sim N(0,\sigma_w^2)$ 表示个体随机误差分量；$v_t\sim N(0,\sigma_v^2)$ 表示时间随机误差分量；$u_{it}\sim N(0,\sigma_w^2)$ 表示个体时间（混合）随机误差分量。并且满足 w_i，v_t，u_{it}之间互无关，$E(w_i=0)$，$E(w_i^2)=\sigma_w^2$；$E(v_t)=0$，$E(v_t^2)=\sigma_v^2$；$E(u_{it})=0$，$E(u_{it}^2)=\sigma_v^2$即个体效应、时间效应和个体时间效应各自分别不存在截面自相关、时间自相关和混合自相关。

个体随机效应误差模型形式为：

$$y_{it}=X_{it}'\beta+w_i+\varepsilon_{it} \quad i=1,2,\cdots,N;\ t=1,2,\cdots,T \tag{6.2.11}$$

时间随机效应误差模型形式为：

$$y_{it}=X_{it}'\beta+v_t+\varepsilon_{it} \quad i=1,2,\cdots,N;\ t=1,2,\cdots,T \tag{6.2.12}$$

2. 面板模型的估计

一般而言，面板模型估计方法有固定效应模型（fixed effect models）和随机效应模型（random effect models），普通最小二乘法（OLS）、广义最小二乘法（GLS）、可行的广义最小二乘法（FGLS）、虚拟变量最小二乘法（LSDV）、广义矩估计法（GMM）、貌似不相关回归估计法（SUR）、非参数异方差和自相关一致性估计法（HAC）是面板模型常用的估计方法。一般来讲，在满足经典线性回归模型的基本假设条件下，混合数据模型和固定效应模型均可采用 OLS 法估计，若选择随机效应模型，一般采用可行的广义最小二乘法（FGLS）估计效果较好；若是选择固定效应模型，则利用虚拟变量最小二乘法（LSDV）进行估计；对于非线性的面板数据应采用 GMM 法估计，而 SUR 法适合于截距变化与个体之间斜率变化的模型估计，面板数据中存在截面相关性、序列相关性和异方差性，应采用非参数异方差和自相关一致性估计法（HAC）对模型进行估计。

二　模型变量的选取及数据来源

1. 模型变量的选取

根据研究目的与设计，特别是按照前一节关于省级政府教育统筹发展效果影响因素的多维分析，为了更好地揭示出省级政府教育统筹发展效果的因果机制，解释省级政府教育统筹发展效果的影响因素，笔者这里选取"人均受教育年限""生均教育经费""收入水平""预算内教育经费占财政支出比例""地区因素"来测评。

人均受教育年限（Y）。人均受教育年限通过一个特定国家或地区所有居民接受学校教育年数的加权平均，来衡量这些国家或地区历史的教育累积成就。该指标所体现的不仅是最近的教育成就，也包括很长时间段之前的教育成就。人均受教育年限是用来衡量一个地区教育发展水平的综合性较强的指标，因此用人均受教育年限度量教育统筹发展水平的因变量，用 Y 表示。

小学生均教育经费 X_1 和初中生均教育经费 X_2。生均教育经费指学校在一定时期内按在校学生人数的平均的教育经费，是考察教育投入的根本指标。在本书中，生均教育经费指的是小学生均教育经费和初中生均教育经费，分别用 X_1 和 X_2 表示，模型中取其自然对数 $\ln X_1$ 和 $\ln_2^x$。

收入水平（X_3）。随着经济的不断发展和收入水平的提高，政府税收收入、债券收益、国家控股企业利润和各种费用收入不断增加，表明政府的财政收入水平在提高。政府通过掌握的财政资源进行合理配置，能够促进教育科学文化卫生事业的发展，财政拨款对基础教育发展有着至关重要的影响力。[①] 收入水平用 GDP 总量表示，考虑到人口因素，人均意义上的收入水平更能准确反映人均基础教育财政支出的分配状况，用 X_3 表示，模型中取其自然对数 $\ln_3^X$。

预算内教育经费占财政支出比例（X_4）。当今世界，教育经费投入占

① 李小克、郑小三：《高等教育财政支出影响因素研究——基于 2000 ~ 2009 年中部六省的面板数据》，《教育发展研究》2012 年第 11 期。

GDP 的比例已经成为国际权威机构衡量一个国家教育投入水平的重要指标之一。教育财政投入体现在政府对财政预算约束和教育投入的制度安排，地方政府出于发展经济的考虑对教育的重视程度不够，以及教育财政投入制度不完善，尤其是财政预算的约束，虽然中央财政安排用于教育支出增长幅度很快，但是，教育投入发展速度没有跟上 GDP 的增长速度，预算内教育经费占财政支出的比例偏低。全国财政收入占 GDP 的比例在一定程度上决定了教育财政投入的比例，教育财政投入的不均衡水平用预算内教育经费占财政支出比例表示，即用 X_4表示。

地区因素（X_5和 X_6）。为了度量地区因素对教育统筹发展效果水平的影响，在设置两个地区变量：X_5——地区变量，东部地区的省市该值为 1，非东部地区的省市该值为 0。X_6——地区变量，中部地区的省市该值为 1，非中部地区的省市该值为 0。所以，$X_5=1$，$X_6=0$ 表示东部地区的省（市、自治区）；$X_5=0$，$X_6=1$ 表示中部地区的省（市、自治区）；$X_5=0$，$X_6=0$ 表示西部地区的省（市、自治区）。

将我国划分为东部、中部、西部三个地区的时间始于 1986 年，由全国人大六届四次会议通过的“七五”计划正式公布。目前，西部地区包括的省级行政区共 12 个，分别是四川、重庆、贵州、云南、西藏、陕西、甘肃、青海、宁夏、新疆、广西、内蒙古；中部地区有 8 个省级行政区，分别是山西、吉林、黑龙江、安徽、江西、河南、湖北、湖南；东部地区包括的省级行政区 11 个，分别为北京、天津、河北、辽宁、上海、江苏、浙江、福建、山东、广东和海南等 11 个省（市、自治区）。

2. 数据来源

这里所选取的人均受教育年限指标（Y）数据来源于 2002—2012 年《中国教育统计年鉴》。小学生均教育经费指标（X_1）和初中生均教育经费指标（X_2）数据来源于 2002—2012 年《中国教育经费统计年鉴》。人均 GDP 指标（X_3）数据来源于 2002—2012 年《中国卫生和计划生育统计年鉴》。预算内教育经费占财政支出的比例指标（X_4）数据来源于 2001—2011 年的《全国教育经费执行情况统计公告》。

三　面板数据模型的单位根与协整检验

1. 面板数据单位根检验

面板单位根检验用于检验面板数据的平稳性和单整性，是面板协整检验的前期工作。在对省级政府教育统筹发展效果评价进行实证测评时，如果面板数据是平稳的则可以直接建模。但现实的研究过程中大多数数据都是非平稳的，如果检验结果显示数据是非平稳的，则需要检验数据通过几阶差分后平稳，即数据的单整性。数据通过了协整检验，说明变量之间是存在长期稳定关系的，仍然可以继续建模。

这里笔者主要运用LLC检验和IPS检验方法。为了消除异方差可能产生的影响和避免伪回归问题的产生，需要对面板数据进行对数处理，分别记为$\ln X_1$、$\ln X_2$和$\ln X_3$，然后进行单位根检验以确定其平稳性。由于解释变量X_5和X_6是虚拟变量，不需要对其进行平稳性检验。检验结果如下表6—6所示：

表6—6　　变量单位根检验结果

变量	原序列		一阶差分序列	
	LLC 检验法	IPS 检验法	LLC 检验法	IPS 检验法
Y	0.1513	0.1634	0.0000	0.0000
$\ln X_1$	1.0000	1.0000	0.0000	0.0000
$\ln X_2$	1.0000	1.0000	0.0000	0.0000
$\ln X_3$	0.2109	1.0000	0.0000	0.0000
X_4	0.0000	0.0063	0.0000	0.0000

通过表6—6可知，对于因变量Y而言，LLC检验和IPS检验显示存在单位根的P值分别为0.1513和0.1634，说明该序列是非平稳的。$\ln X_1$、$\ln X_2$和$\ln X_3$的LLC检验和IPS检验的P值大于10%的显著性水平，则不能拒绝原假设，说明该面板数据是非平稳的。X_4单位根检验结果表明，除去LLC检验拒绝其存在单位根的原假设之外，IPS检验未拒绝其存在单位根的原假设，因此，X_4存在单位根。而一阶差分后，变量Y、$\ln X_1$、$\ln X_2$、$\ln X_3$和$\ln X_4$统计量的P值均为0.0000小于5%的显著性水平，说明变量Y、$\ln X_1$、$\ln X_2$、$\ln X_3$和X_4都是一阶单整变量。

2. 面板数据协整检验

通过面板数据单位根检验，变量Y、$\ln X_1$、$\ln X_2$、$\ln X_3$和X_4五个变量均表现为一阶单整I（1），因此该五个变量存在协整的可能。但是由于面板数据的不稳定性，应用最小二乘法可能导致伪回归，所以必须要分析相关变量的协整关系。笔者这里对四组变量进行协整检验，即Y和$\ln X_1$，Y和$\ln X_2$，Y和$\ln X_3$，Y和X_4。笔者使用Westernlund提出的面板序列协整关系检验方法进行检验，检验结果如表6—7所示。

表6—7 面板协整关系的检验结果

变量	含常数项				含趋势项				检验结果
	G_t	G_a	P_t	P_a	G_t	G_a	P_t	P_a	
$Y\&InX_1$	0.000	0.202	0.000	0.012	0.000	1.000	0.000	0.998	协整
$Y\&InX_2$	0.000	0.024	0.000	0.000	0.000	1.000	0.000	0.795	协整
$Y\&InX_3$	0.000	0.660	0.000	0.001	0.000	1.000	0.000	0.997	协整
$Y\&X_4$	0.042	0.943	0.000	0.055	0.000	0.863	0.000	0.060	协整

注：Westerlund（2007）提供了四个统计量 G_t、G_a、P_t 和 P_a，其中有两个组统计量 G_t 和 G_a，两个面板统计量 P_t 和 P_a。组统计量 G_t 和 G_a 验证在允许面板异质性的条件下是否存在协整关系；面板统计量 P_t 和 P_a 验证在面板同质性的条件下是否存在协整关系。Westerlund 面板协整检验原假设 H0：不存在协整关系。备择假设 H1：变量之间是存在协整关系的。

Westerlund 面板协整检验在考虑面板数据异质性或同质性条件下是否存在协整关系，在一些情况下可能出现两个组统计量中有一个不能拒绝原假设的现象，对于短面板数据 T 较小的情况尤其常见。基本上有三个统计量显著，即可以判定两个变量之间具有协整关系。笔者采用 Westerlund 提出的面板序列协整关系方法进行检验，表6—7表明在5%的显著性水平下，均能拒绝变量之间不存在协整关系的原假设，因此表明变量 Y、$\ln X_1$、$\ln X_2$、$\ln X_3$和 X_4之间存在面板协整关系。

第三节 省级政府教育统筹发展效果影响因素的计量分析

一 面板数据模型的设定

本书使用的是关于中国部分省级政府2001—2011年教育统筹发展影响因素和平均受教育年限的面板数据，采用 Stata 12.0 软件对数据进行计算处理，协整检验结果表明变量 Y、$\ln X_1$、$\ln X_2$、$\ln X_3$和 X_4之间存在长期稳定的均衡关系，排除了伪回归的可能，从而可以对面板数据进行回归。对面板数据模型设立之前，要先对模型的类型进行判别，具体模型判别结果如下表6—8所示。其中，LM 检验法用于判别模型中是否存在个体随机效应，该检验的原假设是真实模型是混合模型，备择假设是个体随机效应模型，从表 6—5 可知 P 值小于 0.05，所以拒绝原假设，即应选择个体随机效应模型。Hausman 检验用于判别模型应设立个体随机效应模型还是个体固定效应模型，该模型原假设是设立个体随机效应模型，备择假设是设立个体固定效应模型。[①] 由表 6—7 可知 P 值大于 0.05，不拒绝原假设，即应设立个体随机效应模型。

表 6—8　　　　面板数据模型判别结果

检验方法	原假设	检验统计量	P 值
LM 检验	真实模型是混合模型	719.31	0.0000
Hausman 检验	真实模型是个体随机效应模型	0.41	0.9816

通过检验可知随机效应模型是最优模型，为了控制样本中的自相关、异方差和多重共线性因素，我们对部分自变量使用了一阶差分项。运用一阶差分项是为了消除模型中存在的多重共线性，同时也为了消除变量中可能存在的趋势因素，避免虚假回归问题。下面对模型进行序列相关性检验，检验结果如表 6—9 所示：

表 6—9　　　　对随机效应模型序列相关性检验结果

Random Effects, Two Sided: ALM [Var (u) =0] =523.11	Pr > chi2 (1) =0.0000
Random Effects, One Sided: ALM [Var (u) =0] =22.87	Pr > N (0, 1) =0.0000
Serial Correlation: ALM (lambda =0) =6.24	Pr > chi2 (1) =0.0125
Joint Test: LM (Var (u) =0, lambda =0) =725.55	Pr > chi2 (2) =0.0000

观察随机效应模型序列相关检验结果可知，无论是单边检验还是双边检验，检验结果的 P 值都小于 5%，因此拒绝原假设，即模型中不存在系列相关性，可以判定模型存在序列相关性，需要对模型进行修正。由于选用的模型是随机效应模型，为了消除模型中可能存在的异方差性和序列相关性，我们

① 吴振兴、谢晓晶、王书平：《经济增长、产业结构对碳排放的影响分析——基于中国省际面板数据》，《中国管理科学》2012 年第 6 期。

采用工具变量法对模型分别进行修正，回归结果如表6—10所示。该回归模型P值为0.000，小于0.05的显著性水平，说明回归方程显著成立。由协整检验确定Y、$\ln X_1$、$\ln X_2$、$\ln X_3$和X_4四个变量之间存在长期稳定的均衡关系后，采用广义最小二乘法对面板数据回归，回归模型如下：

$$Y_{it} = \alpha + \beta_1 \Delta \ln X_{1i,t} + \beta_2 \Delta \ln X_{2i,t} + \beta_3 \Delta \ln X_{3i,t} + \beta_4 X_{4i,t} + \beta_5 X_{5i,t} + \beta_6 X_{6i,t}$$

其中Y_{it}是指第i个省在第t年的平均受教育年限；$\Delta X_{1i,t}$、$\Delta X_{2i,t}$和$\Delta X_{3i,t}$分别是指第i个省在第t年的小学生均教育经费、初中生均教育经费和人均GDP的差分。

表6—10　面板数据回归结果

变量	回归系数	标准误差	t-统计量	P值
$\Delta \ln X_1$	-1.7113	0.8373	-0.20	0.838
$\Delta \ln X_2$	1.1777	0.4440	2.65	0.007
$\Delta \ln X_3$	1.4939	0.5684	2.63	0.009
X_4	0.0626	0.0211	2.97	0.003
X_5	1.6028	0.1290	12.43	0.000
X_6	0.9810	0.1337	7.34	0.000
常量	8.0122	0.3956	10.25	0.000

注：Δ表示一阶差分；显著性水平是5%。

观察回归分析结果表6—9可知：在5%的显著性水平下，初中生均教育经费、人均GDP和预算内教育经费占财政支出的比例的增加，都会提高各省份平均受教育年限，并且效果显著；而小学生均教育经费提高会降低各省份人均受教育年限，但t统计量的值不显著，即短期小学生均教育经费对人均受教育年限的影响效果不明显。初中生均教育经费的反应系数是1.1777，人均GDP的反应系数是1.4939，即对初中生教育的投入越高，区域教育发展总体水平也会越高。人均GDP对人均受教育年限有显著正向影响，表明经济发展水平越高，政府对教育的生均投入就会越高。也有同样的研究发现，随着人均收入的提高，包括教育在内的公共财政支出也会随之增加[①]。人均 GDP 越大，相应的民办学校办学经费、社会捐赠等相关的教育经费也会越多。除此之外，人均 GDP 的增长意味着家庭收入的增加，相对应的家庭教育消费的支出也会随之增加，从而随着地方经济发展水平和居民收入的提高，居民对于教育的需求增加，促进教育的发展。预算内教育经费占财政支出的比例的弹性系数是 0.0626，在 5% 的显著性水平是显著正向的，说明国家预算内教育经费占财政支出的比例每增加 1%，人均受教育年限将提高 6.26%，教育经费占财政支出的比例越重，将会提高我国的教育水平。

该模型用了两个地区变量，即 X_5（东部省、市、自治区 = 1）和 X_6（西部省、市、自治区 = 1），以衡量东、中、西部三者之间人均受教育年限的差距。$X_5 = 1$，$X_6 = 0$ 表示东部地区的省（市、自治区）；$X_5 = 0$，$X_6 = 1$ 表示中部地区的省（市、自治区）；$X_5 = 0$，$X_6 = 0$ 表示西部地区的省、市、自治区。通过回归分析表 6—7 可知，X_5 和 X_6 两个地区变量的系数均显著为正，分别为 1.6028 和 0.9810，在其他条件相同的情况下，东部地区的省（市、自治区）的人均受教育年限为 9.615，中部地区的省（市、自治区）的人均受教育年限为 8.9932，西部地区的省、市、自治区的人均受教育年限为 8.0122。由此可知，我国东、中、西部的省级政府教育统筹发展存在着很大的差距，特别是东部地区和西部地区差距十分悬殊，东部地区的人均受教育年限比西部地区的人均受教育年限多了 1.6028 年。

二 省级政府教育统筹发展效果影响因素的结论

笔者通过研究全国 31 个省（市、自治区）2001—2011 年省级政府教育统筹发展效果水平的相关数据，旨在揭示各个地区教育统筹发展和均衡发展的总体水平。本章主要分析了我国省际和省域内政府教育统筹发展效果水平不均衡的原因[②]。原因重点从三个方面进行阐述，第一个方面主要是指政策制度因素，其中包括城乡二元经济结构和社会体制的不平衡、重点学校体制与非重点学校体制的不公平、教育资源配置体制的不合理以及

① 聂颖、郭艳娇、韩汭洁：《财政分权、地方政府竞争和教育财政支出相关关系研究》，《地方财政研究》2011 年第 11 期。

② 一般来说，教育发展的区域差距，有三个方面的含义：一是省际间区域差异；二是省域内差异，即一省域内市州之间的差异和县际差异；三是按一般的地理和行政特征所划分的，以东、中、西部地区为分析单位的区域差距。本书分析的主要是从前两者视角分析的。

教育政策不完善四个方面。第二个方面主要是指财政投入因素，主要包括教育财政经费投入结构不合理、三级教育投入分配结构不合理与地区间教育投入分配结构的不合理三个方面。第三个方面主要是指地理环境因素，其中包括地域位置对教育发展的制约和地理文化环境对教育发展效果的影响两个方面。最后，从实证角度主要分析了生均教育经费、收入水平以及地理区域对我国省级政府教育统筹发展效果不平衡的影响。从实证分析结果可知：

第一，我国基础教育发展的不均衡性，主要体现在区域差异、城乡差异、校际差异和群体差异等方面。总体上讲，教育发展四个方面的失衡要么呈现出扩大趋势，要么维持在高位失衡水平①。2002—2012 年，我国平均受教育年限从 7.73 年提高到 8.94 年，教育基尼系数从 0.246 降低到 0.215。② 我国教育发展呈现出相当严峻的不均衡性，除个别指标反映差距有所缩小以外，暂时缺乏足够有力的证据表明这种不均衡性得到了显著缓解。

第二，在教育资源配置方面，即“生均教育经费”对“人均受教育年限”存在重要的影响，虽然“小学生均教育经费”对“人均受教育年限”的影响效果不显著，但是“初中生均教育经费”对教育统筹发展效果有着明显的正向作用。初中生均教育经费的投入增加，一定程度上可以提高全国人均受教育年限，从而提高我国教育发展水平。

第三，在居民收入水平方面，即“人均 GDP”对“人均受教育年限”有着显著的正向影响。收入水平不均等程度越大，人均受教育年限差异也越大，即省级政府教育统筹发展效果均衡度越差。主要是由于收入水平高的地区，政府部门有足够的能力提供更多的教育资金，不断改善办学条件，且高收入水平地区的家庭对教育的支付能力也有所提升。从而，人均 GDP 的提高带动了区域内教育的均衡发展。

第四，在国家的财政投入方面，教育经费占财政支出比例对人均受教育年限有着显著的正向影响。教育经费占财政支出的比例越重，显著刺激地方政府的教育投资力度，促进教育的均衡发展。但目前，我国财政支出

① 吕普生：《中国义务教育发展的不均衡性及其决定因素——基于 2000—2008 年数据的实证分析》，《地方财政研究》2013 年第 9 期。

② 杨东平：《中国教育发展报告》（2014），社会科学文献出版社 2015 年版，第 46 页。

中经济建设费用与公共行政支出比例偏高，教育财政支出较小，影响了我国教育的均衡发展。因此，我国政府应当加大对教育的投入力度，提高财政教育支出水平，缩小各省（市、自治区）教育统筹发展效果差异。

第五，从地域位置来看，我国教育统筹发展水平呈现由东向西递减的过程，地区间教育发展差异客观存在。尤其是东部地区与西部地区之间的差距较为明显，与西部相比，东部地区的人均受教育年限大约是其一倍左右。地理环境对我国省级政府教育统筹发展的制约是十分突出的，特别是经济欠发达的西部地区，地理环境的制约作用更突出。

总之，由于教育资源配置即生均教育经费、收入水平、财政投入以及地理环境条件的差异，使得我国省级政府教育统筹发展效果有着很大差异。总而言之，主要是由于经济发展不平衡，它是造成中国不同省份之间教育资源分配不均衡的根本原因，而教育资源分配的不均衡又导致了地区间、学校间、城乡间教育有效供给的极大差距，从而导致全国总体教育发展不均衡现象的存在。

第七章　公共服务均等化与省级政府教育统筹发展效果提升对策研究

党的十八届三中全会通过的《中共中央关于全面深化改革若干重大的决定》对深化教育领域综合改革作出重要部署，明确提出要扩大省级政府教育统筹权。强化省级政府教育统筹权，必须围绕教育资源配置体制跟进“一揽子”改革，必须以统筹效果评价促进统筹，开展省级政府教育统筹发展效果测评，促进省级政府履职尽责。进一步提升省级政府教育统筹发展效果，必须按照国家关于推进教育综合改革的总体部署，针对影响省级政府教育统筹发展效果的体制机制因素，着眼教育财政资源配置与教育公共政策优化，理顺省级政府与中央和市县级政府之间教育职能关系，建立以省级政府为主的省域义务教育资源配置体制机制，建立健全省级政府统筹协调各部门联动的工作体制，推进省域范围内教育治理体系和治理能力的现代化。

第一节　健全省级政府教育统筹体制和扩大统筹权

省级政府教育统筹，不仅是党和国家的重要战略选择，而且是深化教育体制改革、促进我国教育治理体系与治理能力现代化的有力推手。伴随着省级政府教育统筹实践的不断发展，扩大省级政府教育统筹权、健全以省级政府为主的教育统筹治理体系，成为实现教育公共服务均等化、提升省级政府教育统筹效果的重要举措。因此，当前亟须逐步强化省级政府的教育统筹责任、有效理顺省级政府与中央和市县级政府关系、积极拓展省级政府教育统筹的新权限，促进省级政府教育统筹效果的优化和提升。

一　强化省级政府的教育统筹责任

省级政府作为我国相对独立的区域经济社会单位，相对于中央政府，它是地方政府，具有贴近基层、就近管理的优势；相对于市县级政府，它又是上级政府，具有较强的行政管理权威和统筹协调能力，担负着上承中央、下启基层的重要作用。基于省级政府这种“承上启下”的位置和作用，扩大省级政府教育统筹权、强化省级政府教育统筹责任，可以更有效地融合中央顶层设计旨意与基层政府的智慧与创新精神，兼顾中央与地方的权益，推进教育改革的深化。同时，也有助于缓解不同层级政府间财权与事权结构性不对等矛盾，增强省级政府统筹教育发展的主动性、积极性与创造性，从而有效突破与解决当前制约我国教育发展的重点、难点问题。可见，扩大省级政府教育统筹权、强化省级政府教育统筹责任既是深化教育领域综合改革的必然要求，又是回应与满足广大群众日益增长的教育需求的客观需要，其意义重大、势在必行。

增进使命担当、强化责任意识。增进使命担当、强化责任意识是强化省级政府教育统筹责任的重要前提。正确、崇高的使命感是促进省级政府高效、高质地履行其教育统筹责任的重要动力和基础。当前，我国教育改革和发展虽取得了诸多成就，但也面临着教育差距扩大化、教育矛盾激烈化等各种问题和挑战。为更好地面对与解决各种挑战与问题，推进教育治理体系和治理能力现代化的实现，亟须增进省级政府统筹教育发展的使命感和责任感，进而促使省级政府自发、自觉地担负起教育改革与繁荣的重任。增进省级政府教育统筹的使命担当，首先，需从顶层设计出发，在法律和制度层面明确提出扩大省级政府教育统筹权，规范省级政府的教育统筹责任和统筹行为，合理填补现阶段省级政府教育统筹发展中出现的各种漏洞。通过法律和制度所具有的刚性约束力来强化和提升省级政府统筹教育发展的使命感和责任意识。其次，从公众的教育需求和呼声着手来增进省级政府的使命担当。在我国，政府作为公众权益的代理人、作为基本公共服务的提供者，理应满足和维护公众的教育权益和需求。省级政府作为我国各层级政府中的重要一环、作为教育统筹发展的重要责任主体，面对公众日益增长的教育需求、日益扩大化的优质教育呼声，有责任、有义务增进教育统筹发展的使命感和责任感。所以，可以从公众需求出发，通过公众需求和呼声形成的软性约束力来增进省级政府实施教育统筹发展的使命担当。最后，从教育发展实际出发，通过教育差距数据的展示、教育矛盾激化画面的展示等途径，让省级政府深切感知当前教育改革和发展过程中面临的诸多挑战。同时，通过政策宣传、事实展示、公众话语等途径，让省级政府感知由其统筹教育发展所具有的独特优势，让其明白责任之巨大，总之，通过复合型的约束力无形中激励省级政府增进其使命感和责任感。综上所述，面对当前教育改革和发展过程中出现的各种教育挑战和问题，需要省级政府在把握教育发展大势的基础上，围绕经济社会发展的迫切需求、教育事业发展的薄弱环节和人民群众反映突出的问题，逐步增进其使命感和担当感，勇于担负起教育统筹发展的重担和责任。

培育责任文化、落实政策责任。强化省级政府的教育统筹责任，归根结底是要落实政策责任，政府及各个部门责任落实到位是保证改革顺利进行并取得良好成效的关键，这就需要积极培育责任文化，狠抓政策责任的落实。一是要培育良好的责任文化。一方面，尝试将省级政府增进的使命感、责任感内化为一种责任文化，使之成为一种常态，稳定地存在于省级政府教育统筹发展的全过程，为省级政府教育统筹发展实践提供长效的动力。另一方面，可以通过对先进典型的宣传来培育责任文化。通过省级政府教育统筹发展效果评价，发现教育统筹发展效果突出的省份，挖掘其效果突出背后独有的责任文化，并总结为经验予以宣传、推广。同时也可将效果突出的省份作为典型广泛宣传，激励其他省份增进教育统筹发展的责任感，并探索和培育具有自身特色的责任文化，促进教育统筹发展效果的提升。二要狠抓政策责任落实。各省（市、区）要在中央的统一领导下，根据经济社会发展需求、本地区教育发展现状以及教育资源承载能力，积极贯彻落实《关于进一步扩大省级政府教育统筹权的意见》（参见附录1）对省级政府提出的“统筹区域教育、统筹区域教育现代化进程、统筹教育与经济社会协调发展、统筹城乡区域教育协调发展、统筹各级各类教育协调发展、统筹保障教育经费投入、统筹深化教育综合改革、统筹教育改革发展稳定”等各项任务和责任。为更好地落实各项责任，要探索建立政府统筹协调、各部门联动的工作体制，各部门齐抓共管、统一规划，协同推进，切实将省级政府教育统筹综合改草各项任务与责任落到实处。

完善责任督考、促进责任追究。对省级政府的教育统筹责任履行进项督导与考核，是发现政府失责的有效工具，是实施责任追究的重要前提，是强化政府责任、践行政府责任的重要保障。因此，需结合《国家中长期教育改革和发展规划纲要（2010—2020）》（简称《教育规划纲要》）关于“完善督导制度和监督问责机制”“探索建立相对独立的教育督导机构，独立行使督导职能”的要求，探索实施省级政府教育统筹发展责任督考，推进省级政府教育统筹发展责任的强化。完善责任督考，督促教育统筹发展责任的落实，一要建立督导考评制度。督导考评的制度化是保证责任督考规范化、常态化开展的重要基础，没有责任督考的制度安排，责任督导考评的效用将被大大弱化。完善责任督导考评制度，一方面需要加强责任督导考评法制建设，通过立法确定责任督考的地位和作用，改变目前责任督考不稳定、不规范的状态。另一方面，需细化责任督考工作，明确责任督导考评的范围、内容、程序等，使责任督考各项工作有章可循，成为可预期的制度。二要明确督导考评的内容和方式。将综合督导与专项督导、自上而下与自下而上考评相结合。对省级政府统筹教育发展情况进行综合督导，考评责任履行情况及取得的成效；对省级政府统筹经费投入、师资调配等教育统筹发展的重点工作进行专项督导，督促省级政府切实落实教育统筹发展的各项责任。同时，既需要中央政府对责任履行情况进行监督与考核，也需要省域范围内各市县对省级政府教育统筹责任履行情况进行监督与评价，多主体、多方式地进行责任督考，保证责任督导考核的效用得到最大程度的发挥。三要优化责任督导考评队伍。创新督考队伍建设与管理，加强责任督考队伍培训，推进督考队伍专业化，为发挥责任督考作用提供有力保障。总之，在完善责任督考的过程中，坚持“制度保督考、队伍强督考、创新促督考”[①] 的责任督考思路，务实推进，充分发挥责任督考对省级政府教育统筹发展责任强化、落实的保障作用。

二　理顺省级政府与中央和市县级政府关系

理顺省级政府与中央和市县级政府的关系，是健全省级政府教育统筹体制、推进省级政府教育统筹发展的客观要求。如何理顺省级政府与中央和市县级政府的关系，受到一国政治、经济、文化等多重因素的影响和作用，因此，需在综合考虑我国政治体制、经济发展、历史传统等多重因素的基础上，坚持立足国情、权责对称、充分发挥各主体积极性等原则的前提下，寻求理顺省级政府与中央和市县级政府关系的有效途径。

1. 理顺省级政府与中央和市县级政府关系的原则

一要立足国情。要在综合考虑我国国体、政体等因素的基础上，正确把握我国当前政治体制改革、经济改革、社会改革步伐和进度的前提下，

① 周旭、赵为粮：《重庆市统筹城乡教育改革体制机制创新》，西南师范大学出版社 2014 年版，第 102 页。

合理把握和处理当前存在的各种利益冲突和社会矛盾的条件下，理顺教育统筹发展过程中省级政府与中央和市县级政府的关系。

二要发挥各主体的积极性。不管如何调整各层级政府间的权责关系，保证各主体的积极性是重要前提。只有发挥了各主体的积极性，才能有效调动其主动性与创造性，才能有效促进各层级政府全力履责、服务大众。因此，理顺教育统筹发展过程中省级政府与中央和市县级政府的职能、权力、组织、利益等各项关系时，必须充分考虑各主体的积极性，保证省级政府教育统筹综合改革的顺利推进。

三要坚持权责对称原则。在我国，政府由多个层级构成，政府的层级属性决定了政府的层级职能有差异，权责重点各不同。[①] 权力与责任对称，是各层级政府稳定、和谐共存的重要条件，坚持权责对称，也能有效避免各层级政府关系的失衡和各自功能的紊乱。因此，在调整省级政府与中央和市县级政府的关系时，需坚持权责对称原则，保持各层级政府间的平衡与稳定，最大限度地发挥各层级政府的教育统筹功能和作用。

2. 合理界定省级政府与中央和市县级政府的教育统筹责任

教育统筹发展政策明确的第一要素，就是教育由谁来统筹，即统筹权和统筹责任归属问题。[②] 针对前文中阐述的教育统筹政府间权限划分不清、财权与事权结构性不对等问题，需采取系列措施，明晰各级政府在教育统筹发展过程中的责任定位和责任范围，厘清各级政府间的权责关系。

一方面，要明晰省级政府与中央政府的责任定位。相较于省级政府而言，中央政府掌握着更广泛的财政和政策工具，[③] 考虑的是全国教育事业的发展，代表的是全局利益、整体利益。同时，综合其调控能力强、财力雄厚等优势，立足于引导、规制、调节、督导等教育宏观层面，将中央政府的责任范围定位于制定教育统筹发展规划、出台指导教育统筹发展的方针政策，健全教育统筹发展的体制机制，实施促进教育统筹发展的重大项目，督导省级政府教育统筹发展工作等方面，推动优

---

① 赵永辉：《各级政府在义务教育均衡发展中的责任及履责成效》，《教育学术月刊》2015年第7期。

② 盛明科，朱玉梅：《我国教育统筹发展的政策变迁：问题及改进思路》，《理论探索》2014年第4期。

③ 陶勇：《地方财政学》，上海财经大学出版社2006年版，第17页。

质教育资源共享。而省级政府作为省级政府教育统筹发展的“直接责任人”“第一责任人”，主管省域范围内的教育事业，是教育统筹综合改革的主导者，是教育统筹任务的具体执行者。[①] 相对中央政府而言，省级政府具有贴近公众的优势，更了解省域内公众的教育需求和偏好、更真实地掌握省域内教育统筹发展的进展情况，因此对教育统筹发展适合担负统筹、调配、整合、执行等责任，承担统筹省域范围内教育与经济社会协调发展、统筹省域范围内各级各类教育均衡发展、整合区域内教育资源优化配置、对教育统筹发展进程进行督导评估等职责，努力扮演好省域内教育体系的构建者、教育发展的规划者、资源配置的决策者、教育条件的保障者等角色。[②]

同时，为更好地贯彻落实十八届三中全会关于扩大省级政府教育统筹权的部署，以及《关于进一步扩大省级政府教育统筹权的意见》中关于扩大省级政府教育统筹权提出的系列意见和要求，调整好省级政府与中央政府的关系，还需中央有关部门简政放权，在对教育行政职权进行研究的基础上，根据权力的性质和种类，把可以下放的权力下放给省级政府、下放给社会和学校等，[③] 打破以前中央政府“不愿放”“不敢放”的局面；改进中央政府的管理方式，改变对教育统筹发展管得过多过细的局面，减少中央的“越位”行为；同时加大对扩大省级政府教育统筹权的支持力度，把由省级政府管理更方便的教育事项一律下放到省级政府管理，让省级政府真正成为教育统筹的主要责任主体，通过其统筹、平衡与协调，实现教育综合改革事实利益与价值利益的最大化。

另一方面，要厘清省级政府与市县级政府的责任范围。促进教育统筹发展、均衡发展是各级政府的共同责任。健全省级政府教育统筹体制，理顺各层级政府间的关系，不仅需要明晰省级政府与中央政府的职责范围，还需厘清省级政府与市县级政府的责任范围。

---

① 盛明科、朱玉梅：《义务教育统筹发展的几点思考——基于 1979 年～2013 年国家教育文本分析》，《理论探索》2015 年第 4 期。

② 赵冬冬：《省级政府教育统筹综合改革：要到位、不越位、不缺位——“省级政府教育统筹综合改革”观点综述》，《河南教育》2011 年第 3 期。

③ 李立国：《省级教育统筹的权力约束机制》，《国家教育行政学院学报》2015 年第 5 期。

相对于省级政府而言，市县级政府的调控和财政能力相对较弱，更多的是扮演政策执行者的角色，其责任范围主要涉及市域与县域范围内的教育统筹规划，落实中央与省级政府的教育统筹政策，落实师资、财力等教育资源的配置等。作为与财力、师资以及各级各类学校等统筹对象直接相关联的统筹主体，其统筹行为是省级统筹的重要补充和支撑，其政策执行力度也将直接影响省级政府教育统筹的效果，因此，需要将一些适宜下放的教育管理权限及时下放给市县级政府，并辅之以较强的财政激励方式，充分发挥和调动市县级政府统筹教育的优势与积极性。同时，加强对市县级政府教育统筹的监督与评价，在放权的同时强化权力约束，促进"市级统筹""县级统筹"绩效的提升，最终助推省级政府教育统筹效果的提升。但考虑到大多数市县级政府的财力和物力比较薄弱的现实，无力担负区域内教育统筹发展的责任，因此，在调动市县级政府教育统筹积极性的同时也需加大省级统筹，由省级政府来担负教育主要财政责任，以此来使市县级政府的财政压力得以减轻。同时，尽可能上收教育事权，将基层政府承担的教育责任逐步上移至省级以上人民政府，尽可能地保证教育经费投入的稳定来源，尽可能的减弱区域间、城乡间、校际间教育经费差距突出的程度，从而为省域范围内教育的均衡发展提供保障。不同层级政府间的责任划分大致如图 7—1 所示。

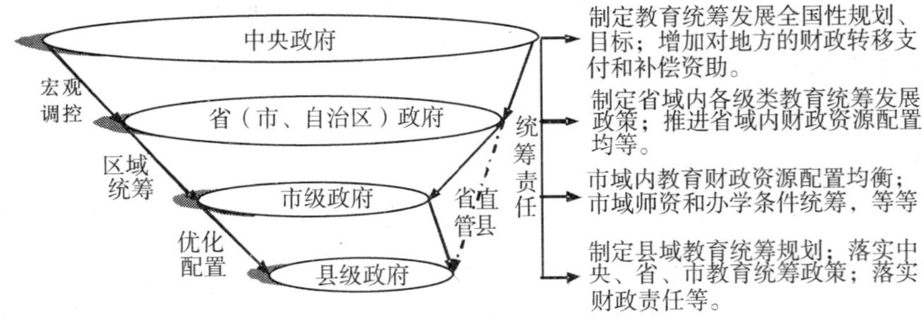

图 7—1　不同层级政府间的教育管理责任划分

我国是一个地域辽阔、人口众多、教育规模大、区域经济发展不平等程度非常高的大国。由于"地方政府"在我国是一个包括省、市、县、乡镇在内的多级结构，是一个指向模糊且没有确切权责担当的政策主体，在教育统筹发展过程中存在责任边界不清、职责划分含糊、统筹乏力等突出问题，导致不同层级政府教育统筹发展事权和财权的结构性矛盾，形成教育资源配置失衡的制度性根源。因此，科学配置教育统筹财权和事权，合理建构政府教育统筹体制机制，是关系到政府教育统筹发展效果改善的一个关键问题。地方政府教育统筹职能与责任的划分，应该与中央和地方政府的划分相同，但较低一级政府承担教育统筹责任需要具备两个条件：一是能对辖区内居民的教育需求做出积极回应，有能力统筹教育发展；二是通过教育财政转移支付制度能够有效解决较低一级政府事权与财权不对称的矛盾。[①] 如果不具备这两个条件，教育统筹职能就不能过多地由较低一级的地方政府来承接。以往，我们把教育政策的制定和教育评价的基点建立在县级层面，但笔者认为应将基点建立在地级市政府或者省级政府层面。围绕教育的科学规划、资源布局、体制机制、综合实力、社会声望等多方面来建立科学的评审、监测以及督导、反馈、跟踪、调整等全方位的监督机制。

三　积极拓展省级政府教育统筹的新权限

作为当代中国教育改革与发展的核心主题，省级政府教育统筹发展将面临一系列“统筹”难题，既有教育系统内部本体意义上的统筹困扰，又有外部各种经济、社会和政治既得利益集团相互之间，他们与政府及其部门之间展开的深层次利益博弈。[②] 为有效应对各种教育统筹困扰以及处理好省级政府教育统筹与政治、经济、社会之间的关系，亟须健全省级政府教育统筹体制，拓展省级政府教育统筹新权限。

当前，省级政府教育统筹实践任务艰巨、工程浩大，面临不少问题与困扰。教育系统内部本体意义上的统筹困扰便是其中之一，主要表现为统筹主体间协调性不够、统筹对象与统筹要素类别均衡性差、统筹内容系统性不够等。为妥善处理这些问题和困扰，就需积极拓展省级政府新权限，一方面，拓展省级政府纵向新权限。统筹安排好中央政府下放的权力以及市县级政府适当上移的财权、事权等，通过整合使之成为省级政府的新权限，并健全权力约束机制，避免调整后权力与责任被搁置。通过拓展省级政府纵向新权限，有效解决不同层级政府间“越位”“错位”现象，增强

---

① 范先佐：《教育资源配置：政府应起基础性作用》，《河北师范大学学报》（教育科学版）2006 年第 2 期。

② 李涛、宋玉波：《中国统筹城乡教育综合改革的全景探析：从历史到现状》，《江淮论坛》2011 年第 1 期。

统筹主体间的协调性。另一方面，积极拓展省级政府横向新权限。积极拓展省级政府在教育统筹改革新领域、薄弱领域的权限。在强化省级政府在重点难点改革领域权限的同时，积极拓展省级政府在进城务工的农民工子女教育、在线教育、“小微学校”和高校科研等新领域的权限以及在学前教育、各级各类教育结合部、教育监督与评价等薄弱领域的权限，结合原有权限进行强化，切实提升教育综合改革的综合性、系统性、协调性，推进教育系统内部统筹困扰与问题的解决。

省级政府教育统筹综合改革具有配套性，主要体现为省级政府教育统筹改革必须为总体目标服务，即省级政府教育统筹综合改革必须在经济社会统筹改革的总体环境中来思考与分析教育统筹要素的省级统筹。教育改革关联于经济社会等各项改革，也就无法避免与经济、社会和政治既得利益集团之间发生各种利益博弈，为保证教育改革的效益，必须处理好省级政府教育统筹综合改革与政治、经济与社会改革和发展的关系。当前，教育发展过程中区域、城乡、校际差距的产生与扩大，无不与各地间政治、经济与社会发展的不平衡性相关联，由于区域间、城乡间经济发展水平、居民收入、教育政策等差异的存在，导致各地教育投入差异明显，进而造成教育差距的产生与扩大化。为改变当前区域间、城乡间、校际间教育的失衡发展，不仅需要省级政府统筹好传统的城乡、校际、区域教育均衡发展，也需积极拓展省级政府在统筹教育与经济、社会协调发展方面的新权限，使省级统筹不再单纯强调教育的均衡发展，而是要从教育与经济社会发展同步规划、同步实施、同步考核等方面来部署教育发展，促使省级政府“跳出教育看教育”，更加注重统筹教育与政治、经济、社会的协调发展，从根本上解决教育差距产生的诱因，避免新一轮教育差距的产生与扩大。

第二节　把握省级政府教育统筹的重点领域

贯彻落实党的十八届三中全会通过的《中共中央关于全面深化改革若干重大问题的决定》和《国家中长期教育改革和发展规划纲要(2010—2020年)》精神要求，统筹推进各级各类教育均衡发展，提升省级政府教育统筹发展效果，除了要扩大省级政府教育统筹权，健全以省为主的教育统筹治理体系外，还必须坚持以问题为导向，从影响和制约省级政府教育统筹发展效果的关键要素发力，深入各级各类教育、区域、城乡、校际之间教育均衡发展面临的诸多深层次矛盾，科学把握省级政府教育统筹的重点环节和关键问题。

一　推进区域间基础教育均等化发展

相对于中央来说，省级政府具有贴近基层、就近管理的优势。按照《教育规划纲要》对各级政府教育管理责任的明确划分，中央政府主要负责全国教育事业的统一领导和宏观管理，省级及省级以下政府主要承担国家教育政策的落实和日常事务管理。按照层级管理从属原则和职责划分，国家不同省域间教育均衡发展应该通过中央政府的政策调控、财政转移支付和对落后地区的倾斜政策完成。省域内不同区域间由于经济发展、居民收入、地方教育投入水平、地区基础条件和教育政策等各种差异致使基础教育发展严重失衡，必须充分发挥省级政府教育统筹的主动性、积极性与创造性，通过省级政府教育资源优化配置，切实推进区域间基础教育均等化发展。

1. 建立省域内跨区域“以县为主”的教育财政转移支付制度

教育财政转移支付制度是上级政府为确保各地区之间教育支出水平大体平衡，将本级财政资金转作下级政府收入的一种经费援助制度。[①] 建立省域内“以县为主”的教育财政转移支付制度，目的在于强化对省域范围内落后地区基础教育的财政补助，推进省域范围内基础教育的发展均衡。

随着基础教育经费统筹层次逐步提高，上级财政转移支付往往成为省以下地方政府义务教育经费的主要来源。[②] 省级以下的财政转移支付在基础教育财政收支过程中扮演了极其重要的角色，是有效保障省域范围内不同区域间基础教育均衡发展的生命线。本书第六章的分析结论显示，教育财政投入的区域水平差异是导致基础教育发展水平失衡的重要因素，县级政府教育财政投入缺口庞大[③]、省级政府对省域内教育财政转移支付统筹

---

① 陈东平、蒋晓亮：《江苏省义务教育财政转移支付的现状研究》，《南京审计学院学报》2007 年第 3 期。

② 姚继军、张新平：《省以下财政转移支付保障义务教育发展的绩效、问题与改进》，《教育学报》2014 年第 4 期。

③ 卜紫洲、侯一麟、王有强：《中国县级教育财政充足度考察——基于 Evidence—based 方法的实证研究》，《清华大学教育研究》2011 年第 5 期。

式微，是制约统筹发展效果的关键。为缓解当前区域间教育财政投入结构的不合理问题，提升区域间教育财政转移支付制度绩效，要建立省域内跨区域“以县为主”的教育财政转移支付制度。

省级政府要依据不同区域财力状况及基础教育发展水平高低，通过科学合理地测算，确定教育财政转移支付资金的结构和规模。经济发达地区据此得出结果，调剂适量的财力直接划拨给欠发达地区。由过去的“暗补”向“明补”转变，不仅使财政转移透明度增加，而且使欠发达地区获得了更多的教育经费，有利于平衡基础教育的投入水平，推进区域间相互支持与协调发展。在此，省级政府需明确以下三点：一要瞄准定位，清晰目标。定位上，跨区域教育财政转移支付应作为纵向转移支付的有效补充；目标上，通过教育财政资源互补，实现区域间基础教育财政均等化。二要机制保障，即坚持“两条腿”走路。通过市场规则，建立科学规范的“共赢”机制，鼓励引导区域间开展自愿性的教育财政转移支付；通过省级政府统筹，建立“均等化基金”机制，发达地区向该基金贡献一定比例的财政收入，欠发达地区可从该基金中获得一定的拨款，由此形成“削峰填谷”机制。三要辅以相关配套措施。当前，最重要的是省级政府要在制度上明确跨区域教育财政转移支付的原则、目标、方法等内容，增强跨区域教育财政转移支付的权威性；设立跨区域教育财政转移支付管理的专门机构，可考虑由各市派出的代表共同组成；构建跨区域教育财政转移支付的标准体系，配合安排纵向转移支付资金，有效平衡“削”与“填”，各有侧重，统筹安排；完善跨区域教育财政转移支付的监督机制，形成社会监督、审计监督与财政监督相结合的立体监督模式，确保专款专用，杜绝截留挪用，保障资金规范、安全和有效运作。

2. 健全省域内“市管校用、全省统筹”的区域教师流动制度

实现教育公平的关键在于师资队伍建设，只有统筹不同区域间师资配置公平才能实现教育质量的公平。当前，国家采取一系列措施推进区域间师资优化配置，如组织实施免费师范生培养计划、建立城乡校长教师交流轮岗制度、吸引优秀教师到落后地区任教、整体提高农村教师业务水平等，但不同区域间学校师资力量配备差异仍然存在，优质师资由经济落后地区向经济发达地区、薄弱学校向优质学校“只出不进”式单项无序流动。这种流动违背了流动政策的初衷，造成了优质教师资源过度集中在经济发达地区的优质学校，加剧了师资在各区域学校之间质量差异的扩大

化，导致师资质量非均衡分布态势更加突出。推进优质教师资源优化配置，控制优质教师资源的单向无序流动，重点是要健全省域内“市管校用、全省统筹”的区域教师流动制度。

为确保区域间学生都能接受到高质量的基础教育，省级政府要采取“刚柔并济”的模式，可以尝试先以市、县为实施单位，加快顶层部署，尽快建立健全教师流动的相关配套政策，推动流动机制常态化和定期化，使区域间教师流动尽快踏上快车道；更新教师终身一校的理念，由“学校人”向“系统人”转变，建立灵活的用人机制，实行统一聘任、统一管理、统一配置；不断创新交流方式，放大优秀师资资源的辐射效应，如实施“名师名校长交流特聘岗计划”①，组织师徒结对、骨干教师巡回授课、紧缺专业教师流动教学、对口支援等活动，定期举办互动式的示范课、观摩课、研讨会等；强化校长教师流动的激励保障机制，确保优秀教师能“下得去，留得住，教得好”，防止城乡教师由“定期轮换”变成“定期折腾”。2015 年江西省选取南昌市、宜春市两个设区市作为全面推广义务教育学校校长、老师交流轮岗改革试点市，其他设区市应在之前试点的基础上增加一定的试点县（区），逐步推进。江西省要求各地教育行政部门主动会同有关部门在核定的教职工编制总量内，按照“严控总量、盘活存量、优化结构、增减平衡”的要求，采取互补余缺、有增有减的办法，统筹安排用于交流轮岗；结合本地实际对校长教师交流轮岗给予必要的经费支持；加大教师周转宿舍建设力度，交流轮岗校长教师优先使用教师周转房；在绩效工资分配中，对参与交流轮岗的校长教师予以适当倾斜，在艰苦边远地区特殊津贴发放中，交流轮岗校长教师享受流入学校的同等待遇；严格执行专业技术职称评聘与农村任教经历挂钩的政策。对参加交流轮岗并做出突出贡献的校长、老师，在评优评先中予以倾斜，并按国家有关规定予以表彰奖励；在各类评优评选中，向有交流轮岗工作经历的校长、老师倾斜，加大优秀交流轮岗校长教师的表彰宣传力度。② 目前，我国部分地区开展了相关探索，各省级政府应及时组织交流，积极学习经验，确保区域间不同地区、不同基础的学校“轮流”得到优秀老师，

---

①　王强：《2013 年我国强力推进义务教育均衡发展》，《中国教育报》2014 年 1 月 3 日。

②　徐光明：《江西：68 个市县实行义务教育学校校长教师交流轮岗》，《中国教育新闻网》2015 年 7 月 20 日。

实现基础教育发展的均等化。

3. 构建区域教育质量一体化测评体系

质量是教育的生命线。推进省域范围内基础教育统筹，重点在于统筹教育发展的结果和质量。《教育规划纲要》明确提出，“提高质量”是现阶段我国教育领域综合改革发展的核心任务。区域间基础教育差距最终体现为教育质量的差异。统筹区域基础教育均等化发展单纯依靠政府重视和政策改变远远不够，还需要建立完善科学合理的教育质量一体化测评体系。构建区域教育质量一体化测评体系，省级政府需着力做好以下工作。

第一，构建科学合理的测评指标体系。判断区域教育质量一体化状况及其程度，需要一把科学合理、易于测量的“尺子”，也就是测评指标体系。指标体系的制定要重视区域学生的全面发展，重视过程性评价，重视测评的导向作用，其结果要能进一步促进区域基础教育质量的整体提高。测评中除了要统一标准，还需考虑欠发达地区学校自身的特点，鼓励其发挥特长，并当作额外的加分标准。此后，将测评指标体系试行本进行公示，并执行一段时间，在广泛听取各界意见和进行实践检验的基础上完善并最终确定区域教育质量一体化测评指标体系。

第二，注重测评主体和方式的多元化。健全测评主体的结构，由于测评主体的性质决定了测评的信度，单一的上级测评主体对测评的质量和可信度会产生一定的影响，可考虑由政府、社会、学校和家长等共同参与测评，或聘请独立的专业化测评机构；建立立体测评模式，采取上级测评和下级测评相融合，量化测评和质化测评相结合的测评方式，从客观指标评估与主观感受评价相结合的角度进行立体考察，多向度地问责区域教育相关行政领导与学校校长的教育质量“行为”，体现政府办教育“人民满意”的理念。

第三，制定严格的测评结果奖惩制度。严格具体奖惩制度的制定程序，严格奖惩标准，严格制度的具体操作过程。确定奖惩标准时，数字、条目等要求要具体，奖的力度要达到“动力”的程度，惩的力度要收到“反者道之动”的效果。同时，测评结果若达到一定的标准可考虑给予奖励，否则要受到惩罚。具体来说，科学设定一个基本的标准线，达到或超过该标准按成绩高低通过一定形式给予不同程度的奖励，如政绩考核加分、物质奖励、在此后的款项划拨等方面优先安排。只有抓好教育质量一体化测评，才能整体提升区域教育质量，更进一步促使区域间基础教育均等化教育目标的顺利实现。

二　促进城乡义务教育资源均衡化配置

教育资源在城乡地区之间的均衡性配置，是实现城乡教育优化发展和提升我国教育水平的基础性保障。[①] 在本书的第六章中，影响省级政府教育统筹的影响因素显示，受长期存在的城乡二元社会结构、精英化教育模式（重点学校制度）和教育宏观政策不完善等因素的影响，我国普遍呈现义务教育资源配置严重失衡问题，带来了一系列诸如择校乱收费、上学贵、上学难等社会问题。义务教育法明确规定了“国务院及各级人民政府应当合理配置教育资源，促进义务教育均衡发展”。党的十八大也具体指出，要大力促进教育公平，必须合理配置教育资源，努力办好人民满意的教育。因此，在当前省级政府教育统筹发展的宏观背景下，要立足于城乡义务教育不同发展层次的客观现实，用统筹的思路和策略切实保障城乡教育资源合理分配，使城乡义务教育鸿沟得以弥合，城乡义务教育裂痕得以愈合。

1. 调整城乡义务教育经费投入结构

教育要发展，经费是基础。以农村生均预算内教育经费支出占总体平均数的比例这一指标来评价教育财政投入的城乡均衡度，20 世纪 90 年代中后期，农村的生均预算内经费投入普遍不到平均值的 80%，2011 年农村生均预算内经费占总体平均数的比例达 95%，表示义务教育财政投入城乡均衡有明显的改善，但是农村地区依然要低于城市地区。[②] 对农村教育而言，这一问题一直没有得到根本解决。为此，促进城乡义务教育资源均衡化配置，应从调整义务教育财政投入的结构，完善城乡义务教育经费合理分配机制，确保教育经费的投入均衡合理等方面着手。

2006 年，我国开展农村义务教育经费保障机制改革，实行“经费省级统筹、管理以县为主”的体制。省级政府相对县政府拥有较强的财政实力，更有能力承担省域内义务教育经费投入责任。因此，在当前教育投入上升为“以省统筹”的制度背景下，省级政府要充分发挥宏观调控责

---

① 肖霄：《浅谈城乡一体化的义务教育资源均衡配置问题与措施》，《吉林省教育学院学报》2015 年第 5 期。

② 杨东平、黄胜利、邓峰：《中国教育发展报告》（2014），社会科学文献出版社 2014 年版，第 83 页。

任，发展区域经济，构建省级统筹的教育经费保障机制。要遵循“雪中送炭、抬高底部、倾斜薄弱、补齐短板”原则，在增加教育经费投入总量的基础上重点向农村倾斜和补偿，细化农村倾斜政策的内容，加大农村地区教育经费的投入力度，改变因城市学校投入多而对其经费进行削减，农村学校相对投入少而对其经费进行增加的做法，经费的投入应着眼城市和农村学校在义务教育中的薄弱环节。

同时，在教育财政投入方面，要从过去教育普及性的投入机制，转型到建立省域范围内投入结构动态调整机制和投入绩效评价制度，进一步思考如何用政策与制度安排来保障财政投入结构的优化和绩效。要完善财政转移支付力度，设立农村义务教育专项资金，为防止教育财政资金被层层截留，可以设计专项转移支付渠道，将其经费直接拨付到各地方的农村义务教育专项资金账户。要拓宽教育经费的筹资途径，开辟广阔的财政来源。为解决教育经费短缺问题，促进教育经费来源多元化，世界各国都在不断地探索义务教育经费筹措方式。发达国家，如美、日、法、英等国筹措义务教育经费最主要的方法有扩大政府财政拨款渠道、开征教育税、募集社会捐赠、发行专门的教育彩票，等等，这些经验值得学习。

2. 推进城乡一体办学标准化建设

自教育部下发《关于进一步推进义务教育均衡发展的若干意见》以来，“全国各省把推进义务教育阶段学校标准化建设放在更加突出的位置”。[①] 办学标准化学校中“标准”指的是办学条件的标准，此标准以相关法律、法规为依据，是针对全国或者区域内义务教育阶段中小学校的师资队伍条件和物质条件等方面而制定的相对统一的准则。城乡一体办学标准化建设的目标可以总结为四点：关于教育立法方面，制定城市与农村之间的办学经费划拨制度；关于教育平等方面，帮助薄弱学校达到最低标准，遏制某些学校的过度超标行为；关于学校自身生存方面，在基本均衡的办学条件下，凸显学校的办学特色，促进学校教学质量的提高；关于教育可持续发展方面，用发展的眼光来构建和完善适时适地的办学标准体系动态调控机制。

---

① 梁伟国：《办学条件标准化成为义务教育均衡发展的关注点》，《人民教育》2005 年第 24 期。

为实现此目标，省级政府一要制定出省域城乡一体的办学标准。相关部门应对照国家出台的办学条件标准，立足于本省不同地区经济和教育发展状况的实际，对中小学设立的标准进行明确规定，某一，学校班级数目、学校班额人数、学校建筑面积、学生宿舍面积、教学仪器配备、师资配置、实验器材、图书配备等，在改造薄弱学校和建设新校时以此为参照，使所有义务教育学校都可以具有较均衡的师资队伍与物质条件，达到大致均等的办学起点，从而形成相对公平的竞争舞台。二要兼顾办学水平。仅仅在办学硬件水平上推行标准化是远远不够的。在关注提升办学硬件水平，如教学仪器配备、教育经费等方面时，也要注重扶持城乡的教师素质、教学质量和学校内生力等办学软件水平。三要建立办学标准化监测机制。标准的制定是重要的，但标准的执行更为重要。为保证各地学校办学标准的实施，在全省范围内对办学情况进行动态监测，对没有达到规定最低标准的地区，通过督导检查，使其尽快达到规定的办学要求。

值得注意的是，城乡一体办学标准化建设并非“统一化”建设。在办学具体的标准设定上要因地制宜，切忌“一刀切”。其一，在人口密集、交通便利的发达地区，可通过撤并整合，集中化办学；在人烟稀少、交通不便的落后地区，则实行单班学校等小规模办学模式。其二，办学标准化建设也不是城市与农村间学校的平均发展、“削高补低”、“截长补短”。在帮助农村学校与薄弱学校办学尽快达标的同时，要确保已达标学校的正常发展，从而整体提升城乡学校的教育水平。其三，办学标准化建设并不是要求千校一面、整齐划一，办学标准仅仅针对的是学校的办学条件。学校允许保留各自的教育教学方式、管理风格等，以办学条件基本均衡为前提，鼓励学校办出特色，公平有序竞争，激发学校活力。此外，推进城乡一体办学标准化建设的进程中，对于出现的部分学校办学条件过度超标的问题，政府在义务教育办学条件上也应限定“最高标准”，遏制建设高投资的豪华学校，避免“锦上添花”似的过分投入。

3. 优化城乡义务教育师资合理配置

城乡义务教育均衡发展的重中之重在于城乡师资的均衡配置。① 当

① 符淼、何森林、邓泽军：《城乡义务教育师资均衡发展的机遇与挑战》，《教育与教学研究》2013 年第 5 期。

前，因城市拥有优越的工作条件，较高的工资福利待遇等绝对优势，对农村地区的教师形成一种极强的“吸管效应”，农村义务教育师资数量结构不合理，师资力量较为薄弱，师资非均衡配置等问题依然凸显。教育部颁发的《县域义务教育均衡发展督导评估暂行办法》《关于加强基础教育办学管理若干问题的通知》及《关于进一步推进义务教育均衡发展的若干意见》，都明确规定了要统筹城乡教师资源，加强农村学校和城镇薄弱学校师资队伍建设。合理配置城乡义务教育师资，对打破农村义务教育师资配置的瓶颈，扩大优质师资的辐射面，从而满足广大农村地区学生对优质教育资源的渴求有着极为重要的意义。

为切实保证广大农村学校得到同等的教师资源，最根本的是要提高教师工资待遇，为他们扎根农村提供物质保障。省级政府要根据国务院办公厅最新印发的《乡村教师支持计划（2015—2020年）》要求，加大省级统筹力度，依法依规落实农村教师工资待遇倾斜政策，逐步建立以省级统筹为主的义务教育学校教师绩效工资保障机制，确保农村教师工资与地方公务员工资同步。完善农村教师的各项社会保障机制，建立城乡一体的教师社会保障制度，尤其是医疗保险、养老保险和失业保险、住房公积金等方面。适当提高农村教师的岗位津补贴标准，设立专项资金给予生活补助，并依据学校的边远艰苦程度，实行阶梯式补助标准，“越往基层、越是艰苦、待遇越高”，比如，日本把学校分成“准偏僻地区”和偏僻地区1—5六个等级，并给予额度为基础工资25%的津补贴；如尼泊尔根据学校所在地的偏僻和艰苦程度，向教师加发20%—100%的工资和边远地区津贴，偶尔也会超过100%。

编制上确保农村学校教师需求。省级政府要认真贯彻落实国务院新要求，“对中小学教职工编制总量要根据教育事业发展规划、生源变化和学校布局调整等情况每两年调整一次，实行动态管理”。同时，遵循现代化、信息化和优质化的要求，综合考虑教师的专业结构、年龄梯队等诸多因素，按城市标准来统一核定农村中小学教职工编制，适当向农村学校倾斜；探索“校师比”或者“班师比”的教师编制核定方式，如浙江省对山区、海岛等边缘地区，在校生人数200人以下的农村小学，按照平均每班1.6名的班师比核定教职工比例编制；新入职的青年教师要优先满足农村学校的需求，确保城乡义务阶段的中小学骨干教师比例、中高级职称教师比例以及专任教师学历达标率基本均衡，着重解决教师全覆盖问题，努力为每一所学校配齐配强专任教师。

完善农村教师队伍的补充机制。《国务院关于加强教师队伍建设的意见》（国发［2012］4号）提出"中小学教师队伍建设要以农村教师为重点、采取倾斜政策，切实增强农村教师职业吸引力，激励更多优秀人才到农村支教"。因此，省级政府均衡配置教师资源应从"政府主导型"向"政策引导型"转变，积极引导优质师资自愿流动到农村地区。据统计，有67.2%的地方以发补助、奖金、晋升优先等作为城乡师资均衡配置的重要政策工具①，《中共中央国务院关于深化教育改革全面推进素质教育的决定》也明确提出"城镇中小学教师原则上要有一年以上在薄弱学校或农村学校任教经历，才可聘为高级教师职务"。加大对师范院校的改革和扶持力度，通过免缴学费、扩招计划等优惠政策，吸引优质生源报考师范院校，引导和鼓励优秀毕业生自愿去农村任教。同时，除了要对"免费师范生计划"进行改革完善外，还要继续推进"定向培养"②"特岗计划"，探索建立"农村教师硕士计划"。政府还可根据当地学校的需要购买教师岗位，让新上岗的教师先到最需要的农村学校任教，等等。

三　加快推进农村教育均衡发展

截至2012年，全国共有155008所乡村小学和62544个教学点。如此数量庞大的农村学校让我们无法忽视农村教育问题。作为三农工作的重要组成部分，农村教育是关系国家经济发展和社会进步的重大问题。尽管伴随着社会经济的发展和《国家中长期教育改革和发展规划纲要》的实施，省级政府越来越重视农村教育事业，但是，由于受长期存在的农村资源环境条件以及城乡二元结构等现实因素的影响，农村教育的落后现状没有得到根本改变，在质与量方面都与城市教育存在较大差距，依然是省级政府教育统筹的短板。"求木之长，必固其根；欲流之远，必浚其源。"省级政府必须增强加快发展农村教育事业的使命感和责任感，高度重视农村教育发展中面临的"旧痛新伤"，采取切实可行的措施，认真加以解决。

---

①　杜永红、张艳：《县域内义务教育师资均衡配置的阻碍因素分析》，《湖南科技大学学报》（社会科学版）2012年第7期。

②　所谓定向培养，即通过合同形式选招部分优秀学生委托相关高校培养，毕业后分配到生源所在地的村小或教学点任教的教师培养模式。

1. 积极推进农村学校基础设施建设

教育活动的顺利开展需要良好的设施和环境。当前，农村学校的办学成本高、教学条件差、图书及多媒体等重要设施严重不足等已是不争的事实。据2010年的统计，城市校均拥有计算机80台，而农村仅7.5台，比例相差超过10倍；校均实验器材的差距则更大，城市教学仪器值校均82.08万元，而农村则仅为5.13万元，比例相差近20倍。可见较城市而言，农村小学在设备、器材方面极其匮乏，这将导致一批农村小学无法开展教育部规定的课程。① 同时，由于缺乏必要的文体活动器材，农村孩子们的课余生活也甚是单一枯燥。总之，以上种种现实问题的存在对农村教育质量的提高具有较大阻力，与省级政府教育统筹全面推进素质教育的要求相去甚远。

2013年底，教育部、国家发改委以及财政部联合发布了关于《全面改善贫困地区义务教育薄弱学校基本办学条件的意见》（参见附录2），提出要坚持"满足基本需要""聚焦薄弱学校"等原则，力争改善贫困地区薄弱学校的基本办学条件。因此，省级政府要统筹安排城乡教育资金的投入，不仅要按照学生数量、教师数量等指标平等分配教育经费，还要对农村学校有所照顾。根据各地区的实际情况，开展农村教学点（幼儿园）标准化建设，逐步使农村所有学校符合办学条件标准，满足基本的教学要求，不让贫困家庭的孩子输在"起点"。优先解决教室危房排查与改造，课桌椅陈旧与短缺等问题，满足日常教学的基本需求。遵循农村教育现代化的要求，及时更新教学硬件，加强中小学实验室建设，加快微机更新步伐，完善各类功能教室与音美等专用教室。丰富图书类型，在增添图书数量的同时，也要注重图书质量的提高。购买必要的文体活动器材，如风琴、钢琴、篮球等。同时，立足实际，添置校车、配备驾驶员，以解决交通不便地区的学生上学远问题。据调查显示，农村寄宿制学校中学生的营养状况堪忧，农村中小学中寄宿生的身高，在不同年龄段均比走读生低3—5厘米。② 因此，农村寄宿制学校在改善学生住宿条件的同时，要兼顾

① 朱伟、陈琦竹：《我国城乡小学办学条件差距问题研究——基于罗尔斯的公平理论分析视角》，《宿州教育学院学报》2013年第2期。

② 21世纪教育研究院：《农村教育向何处去——对农村撤点并校政策的评价和反思》，北京理工大学出版社2013年版。

学生的营养状况，增强学生的营养补给。此外，加强农村中小学网络覆盖和信息化基础设施建设，完善基础教育资源库、网络学习空间建设，为农村学校提供与教学需要相适应的网络资源，逐渐缩小城乡学校之间数字化水平的差距，使农村教育教学工作普及和广泛应用现代信息技术。2013年，河北省实施“教学点数字资源全覆盖”项目，年底前实现教学点数字资源全覆盖，全省3421个农村教学点用上“多媒体”，触控电视电脑一体机预装小学数字教育教学内容。①

2. *满足农村弱势群体受教育的诉求*

当前，农村弱势群体的受教育现状不容乐观：进城务工人员随迁子女义务教育还未被输入地全部纳入其教育发展规划以及财政保障范围之中，平等接受义务教育仍有较多困难；特殊教育仍是薄弱环节；更有大批留守儿童完全处于教育的真空，等等。依据美国伦理学家罗尔斯提出的补偿原则，“适合于最少受惠者的最大利益”，推进农村教育均衡发展，省级政府更要关注这些弱势群体当前所面临的特殊困难，出台有针对性的解决措施，保障他们能够平等接受义务教育的权利。

切实关心进城务工人员随迁子女。据统计，目前全国义务教育阶段在校生中进城务工人员随迁子女共1294.73万人。为破解数量如此庞大的外来娃“上好学”难题，省级政府要大力推进随迁子女教育体制机制改革试点，在全省建立义务教育平等就学体系，按照《关于进一步做好进城务工子女义务教育工作的意见》中“以流入地政府为主，以全日制公办中小学为主”的原则，要求各地的区域教育发展规划涵盖所有常住人口，同时财政保障范围覆盖所有随迁子女，适度扩大公办学校的教育资源，尽量满足随迁子女在公办学校就读；对于公办学校学位不能满足要求的，可采取政府购买依法举办的民办学校的服务等方式予以安置，实现随迁子女在流入地就近免费入学。在抓紧研究制定随迁子女接受义务教育后在输入地参加升学考试办法的同时，完善随迁子女在流入地参加初中毕业学业考试和报考高中阶段学校政策，以消除随迁子女升学的障碍。创新保障随迁子女受教育权利的举措，如针对随迁子女流动性强的特点，实行电子学籍制度，建立对随迁子女动态信息的监测体

① 杨东平、黄胜利、邓峰：《中国教育发展报告》（2014），社会科学文献出版社2014年版，第83页。

系，有效监控这些学生的受教育情况。从 2011 年秋季入学的义务教育阶段小学起始年级学生开始，电子教育券制度就已经在安徽省省域内推行，在注册电子学籍时，具有户籍来源特征的电子教育券作为收支凭据被发放给“本省外县”迁入的义务教育阶段学生，他们就可以直接到输入地的义务教育阶段学校就读。

加大对贫困生的补助。省级政府一要建立贫困生教育经费保障机制。进一步完善贫困生资助政策，构建完善的涵盖学前教育、义务教育等阶段的教育资助体系，设置专项经费，同时建立相应的贷、助、勤、奖、补、减等制度来保障贫困生的学费和基本生活费。目前，为了实现“不让一个学生因家庭贫困而辍学”的庄重承诺，广西壮族自治区已初步建立起了以义务教育阶段可免除城乡所有学生的学杂费，家庭经济困难的寄宿生可获得生活补助和给农村学生提供免费教科书为主要内容的从义务教育阶段至高等教育阶段“全程覆盖，无缝对接”的贫困生资助体系。二要建立关爱贫困生教育救助机制。结合农村实际，制订科学客观的享受“两免一补”政策的贫困家庭学生标准，合理确定资助对象；结合学校，建立完善的贫困生档案，并形成跟踪调查机制，全面掌握贫困生的基本情况。三要扩大资助覆盖面，动员社会力量积极参与教育救助事业，形成“贫有所帮、难有所助、弱有所依、学有所续”的良好氛围。

高度重视农村留守儿童、适龄残疾儿童、女童义务教育问题。首先，省级政府要完善政府统筹、部门联动、学校主导、家庭配合、社会参与的农村留守儿童关爱服务体系，加强农村寄宿制学校建设，增设学校日常生活服务设施，努力改善留守儿童的教育条件，为留守儿童的健康快乐成长营造良好的环境。其次，省级政府要重视发展义务教育阶段特殊教育，创造条件接收适龄残疾儿童入学，扩大随班就读与普通学校特教班规模；加大特殊教育的投入力度，切实改善特殊学校建设；积极推进残疾儿童康复教育，继续发展融合教育，完善特殊教育发展机制；加强对特教老师的培养，全面落实特教老师的待遇，竭力提高残疾儿童义务教育的普及水平。最后，省级政府要切实保护农村适龄女童受教育的权利。从消除轻视女孩的传统观念着手，通过完善女童保护相关的法律法规，优化女童受教育的社会环境，鼓励设立女童教育基金、开展女童扫盲等多种方式来创造与改善女童的就学条件。

3. 健全农村教育均衡发展监测机制

监测机制是政府行为的指挥棒。农村教育均衡发展监测机制能够为农村教育均衡发展在引导、预警等方面提供科学依据，是省级政府推动农村教育优质均衡发展的重要机制。只有完善农村教育均衡发展的定期监测机制，才能使农村教育均衡发展真正落到实处。做好农村教育均衡发展监测工作，省级政府需着力做好以下工作。

第一，明确农村教育均衡发展监测的重要性。省级政府定期对农村义务教育阶段不同学校的基本办学条件、教育管理和教育质量进行动态适时监测，能够客观反映不同地区、不同学校农村教育的发展水平；准确掌握农村教育的地区差距、校际差距以及各差距的变化趋势，及时发现典型弱势学校及其弱势的方面并提出预警；指导各级政府在此基础上科学制定缩小差距的办法和措施，促进政府工作重心向农村地区薄弱学校倾斜，对公共教育资源进行科学合理的配置，以此来逐步推进我国农村教育均衡发展的顺利实现。

第二，建构农村教育均衡发展监测指标体系。农村教育均衡发展监测指标体系的构建，能够使农村教育督导与评估工作的开展有科学合理的标准来监测分析农村教育均衡程度和发展水平，帮助教育监测部门量化被督导单位及其有关人员的工作考核，使教育监测部门对下级人民政府的教育工作、对下级教育行政部门和学校工作的指导更具针对性。农村教育均衡发展是一个动态的、不断调整完善、循序渐进的过程，应根据不同时期农村教育均衡发展的不同进度，适时调整监测指标。

第三，增强农村教育均衡发展监测人员的专业素质。开办农村教育均衡发展监测业务培训班，集中学习文件、解读指标、吃透标准、统一要求、掌握尺度，有利于提高监测人员的业务水平，获得更加真实的监测数据。这种做法是有益的尝试，值得在全国推广和普及，同时可考虑将培训班的做法制度化、常态化。

第四，完善农村教育均衡发展监测制度。完善监测工作制度，制定《均衡发展监测实施办法》《均衡发展监测专员管理办法》等制度；完善信息发布制度，以适当方式向社会发布监测结果报告，增强监测工作的透明度和影响力；完善监测结果奖惩制度，把农村教育均衡发展的监测结果纳入省级政府教育工作的督导考核范畴，对监测成绩突出的地方政府和人员进行表彰奖励，增强监测工作的激励性。

第三节　创新省级政府教育统筹的工作机制

省级政府教育统筹是时代与历史的必然，是国家发展战略目标对教育发展方式转变的价值追求，应该放在社会系统中去审视，从教育内在机理及系统运作、教育外部约束和监管的视角整体认知当前省级政府教育统筹的问题与发展方向，即应从机制创新的视野充分把握省级政府教育统筹发展。在当前加快推进教育治理能力和治理体系现代化的宏观背景下，提升省级政府教育统筹绩效，亟须创新省级政府教育统筹工作机制，从而使省级政府能够充分发挥教育治理能力，保障教育统筹制度和组织体系灵活高效、运转协调、方法科学，有效解决教育发展中面临的现实问题，促进教育质量和教育公平的不断实现。

一　改革教育公共财政转移支付机制

确立省级政府在义务教育财政中的主导地位，目的在于平衡城乡、区域财政能力，提供平等的公共服务，但义务教育经费总量的不足和地区之间的教育投入不平等问题的有效解决还有赖于规范政府间的教育财政转移支付制度的建立。[①] 教育财政转移支付是整个转移支付制度建设的重要方面，是为实现教育公平目标而进行的一种制度安排，目的是为了保障各级政府义务教育总支出能够满足社会的需求。[②] 当前，省域内教育财政转移支付在具体实施中存在着一系列亟待解决的问题，如：省级政府转移支付职能缺失、转移支付标准不合理，转移支付缺乏有效监督等。这些问题的存在严重制约着省级政府教育统筹发展绩效。可见，改革教育财政转移支付机制已迫在眉睫。

1. 强化省级政府教育财政转移支付责任

当前，我国实施的转移支付措施中省级政府对县级政府的转移支付责任缺乏明确的规定，很大程度上扮演着“二传手”的角色，即转移分配

---

① 瞿瑛：《义务教育均衡发展政策问题研究：教育公平的视角》，浙江大学出版社 2010 年，第 171 页。

② 陈昕：《我国城乡财政分权与义务教育城乡均衡的关系研究》，经济科学出版社 2014 年版，第 123 页。

中央政府下达的各类转移支付资金，或按照中央政府的要求来提供一系列配套资金，同时对于县级政府所面临的义务教育困境，也不管不顾，要求基层政府自己想方设法解决，或直接把矛盾移交给中央政府，这就造成了“中央转移支付，省市不支不付，县乡难以应付”的困局。事实上，省级政府在我国政府层次上具有重要地位，财力较为雄厚，完全具备承担主要转移支付资金的实力。因此，要强化省级政府的教育财政转移支付责任，确保省级政府履责到位。省级政府对教育财政转移支付也应担负的责任主要涵盖以下几个方面：省级政府有责任帮扶财力困难的市县增强其财政能力，使财力困难的市县可以为各自的辖区提供最基本的公共服务，有助于实现最低的公平；同时，省级政府也有责任对财力困难市县的义务教育进行转移支付。另外，省级政府需要统筹协调的问题也包括在地方各级政府之间如何公平分配中央财政对地方的财政拨款和转移支付资金。

2. 完善省内教育财政转移支付制度

我国转移支付的模式应当采取一般性转移支付①和专项转移支付②相结合。省级政府一方面要建立相对独立的教育一般性转移支付制度。为使省域范围内教育经费不足的现状得到有效缓解，省级政府要加大对农村义务教育的一般性转移力度，在统筹考虑转移支付资金的筹措、拨付、分配、管理和监督等诸多环节的基础上，制定出一套科学规范的一般性转移支付办法。一方面，在转移支付资金的计算方法上，基于省域范围内各地区之间的经济发展水平、政府财力及投入努力程度、教育支出成本等各方面的差异，特别要针对县（区）财政的义务教育经费供给能力，对转移支付额设计科学的计算体系，借助相对标准化的转移支付公式，来测算经费需求的最低额以及其财政负担能力，尽可能做到公开公平公正；根据测算的结果，建立和完善相关制度，对转移支付的数量进行科学合理的确定，严格落实《教育规划纲要》提出的“加大对贫困地区义务教育转移支付力度”的要求，从而使落后地区义务教育的财政压力得以进一步减轻。另一方面，省级政府除了负责分配中央下拨的义务教育专款以外，还

---

① 一般性转移支付，是指上级政府在将资金拨付给下级政府时，就地方政府对资金的使用方向不做任何规定，也没有任何附加条件，地方政府有权自主决定补助的使用方式，所以也称为无条件补助。这样，地方政府将这类资金用于义务教育的比例也就无法精确算出。

② 专项转移支付，直接规定下级政府必须将该资金用于义务教育，具有很强的针对性，在分配方式上很灵活，按公式分配或是按项目分配。

应从省级政府征收的教育附加费和自有财政收入中，拿出一部分资金对所辖县的义务教育提供专项补助①。对专项转移支付的结构进行逐步优化，并适当扩大某些专项转移支付的规模；规范一些落后地区的专项转移支付程序，包括其申报、调查、拨付等环节；把分散在政府各部门的专项拨款全部纳入转移支付体系，对税收返还进行不断地调减，清理或取消部分不规范、效果不明显的专项转移支付资金；针对当前专项转移支付要求配套资金项目过多的现状，要加以改革，适当赋予地方政府在专项转移支付资金安排的部分自主权限。

3. 加强教育财政转移支付的监督力度

当前，我国教育财政转移支付缺乏相应的政策法规，教育转移支付资金使用具有较大的随意性。据上海教科院智力开发所对全国 491 个国家级的贫困县教育财政与初等教育成本的分析，结果表明：国家每年给贫困县的千万元补助，真正特别贫困的农村小学似乎没有很大的受益。② 因此，要大力推进相关政策法规的制定来保障教育转移支付资金的合理规范使用，提高转移支付资金使用的合法性、规范性。减少转移支付中间环节，积极推进省直管县改革。建立义务教育经费专款专用机制，在县教育局设立教育专门账户，教育方面的拨款、转移支付的义务教育专项经费、学杂费以及教育捐资等所有的教育费用直接进入教育专门账户、封闭运行，确保专款专用。③ 同时，建立转移支付资金分配公示制度，将转移补助计划阶段进程、执行结果、效果评价等信息材料予以公示，接受广大群众的实时监督，使转移支付进程能够公开化、透明化。此外，完善相关的责任追究制度，通过强有力的问责追究措施来保证与加强各级政府在教育转移支付资金方面的责任与义务。

二　健全教育统筹发展政策保障机制

省级政府教育统筹发展政策包括政府对于整个省域内教育统筹发展的宏观政策和推进教育统筹的具体政策等层面。前者具有普遍指导意义，后者是针对教育统筹发展的某一方面制定的。本书第三章提到，当前我国省

---

① 刘立峰、王元京：《财政怎样呵护农村儿童》，《中国经济导报》2009 年 4 月 14 日。

② 王艳琴：《浅析我国义务教育财政转移支付制度》，《法制和经济》2011 年第 1 期。

③ 郭荣学、杨昌江：《区域内义务教育均衡发展模式研究》，教育科学出版社 2014 年版，第 221 页。

级政府教育统筹政策还不完善，省级政府教育统筹实践工作中可依据的政策还不够清晰明确，这已成为省级政府教育统筹发展链条上的一个薄弱环节。因此，省级政府要充分重视教育统筹发展政策的制定及实施，建立起一整套科学规范的省级政府教育统筹政策体系，为省级政府教育统筹营造良好的政策氛围，努力体现政策引导在教育统筹发展中的积极作用，使其成为政府的自觉行为，强化省级政府的统筹职责，提高省级统筹的力度。

1. 充分重视制定切实可行的宏观统筹政策

在省级政府的顶层制度设计框架下，按照全面落实依法治国这一基本方略的要求，增强省级政府教育统筹的责任使命，立足全局，统筹规划，通盘考虑，加快教育统筹的政策保障进程，根据经济、社会、科技、文化发展和教育统筹发展的需要，对省级政府教育统筹的基本问题或总体的行动制定有关政策，完善教育统筹相关的宏观统筹政策，填补当前省级政府教育统筹政策存在的各种漏洞，用政策来规范和约束各级地方政府教育统筹发展行为，间接影响地方教育的统筹工作。如省级政府可考虑制定本省的《教育统筹发展规划纲要》，明确统筹的指导思想、战略目标、工作方针等，提出一系列加强省级政府教育统筹的改革内容和措施。

2. 加快完善科学合理的具体统筹政策

省级政府教育统筹的具体统筹政策包含统筹义务教育阶段学生的入学、升学和毕业，教师的编制、交流和待遇，学校的建设标准、评价机制等一系列政策制度。针对各单项统筹项目，在广泛调研的基础上，科学规划、理性决策，制定出科学合理的具体统筹政策和相关配套的体制机制，专门解决影响省级政府教育统筹的突出问题、重点攻克制约省级政府教育统筹的薄弱环节，增强省级政府教育统筹的能力和效果。省直有关部门应依据职责分工，分别牵头制定具体操作办法并紧抓落实，通过政策引导发达地区的优质教育资源流向中等发达地区和欠发达地区，如办学经费、师资力量、师资调配、硬件设施，等等，实现省域内各地区义务教育资源的互补整合。

资金政策方面：在考虑教育需求和兼顾财政供给可能的基础上，尽快制定省级义务教育的生均拨款标准；细化农村义务教育经费倾斜政策的内容，同时，完善义务教育财政转移支付制度，确保省级政府对农村地区、经济薄弱县的资金扶持；制定《义务教育经费投入保障监督机制的意见》，确保经费使用效益，等等。教师队伍建设方面：可考虑出台省级层面的《中小学骨干教师管理办法》《中小学教职工结构调整实施办法》《校长教师交流轮岗配套政策》《关于新进中小学教师到农村支教的意见》等政策文件，确定教师队伍建设优先向农村、向薄弱学校倾斜。在办学标准方面：制定省级层面的《中小学标准化建设标准和设计标准》，使学校的规划设计，建设和管理，政府的经济投入有章可循，使全省每一所中小学都能按照法定的标准，拥有大体相当的物质条件。在弱势群体方面：出台《随迁子女受教育权保障政策》。《关于认真做好留守学生教育管理工作的实施方案》完善扶持贫困生政策，等等，切实保障弱势群体享受公平教育的权利。

三　建立教育统筹发展协同推进机制

省级政府教育统筹发展，从空间上来看是全省，从层级上来看是省级政府，它强调的是整体与局部的有机统一，并不是省级政府、部门或者市、县各自为战，需要以教育公共治理的整体性系统思维，全民动员、多方参与、逐层推进，充分挖掘各种资源优势，提升省级政府教育统筹的综合能力。

1. 发挥省以下各级政府的主动性创造性

《教育规划纲要》特别提出了“要加强省级政府的统筹实施职能”，但这并不意味着省以下政府可以摆脱责任。不管是贯彻上级政府的教育统筹治理决定，还是自己推行本地教育统筹发展实践，各级地方政府的积极有为和大力配合都是不可或缺的。省级政府教育统筹在提升省级政府效能权威、逐步扩大和有效行使省级政府教育统筹决策权和创设权的同时，要坚持宜统则统、宜放则放的原则，向省以下各级政府简政放权，明确各级地方政府在教育统筹发展中的地位，理顺教育统筹职责，发挥好其在师资调配、经费投入和质量提升等方面的主体作用。县级政府应该对义务教育的管理与学校的基础设施建设继续担负责任，包括校舍的建设、设备的购置、危房的改造和经费的管理等诸多方面；乡镇政府应继续负责辖区内中小学校舍的修缮，按照规定的要求对新建、扩建校舍所需要的土地进行划拨和提供劳动力等。从世界上绝大多数国家的实践来看，将基础教育的校舍建设和修缮放到县乡基层政府是比较合理的。[①]

---

① 范先佐、郭清扬、付卫东：《义务教育均衡发展与省级统筹》，《教育研究》2015 年第 2 期。

2. 加强省级政府各部门之间的统筹协调

省级政府教育统筹发展绝不仅仅是教育行政部门的责任与义务，而是涉及就业、户籍、社会保障等各个层面，需要各相关部门协同配合解决出现的不确定问题，因此，实现省级政府教育统筹的前提是建立一个能够统筹全省各部门的联动工作机制。我国在加强省级政府教育统筹的过程中，应借鉴国际经验，立足国情，举全省之力，坚持以政府为主导，建立健全由省级政府统筹推进。各部门在教育决策、执行与监管方面相互配合的联动工作机制，充分调动各职能部门参与教育统筹发展的积极性，基于国家教育发展战略与各省教育发展规划的实际情况，齐抓共管，协同制定适合本省教育统筹发展的操作性强、切实可行的配套政策，协同确立本省教育统筹的基本原则、目标和责任、基本要求等，并根据省域内经济发展基础、人口资源面貌、财政资源情况等统筹制定办学标准，统筹推进标准实施，统筹教育经费的使用，统筹教师队伍管理，统筹干部教师培训等，加强教育统筹监督管理，切实将省级政府教育统筹发展各项任务落到实处。如，财政部门负责省级政府教育统筹发展所需资金的筹集和保障；发改、规划、土地、建设等部门负责为义务教育阶段中小学的项目建设提供优先支持；编办、人社等部门负责为省域内教师与校长定期流动提供相关政策支持，努力配置好学校师资，等等。

3. 鼓励教育统筹发展的社会力量参与

省级政府教育统筹发展是一项社会系统工程，仅仅依靠单一政府的力量是远远不够的，还需调动社会力量的广泛参与，实现协同并进，催生最佳绩效。省级政府要不断挖掘和培养社会各方优势，让更多的社会力量为教育统筹发展的实现贡献力量，从而凝聚成教育统筹发展的强力引擎，带动省级政府教育统筹发展绩效的大幅提升。具体可从以下三个方面着手：一要集聚社会智力参与决策。合理引入社会组织、专业力量、教育智库等参与，充分吸收相关力量和社会公众表达其教育需求，广泛寻求共识，协商教育统筹发展的战略方向、重点问题和改进措施，从而提升教育统筹发展的科学性与可行性。二要引入社会力量参与资源动员。以政府为主导，积极引导，有效激活企业、个人与民间组织等社会力量参与到教育统筹发展中来，在整合、盘活现有统筹资源基础上，力求打破政府对教育统筹发展的垄断，实现政府统筹和社会统筹的协同治理。三是吸纳社会力量参与监督。实现教育统筹发展多元化监督主体，使省级政府教育统筹受到多方的监督与约束，从而有效保证教育统筹发展的绩效。

四　完善教育统筹发展督察考核机制

省级政府教育统筹发展水平与我国整个教育事业的健康发展息息相关。深入贯彻党的十八大和十八届三中全会精神，督察考核省级政府教育统筹发展，加强管理与监督省级政府教育统筹工作，对于强化省级政府的责任意识、督促省级政府进一步优先发展教育、提升教育均等化发展的省级统筹绩效、推进省级政府教育统筹工作的全面开展具有极为重要的意义。

1. 加强督察考核政策宣传

省级政府教育统筹是一项较为复杂的社会系统工程，教育督察考核离不开良好的社会环境，需要整个社会的理解、支持与关心。省级政府及有关部门要高度重视教育统筹督察考核动员工作，明确督察考核省级政府教育统筹工作的重要性、必要性；制订宣传方案，充分运用报刊、广播、电视、计算机网络等大众传媒平台刊登有关督察考核方面的政策信息，宣传督察考核内容，推广各试点地区的督察考核经验，引导社会舆论走向；加强督促检查，全程跟踪问效，营造上下联动、全社会共同参与的浓厚舆论氛围。

2. 建立独立的督察考核机构

当前，由于我国缺乏独立的省级政府教育统筹督察考核机构，使得教育统筹工作的开展随意性较大。为保证省级政府教育统筹发展的良性循环，促进省级政府履职尽责，需探索建立相对独立的教育督察考核机构，树立督察考核部门应有的权威性、科学性和实效性。督察考核机构负责指导省域内的教育督察考核工作，制定和健全教育督察考核条例和教育督察考核制度；设立专职队伍督察考核省级政府、教育行政部门及其他有关部门履行教育职责，组织对省内各区域的学校及其他教育机构工作的督察考核；组织开展各区域教育统筹发展的水平以及质量监测，强化省级政府落实教育法律法规和政策情况的督察考核，等等。只有建立独立专门的教育督察考核机构，代表省级政府行使教育督察考核职权，才能保证督察考核工作的制度化和系统化，提高教育督察考核工作的质量和效率。

3. 健全督察考核体系

加强省级政府教育统筹的督察考核工作，首先，应制定出科学合理的督察考核实施办法。督察考核的主要内容应包括领导职责、教育经费投入与管理、办学条件、教师队伍建设、教育管理以及教育改革与发展等，将区域内公众满意度作为督察考核的重要内容。其次，完善督察考核方式。督察考核必须坚持实事求是和“督政和督学并重、监督和指导并重”的原则，坚持发展性考核与鉴定性考核相结合、实地督察考核和审核评估相结合的形式，做到公平、公开、公正。最后，强化督察考核结果运用。督察考核评估的结果一方面要及时向社会公布，接受监督，确保地方各级政府教育职责逐一落实到位；另一方面，要及时向被督察考核的政府反馈，将其列入地方各级政府及其主要领导政绩考核的重要内容，并作为有关表彰奖励、责任追究、专项拨款以及项目立项等方面的重要依据。

第四节　提升省级政府教育统筹的能力

教育统筹综合改革目的的多重性、过程的动态性、对象的多样性以及内容的系统性决定了省级政府教育统筹综合改革的复杂性与不确定性。教育统筹综合改革的系统性与复杂性，一方面增加了省级政府教育统筹决策的高度和难度；另一方面，也必然带来教育统筹管理、工作的复杂性，这就需要从建立教育统筹决策专门智囊机构、强化教育统筹效果的问责与考核、搭建教育统筹公共信息服务平台以及加强教育统筹基础设施建设等方面，促进省级政府教育统筹能力的提升，有效保证省级政府教育统筹效果。

一　强化教育统筹效果的问责与考核

强化教育统筹效果的问责与考核，是推进教育治理体系与治理能力现代化的基本保障，也是提升省级政府教育统筹能力的重要途径。在贯彻落实《国家中长期教育改革和发展规划纲要（2010—2020）》提出的“整合国家教育质量监测评估机构及资源，完善监测评估体系，定期发布监测评估报告，加强教育监督检查，完善教育问责机制”以及十八届三中全会提出的“严格绩效管理，突出责任落实”“完善发展成果考核评价体系”等要求的背景下，应进一步完善教育统筹发展效果评价结果运用机制，强化教育统筹效果的问责与考核。

一是建立与教育统筹效果评价结果挂钩的奖惩机制。将省级政府教育统筹发展效果评价结果与相关部门和领导干部的评优、评先、选拔等挂钩，表彰在省级政府教育统筹发展中效果明显、成就突出的典型省份，让扎实推进省级政府教育统筹的省份和相关部门不吃亏、得表彰，让努力推进教育发展现代化的领导干部受重用，形成各省级政府齐抓教育统筹发展的导向与活力。

二是健全教育统筹发展问责机制。运用教育统筹发展效果评价结果改进工作、提升能力与追究责任。对在效果考核和评价中发现问题、存在差距的省份，要及时督促其改进工作，并建立整改责任追究机制。多环节促进省级政府提高教育统筹能力、提升教育统筹发展效果。对在统筹效果评价中发现教育决策失误、执行失误与严重渎职的省份，建议在评优和使用上对相关部门和领导干部实行“一票否决”。对盲目决策、毫不作为导致省域内城乡间、区域间和学校间教育均衡化水平不升反降的省份，严格追究直接责任人的责任，视情节严重程度给予相应处罚，力求效果评价结果与行政问责相统一。通过强化责任追究，防止省级政府在教育统筹发展过程中不作为、乱作为、作为不力等现象的发生，切实促进各省级政府扎实推进教育统筹发展。

三是探索适应教育统筹发展规律的弹性化考核程序与动态化考核过程。针对教育统筹发展效果凸显周期与相关责任人任职周期不一致的特性，亟须建立统筹发展效果弹性化考核程序，适时对教育统筹效果进行评价，并探索推行干部离任审计与教育统筹发展责任终身追究制，使教育统筹考核时空尺度与周期远远长于领导干部任职周期，避免相关责任人侥幸心理的存在，引导责任人切实做出经得起时间、实践和人民检验的教育统筹政绩。同时，强化教育统筹效果的考核与问责，还须突破以往事后责任追究模式，要对省级政府教育统筹工作进行动态监督与考核，依据动态考核结果分析和查找教育统筹发展过程中的薄弱环节，不断改进省级政府教育统筹工作，促进教育统筹能力的提升。

二　建立教育统筹决策专门智囊机构

教育统筹决策科学与否直接影响到教育改革和发展的方向和效果。[①]对于省级政府教育统筹综合改革而言，如何能将中央的顶层政策设计与省级教育统筹举措相融合，如何能保障省级政府教育统筹决策与经济、社会

① 李立国：《省级教育统筹的权力约束机制》，《国家教育行政学院学报》2015 年第 1 期。

发展相协调，如何保证教育统筹决策更加符合教育自身规律、更加反映公众的教育需求与呼声，实现教育统筹决策的科学化、民主化、高质化，关键就是要建立教育统筹决策专门智囊机构，加强教育决策咨询，提供咨询意见和决策建议。

首先，建立教育统筹决策专门智囊机构。智囊机构作为现代决策体系中的重要组成部分，作为决策者的“外脑”和“思想库”，可以充分利用其专业结构、知识结构、智能结构、素质结构等优势，为各领域的决策提供科学依据以及最优建议和方案。[①] 教育统筹发展也不例外，为保证教育统筹各项决策的科学性与有效性，也需探索建立教育统筹决策专门智囊机构。为全面落实《国家中长期教育改革和发展规划纲要（2010—2020）》指出的“规范决策程序，重大教育政策出台前要公开讨论，充分听取群众意见；成立教育咨询委员会，为教育改革和发展提供咨询论证，提高重大教育决策的科学性”的要求，以及教育智囊团队与咨询机构在中国的逐步被重视，各种教育决策咨询机构或带有咨询性的教育研究机构纷纷成立，为教育行政部门制定教育政策和进行教育决策提供依据，但通过对各教育咨询机构进行梳理可发现，其大都属于“官方机构”，对决策部门具有较强的依附性，导致了教育决策智囊机构独立性的缺失，没能真正发挥其价值和权威。且单纯针对教育统筹决策成立的智囊机构更是没有，因此，要探索建立各种层次的、真正独立的教育统筹决策专门智囊机构，既可以是官方的智囊机构，也可以是民间的；既可以是固定的智囊机构，也可以依据相关项目或课题临时成立的智囊团队，各种智囊机构共同发展、相辅相成、各得其所，共同为教育统筹发展决策提供咨询与建议。

其次，为教育统筹决策智囊机构运行提供保障。第一，为智囊机构运行提供经费保障。建设教育统筹决策专门智囊团队不能停留在文件里和口号中，应该意识到建设专业智囊团队需要大量的研究经费作为支撑，以保障智囊机构深入调研和长期研究的开展，因此，政府相关部门必须要加大经费投入力度，提供充足的经费给教育统筹决策智囊团队，使教育统筹决策智囊团队无后顾之忧。第二，为智囊机构运行提供人员支撑。各类高水平的、专业的、优秀的、综合的人才是智囊机构存在的根本，因此，要给

① 一仁：《正确认识智囊机构的特点，高度重视智囊机构的建设》，《决策探索》1987 年第 6 期。

教育统筹决策智囊机构配备各类专职人员、专家学者、管理人员、学校代表等等，充分保证智囊机构的预测、分析、咨询与论证等功能得以有效发挥。第三，为智囊机构运行提供政策法律保障。要尽快出台有关政策和法律，明确智囊机构的地位、作用、人员构成、运行程序，明确智囊团队的身份以及各种关系，由此使教育统筹决策智囊机构拥有较为坚实的政策法律保障。第四，加强督导评估，开展责任追究，构建自我发展与自我约束的运行机制。作为一种决策咨询机构，教育统筹决策智囊机构必须要采取合同化的管理方式，对双方的职责和义务进行明确，以此来增强教育统筹决策智囊机构的紧迫感和责任感。同时，还要制定相关责任追究制度，一经发现存在弄虚作假的行为在智囊机构所提供的咨询报告中，要按照有关规定追究其责任，决不姑息。

再次，创设与教育统筹决策机构之间的良性互动渠道。智囊团队主“谋”即提供信息咨询与建议，教育统筹决策者主“断”即做出最后的政策决断，只有创设智囊团队与教育统筹决策机构之间的良性互动渠道，才能保证智囊团队提供的咨询建议科学有效，最终才能保证教育统筹决策的科学性。这就需要加强专业智囊机构与教育决策者间的工作对接，为智囊机构更好地开展决策咨询工作奠定基础。在工作对接的基础上，加强彼此间的信息互通，使相关问题和信息及时得到交流和沟通。同时，要加强过程研讨，当教育决策行政部门将相关项目或课题交给智囊机构之后，还应在智囊机构完成项目的过程中，双方就相关问题充分表达自己的想法和建议，为项目推进指明方向。通过工作对接、信息互通、过程研讨等渠道充分实现教育统筹决策智囊机构与教育统筹决策机构间的良性互动。

最后，教育统筹决策专门智囊机构作为教育决策咨询机构的一种，可以将教育统筹决策专门智囊机构建设与个体智囊、思想库建设相结合，搭建“三位一体”的教育统筹决策咨询组织，为推进教育统筹决策的科学化与民主化、提升省级政府教育统筹的能力奠定基础。

三　搭建教育统筹公共信息服务平台

当前，我国正处于教育综合改革的“深水期”与“攻艰期”，在此关键时期，各种教育问题不断凸显、教育矛盾不断激化，教育问题与教育矛盾的激化不仅给教育改革发展带来了挑战，也给省级政府教育统筹管理带来了极大挑战。在面对公众多样化的、个性化的、与日俱增的优质教育服务需求时，如何最大限度地共享区域内有限的优质教育资源、实现公众教育需求与教育资源的无缝对接；在面对不同层级政府或同层级不同政府间的信息不对称，如何最大限度地实现政府间教育统筹信息互通，做到统筹协调、权责对接；在面对社会经济发展需要，如何更好地实现各级各类学校人才培养、评价与企业和社会人才需要合理对接；在面对区域间、城乡间、校际间逐步扩大的师资、财力与物力差距，如何实现区域间、城乡间资源共享、学校间动态合作等，解决这些问题的关键在于利用现代信息技术架构教育统筹公共信息服务平台，通过这一平台的搭建和运行实现信息共享、资源共享。

一般来说，教育统筹公共信息服务平台可建议采用层次化的结构，也就是由若干个省级教育统筹公共信息服务平台共同搭建成全国统一平台，而省级教育统筹公共信息服务平台又分别由各省来组织协同建设。省级教育统筹公共信息服务平台既可以采取由某省牵头，其他各省协助来提供共享资源的模式，也可以采取由各省分头建设，在网络上联成一个相对统一的、整体的模式，从而使教育统筹公共信息服务平台成为公众表达教育服务需求的平台，弘扬教育均衡与教育均等化的平台，整合区域财政、师资等教育资源的平台，促进区域间、城乡间、学校间互动合作的平台，创新政府、公众、社会、学校等主体间沟通与交流方式的平台。在此基础上，充分利用现代信息技术以及其他相关技术手段，加强各教育统筹公共信息服务平台的建设与信息交互，实现资源共享与优势互补，进而促进省级政府教育统筹范畴的扩大与统筹能力的提升。

当然，搭建教育统筹公共信息服务平台，应坚持政府主导。一方面，政府要提供资金支持和保障。教育统筹公共信息服务平台服务于省级政府教育统筹各项工作，其搭建的初衷之一也是为了提升省级政府教育统筹服务能力，因此，理应由政府提供资金支持。同时，教育统筹公共信息服务平台的搭建，最终也是有益于社会和公众的，作为一项公益性、惠民性工程，政府应该发挥主导作用，满足教育统筹公共信息服务平台建设的基本需要。当然，政府也可开展个性化的公共信息服务，实行用者付费，从而使教育统筹公共信息服务平台长期运行的经费压力得到部分减轻。另一方面，政府要成为教育统筹公共信息服务平台的管理主体。更新有关教育统筹方面的信息、各区域教育统筹平台间的信息整合、技术整合、应用整合与管理整合以及教育统筹公共信息服务平台的养护维修等，都需要政府的管理与保障，确保教育统筹平台能安全稳定运行，确保服务工作有效开展。总之，教育统筹公共信息服务平台的搭建作为教育信息化的体现形式之一，也是国家信息化的重要组成部分，不仅有利于转变教育管理思想和观念，而且对于深化教育领域综合改革，提高省级政府教育统筹能力与绩效具有深远意义，是实现教育跨越式发展的必然选择。

四　加强教育统筹基础设施建设

省级政府教育统筹能力的提升不仅要着眼教育统筹效果问责与考核、教育统筹决策智库建设、教育统筹公共信息服务平台搭建等外部因素与动力的作用和影响，同时还应从自身建设出发，加强教育统筹基础设施建设，从根本上促进省级政府教育统筹能力的提升。

探索建立教育统筹统计制度。在省级教育行政部门、省级教育科研机构以及其他负责省级政府教育统筹工作的部门探索建立教育统筹统计制度，对教育统筹工作、教育统筹资源、教育统筹差距等进行有效统计，并通过对教育统筹统计结果的合理运用，促进省级政府教育统筹能力的提升。一要对教育统筹信息进行统计。对省域内各市县的教育统筹进度、教育统筹效果等进行统计，为省级政府相关部门的下一步教育统筹工作安排提供客观依据。二要对教育统筹资源进行统计。对省域内各级各类学校的经费、师资、基础设施配置情况进行统计，为省级相关部门安排区域间、城乡间的校际合作、资源共享，实现资源的优化配置提供依据。三要对教育统筹差距进行统计测算。根据教育统筹信息、教育资源的统计数据，统计测算出省域内城乡间、校际间在教育资源、教育机会、教育质量等方面存在的差距，使相关部门能够客观、真实地感知已有的教育差距，发现薄弱学校，实施重点统筹与帮扶。同时，也可对教育统筹工作前后的教育差距进行统计，实时感知教育统筹的效果与问题。四要合理运用教育统筹统计结果。依据教育统筹统计和测算的结果，省级政府及相关部门根据实际情况、客观数据有针对性地开展教育统筹工作，使教育统筹工作更有效果。

加强教育统筹人才队伍建设。省级政府教育统筹能力的提升，离不开相关人才队伍的支持与贡献，因此，要加强教育统筹人才队伍建设。一是省级政府教育统筹相关部门要积极引进具有统计学、教育学、管理学背景的高素质人才，保证相关统计工作、研究工作能有效开展和实施。二是对相关工作人员要定期开展培训。开展思想教育培训，使相关工作人员在理念上与教育统筹目标上保持一致、在思想上重视教育统筹工作，从而在行动上有效致力于省级政府教育统筹各项工作；同时，围绕省级政府教育统筹各项工作的要求，对现有人员实施“新技术、新方法、新技能、新信息”为主要内容的教育培训，盘活现有人才存量，切实提升其工作能力。

强化教育统筹硬件设施完善。教育统筹工作的顺利开展、教育统筹能力的有效提升，不仅需要制度、人才等软件设施的支持，也需要先进、完善的硬件设施予以保障。教育统筹信息、教育统筹资源等的统计与测量，离不开相关测量工具和软件的支持；教育统筹项目的开展与研究，离不开相关研究室、实验室的配备与完善，因此，须在政府的主导下积极完善省级政府教育行政部门开展教育统筹工作所需的各种工具、设施等，在省级教育科研机构探索建立先进的、完善的实验室与研究室，为省级政府教育统筹工作的开展、能力的提升提供基本保障。

健全教育统筹法律法规。现阶段，国家对省级政府教育统筹综合改革十分重视，这点对于保障省级政府教育统筹工作顺利开展很重要，但其根本是要完善相关法律法规，为省级政府教育统筹发展提供法制保障，为省级政府提升教育统筹能力奠定法制基础。通过完善省级政府教育统筹相关政策和法规，将省级政府教育统筹的目标、方式、内容等以法律法规的形式固定下来，使省级政府教育统筹活动从一种政府内部活动上升为一种科学的机制和制度。但是，也要结合实际，分步实施，通过总结省级政府教育统筹发展实践中有效的好经验、好典型，及时总结提升为指导教育统筹实践工作的规定和制度，逐步建立起一套省级政府教育统筹的规章制度，待时机成熟时再由国家统一立法。

第八章　研究结论及政策建议

第一节　研究结论

理顺不同政府层级间的教育管理权限和职责范围，优化省级政府教育统筹体制机制与效果，是推进国家教育治理体系与治理能力现代化的重要内容。党的十八届三中全会通过的《中共中央关于全面深化改革若干重大问题的决定》明确提出，要“深入推进管办评分离，扩大省级政府教育统筹权和学校办学自主权”。通过加强省级政府教育统筹权能，促进教育资源均衡化配置，一直是近年来国家教育综合改革的重点。早在 1993 年国家颁布的《中国教育改革和发展纲要》中，就提出要“扩大省（自治区、直辖市）的教育决策权和包括中央部门所属高校的统筹权”。进入 21 世纪以来，随着我国教育普及率和巩固率程度越来越高，教育总体规模越来越大，公众教育利益诉求越来越多元，国家教育治理的复杂性也日渐加大。在此背景下，国家颁布了《国家中长期教育改革和发展规划纲要（2010—2020 年）》，提出要开展省级政府教育统筹综合改革试点，探索加强省级政府教育统筹；国务院也出台了《关于基础教育改革与发展的决定》，明确提出“省级和地（市）级人民政府要加强教育统筹规划，搞好组织协调”。国家推进教育统筹改革特别是省级政府教育统筹进入国家政策议程以来，政府教育统筹发展效果如何？统筹发展效果究竟该如何评价？不同层级间政府教育统筹权责划分影响教育资源均等化配置的机理是什么？这些均是政府教育管理体制改革过程中必须深入研究的课题。尤其是在国家教育公平发展由机会公平走向质量公平的新范式背景下，政府应如何根据新的公平原则来统筹配置公共教育资源？如何减少由于先赋性、行政性、制度性原因导致的教育公共政策的不公正和资源分配规则的不公平？如何着眼教育治理体系与治理能力建设，推进政府教育统筹责任和权力的科学划分？这些都是当前推进教育质量公平发展、破解教育资源配置失衡症结、深化教育领域综合改革必须深入研究的课题。

美国著名经济学家斯蒂格利茨（Joseph Eugene Stiglitz）指出，政府应该重视在绝大多数公民认为是基本的公共功能的某些活动中担负着责任①。在优质教育资源总是相对稀缺的社会特定历史条件下，政府的教育责任主要体现在保障受教育权利和教育机会的公平，促进社会公共教育资源的均等化配置，切实保障弱势群体的受教育权益。本书以基本公共服务均等化为视角，综合运用规范研究和实证研究方法，研究了省级政府教育统筹发展的现行体制机制与政策体系，然后从教育机会均等保障、教育资源均衡配置、教育质量与结果均衡发展三个维度构建省级政府教育统筹发展效果评价体系，对全国31个省（自治区、直辖市）级政府统筹教育发展效果进行了实证测评，剖析了省级政府教育统筹发展效果差距及其变化的影响因素，揭示出省级政府在不同教育梯层结构中的权力核配、职责定位与财政承担等，最后探讨了面向质量公平和差异补偿的省级政府教育统筹体制机制的改革方向，有针对地提出了提升省级政府教育统筹发展效果的对策建议。全书研究得出以下主要结论。

1. 理顺不同政府层级间的教育管理权限和职责范围，优化省级政府教育统筹体制机制和扩大省级政府教育统筹权，是推进国家教育治理体系与治理能力现代化的主要内容，是全面深化国家教育综合改革的重要突破口。

基本公共服务均等化视角下省级政府教育统筹发展，直接关系到国家基础教育公平发展的大局，影响教育综合改革决策和教育公共治理体系建设。通过深化教育综合改革，促进区域、城乡、校际、群体之间公共教育资源均等化配置，必须推进政府教育公共政策供给、财政资源配置、职权事权结构、基础条件保障等诸多方面的突破。教育公平发展范式转型背景下，政府教育统筹发展目标价值涵括四个维度，即受教育权的平等化、教育资源配置的均衡化、教育发展成果共

① ［美］斯蒂格利茨：《经济学》，梁小民、黄险峰译，中国人民大学出版社2000年版，第130页。

享化和教育公共产品的优质化。长期以来，我们实施的是“地方政府负责，分级管理，以县为主”的教育行政管理体制。由于“地方政府”在我国是一个包括省、市、县、乡镇在内的多级结构，是一个指向模糊且没有确切权责担当的政策主体，在教育统筹发展过程中存在责任边界不清、职责划分含糊、统筹乏力等突出问题，导致不同层级政府教育统筹发展事权和财权的结构性矛盾，形成教育资源配置失衡的制度性根源。作为相对独立的区域经济社会管理主体，省级政府在教育统筹发展方面承担着承上启下的统筹角色，相对中央政府而言，其具有地方政府贴近基层、贴近实际、贴近管理的便利，而相对市县级政府来说，其具有上级政府拥有的较强统筹权能、管理权威、资源动员的优势。统筹基础教育均衡发展过程中，理顺不同政府层级间的教育管理权限和职责范围，优化省级政府教育统筹体制机制，扩大省级政府教育统筹权，有助于降低政府教育统筹决策层级，提升教育统筹决策的科学性实效性，充分调动省级政府统筹教育治理的积极性与创造性，同时也有助于破解教育综合改革“碎片化”倾向，形成省域内教育多部门系统协同治理新格局。总而言之，理顺不同政府层级间的教育管理权限和职责范围，优化省级政府教育统筹体制机制和扩大省级政府教育统筹权，是推进国家教育治理体系与治理能力现代化的主要内容，是全面深化国家教育综合改革的重要突破口。

2. 梳理国家政府教育统筹发展政策的内容与方式，科学评估政府教育统筹发展政策的效力与绩效，从整体上把握政府统筹教育发展政策的演变脉络，揭示出政府教育统筹发展政策变迁背后的国家教育治理逻辑，能更好地预测和推进政府教育统筹发展政策的变革和优化。

统筹基础教育资源均衡配置，以教育治理政策变革引领教育发展方式创新，既是推进教育治理体系现代化的主要内容，同时也是实现教育治理能力现代化的重要手段。通过综合运用政策文本分析的方法，对国家出台的重要教育改革计划、政策、纲要中的教育统筹发展政策条款量化分析发现，改革开放以来我国政府教育统筹发展政策经历了一个不断调适、完善的历史变迁过程，教育统筹政策在目标、内容、方式、机制等方面发生了深刻的变化。随着经济转轨、社会转型逐步推进，教育的社会条件和外部资源环境的变迁，政府教育政策系统与资源配置机制也经历不断变革，政府教育统筹主体从中央统筹主导向中央统筹和地方统筹协同转变，统筹取向从粗放的效率驱动型统筹转向集约的结构调整型统筹，统筹内容从双要素统筹向多要素全面综合统筹转变，统筹方式由政府单一推进向政府和社会协同推进转变。现阶段教育统筹发展政策存在类别均衡性较差、权威约束力较低、内容碎片化和系统性不强以及政策环境资源亟待改善等问题。以推进国家教育治理体系和治理能力现代化为导向，优化国家教育统筹发展政策体系，亟待创新教育统筹政策治理思维，推进教育统筹从可量化的、法规型硬性教育统筹政策设计转向复合化的、法理型软性教育统筹政策设计，以充足的政策资源保障教育统筹发展政策的执行。

3. 遵循省级政府统筹教育发展的行为逻辑和统筹发展效果生成机理，依照教育统筹发展“输入—过程—输出”系统模型，从教育机会均衡保障、教育资源均衡配置、教育质量与成就均衡发展三个维度，构建了一套较为科学合理的省级政府教育统筹发展效果评价指标体系。

衡量政府教育资源配置差异，测度政府教育统筹发展效果，必须构建一套科学合理的政府教育统筹发展效果评价指标体系。国内关于教育均衡测度指标体系的研究与探索大多是以教育公平为出发点，将教育起点、过程和结果均衡发展当作主线，涵盖教育机会均等、办学条件配置均衡、师资配置均衡、教育经费配置均衡以及教育管理均衡等诸多方面。我们在吸收国内外学术界和相关研究机构的相关成果基础上，立足省级政府统筹教育发展的基本规律和教育统筹发展效果生成的内在机理，依据教育指标的“输入—过程—输出”系统模式，从教育机会均衡保障、教育资源均衡配置、教育质量与成就均衡发展三个维度构建省级政府教育统筹发展效果评价指标体系。综合考虑统计数据和统计资料的可获得性和权威性，指标体系设置了 12 个二级指标和 35 个三级指标，力求较为全面地反映现阶段省级政府教育统筹发展的情况，客观地评价省级政府教育统筹的整体发展效果。整个指标体系突出了省级政府教育统筹的基本责任，彰显了省级政府教育统筹发展的调控点和着力点，坚持“先进的教育理念和战略地位、凸显教育公平的充足的教育机会，高质量人才培养与结构适应性，凸显省级政府教育管理体制改革与制度创新、建成现代基础教育公共治理体系”基本思想，指标体系科学性、合理性、针对性和可操作性均比较强。

4. 首次系统地对省级政府教育统筹发展成效进行实证测评，采取多元统计分析模型对31个省（市、自治区）域政府教育统筹发展效果进行因子与聚类分析，采用熵值法和聚类分析方法对湖南省14个地级市政府教育公共服务供给差异进行综合评价，剖析了各省级政府和湖南地市政府教育统筹发展差异及其空间演化特征。

运用变异指数和标准差等方法，测评了省级政府教育统筹发展效果的绝对差异和相对差异，采取多元统计分析模型对31个省（市、自治区）域政府教育统筹发展效果进行因子与聚类分析，从时空角度对各省级政府教育统筹发展差异状况进行实证分析。通过实证测评发现，全国20%左右的省份教育统筹发展效果处于中下水平，而省级政府教育统筹发展效果处于较高水平的省份仅占16%左右，26%左右的省级政府教育统筹发展效果处于中等水平，剩下的38%左右的省级政府教育统筹发展效果处于中上水平。多数省级政府教育统筹发展效果处于中上水平，仅有少数经济发达的沿海地区教育统筹发展效果处在高等水平，反映我国政府教育统筹发展的潜力较大，教育不均衡程度逐渐缩小。2007—2012年，北京与上海教育统筹发展效果一直处于高等水平，而贵州与云南教育统筹发展水平一直处于中下水平，其他省份随着年份的不同一直在演化。经济发达的省份其教育统筹发展水平较高，而经济不发达的省份其教育统筹程度较低，同时我国教育统筹发展效果“东高西低”的格局并未改变。我们还采用熵值法和聚类分析方法对湖南省14个地级市政府教育公共服务供给差异进行综合评价，在此基础上分析教育公共服务供给的空间特征。通过实证测评发现，2006—2012年湖南省教育统筹发展空间差异呈现变化不稳定，教育公共服务发展呈现“中部突出、两翼凹陷”的不平衡态势，统筹发展效果优秀地市为衡阳市、邵阳市、长沙市，岳阳市、常德市、永州市、益阳市、郴州市、怀化市、娄底市基本处于中高水平，统筹发展水平低的地市主要为株洲市、湘潭市、湘西自治州、张家界市，教育公共服务发展西北弱、东南强的空间格局十分明显。

5. 运用省级政府教育统筹发展效果评价2002—2012年面板数据和平均受教育年限数据，研究省级政府教育统筹发展效果提升的制约因素，解释了生均教育经费、居民收入水平以及地理区域对我国省级政府教育统筹发展效果的影响。

通过对省级政府教育统筹发展效果纵向与横向比较分析可知，多数省域教育区域差异较大、城乡义务教育发展失衡，教育机会保障、教育资源配置、教育质量和教育成就发展等方面的差距均表现较为显著。导致或诱致这些教育统筹发展效果差距的产生，经验分析和已有的文献资料都有较好的解释。这里我们研究全国31个省（市、自治区）2002—2012年省级政府教育统筹发展效果水平的相关数据，揭示了省际和省域内政府教育统筹发展效果水平不均衡的原因：一是指政策制度因素，包括城乡二元经济结构和社会体制的不平衡、重点学校体制与非重点学校体制的不公平、教育资源配置体制的不合理以及教育政策不完善四个方面；二是财政投入因素，包括教育财政经费投入结构不合理、三级教育投入分配结构不合理、地区间教育投入分配结构的不合理；三是地理环境因素，包括地域位置对教育发展的制约和地理文化环境对教育发展效果的影响两个方面。最后从实证角度分析了生均教育经费、收入水平以及地理区域对我国省级政府教育统筹发展效果不平衡的影响。具体结论为：省级政府教育发展呈现了相当严峻的不均衡性，除个别指标反映差距有所缩小以外，暂时缺乏足够有力的证据表明这种不均衡性得到了显著缓解；教育资源配置方面，“生均教育经费”对“人均受教育年限”存在重要的影响，“初中生均教育经费”对教育统筹发展效果有着明显的正向作用；居民收入水平方面，“人均GDP”对“人均受教育年限”有着显著的正向影响；国家教育公共财政投入方面，教育经费占财政支出比例对人均受教育年限有着显著的正向影响，目前我国财政支出中经济建设费用与公共行政支出比例偏高，影响了基础教育均衡发展；地域位置来看，省级政府教育统筹发展水平呈现由东向西递减的过程，东部地区与西部地区之间的差距较为明显，地理环境对省级政府教育统筹发展效果的制约是显著的。

6. 依据省级政府教育统筹发展效果评价实证研究结果，针对制约省级政府教育统筹发展效果提升的主要因素，有针对性地提出面向质量公平的省级政府教育统筹体制机制改革与省级政府教育统筹发展效果提升的对策建议。

评价省级政府教育统筹发展效果的目的，在于诊断省级政府教育统筹发展体制机制存在的弊端，从而有针对性地提出改革省级政府教育统筹体制机制和提升统筹发展效果的对策建议。为此我们提出如下对策建议：一是要以夯实省级政府教育统筹权能为导向，强化省级政府教育统筹发展责任，科学划分政府层级间教育统筹职责权限，形成科学合理的基础教育统筹治理体制。二是要整合省域内政府教育统筹发展资源与合力，破解当前政府教育统筹“碎片化”治理倾向，形成省级政府教育统筹发展整体性治理大格局。三是要以财政性教育经费效用最大化为目标，优化基础教育财政投入结构，健全省级政府教育财政统筹体制机制，完善教育财政转移支付制度。四是要合理推进基础教育阶段学校办学标准化，加强对优质教师队伍的统筹力度，严格实施城乡和区域统一的基础教育质量与办学条件标准。五是要搭建“政府—社会—市场”教育治理模式，健全市场和社会力量参与基础教育统筹的渠道，构建省域基础教育均衡化的多元治理机制。六是要强化省级政府教育统筹发展效果考核与问责机制，建立基础教育均衡发展动态监测、统计体系，建设省级政府教育统筹决策新型智库。七是要以省域为单元深入推进教育信息化建设，按照“互联网+教育”的模式构建优质教育资源信息平台，扩大优质教育资源共享的覆盖面，促进省域内基础教育均衡发展。

第二节 政策建议

扩大省级政府教育统筹权，是党的十八届三中全会结合当前我国基础教育发展失衡没有得到根本改变的教育发展实际，着眼切实履行促进教育发展、不断满足现代化建设和人民群众日益增长的教育需求，针对教育管理体制存在的深层次症结与结构性矛盾，而对全面深化教育改革所做出的重要决策部署。推进省级政府教育统筹这一综合性教育管理体制改革，核心是要解决基础教育发展失衡的问题，前提是必须全面贯彻党的教育方针和国家教育法律政策，关键在于实现教育治理体系和治理能力现代化，最终目标是为了不断满足现代化建设和人民群众日益增长的教育需求。通过研究，本书就进一步完善省级政府教育统筹体制机制建设、夯实省级政府教育统筹体系与能力建设、提升省级政府教育统筹效果提出如下对策建议。

1. 以夯实省级政府教育统筹权能为导向，强化省级政府教育统筹发展责任，科学划分政府层级间教育统筹职责权限，形成科学合理的基础教育统筹治理体制。

要顺应中央全面深化改革和教育行政管理简政放权的趋势，围绕政府教育管理职能转变这一关键点，重点做好地方政府教育统筹职能“接、放、管”工作，建设结构合理、运转协调、统放结合、权责匹配的教育统筹治理体制。要坚持权责对等和调动积极性、发挥优长的原则，降低统筹决策重心，科学划分不同层级政府统筹教育发展的权责。省级政府要接好中央下放教育领域的审批事项，履职尽责，同时要将中央明令取消的、应该向市县级政府下放的权力切实放给市县级政府以及学校，要把依法该由省本级政府管理的公共教育服务管起来、管到位。

具体对策建议：一是加强省级层面教育统筹发展组织机构建设，建立多元参与、分工协作、齐抓共管的基础教育统筹发展领导体制和管理机制。二是要进一步规划和确定省域基础教育统筹发展目标任务，制订可行的教育统筹政策实施方案。三是科学定位省级政府教育统筹发展责任，强化省级政府统筹省域内教育与经济社会协调发展、各级各类教育均衡发展、教育资源优化配置、教育统筹督导评估等职责，承担起省域内教育体系的构建者、教育发展的规划者、资源配置的决策者、教育条件的保障者等角色。四是要提升政府教育统筹发展的层次与权能，在教育公共财政投入、教育政策供给、教育督导评估、教育制度制定等方面的层级，通过教育规划和改革妥善解决优质稀缺教育资源均等化配置及其利益冲突问题。

2. 整合省域内政府教育统筹发展资源与合力，破解当前政府教育统筹“碎片化”治理倾向，形成省级政府教育统筹发展整体性治理大格局。

省级政府教育统筹发展要有超教育视角与眼界，要“跳出教育看教育”，从谋划城乡统筹发展、推进区域科学发展、转变政府政绩观、破解城乡二元结构等深层次体制机制改革着手，从加快推进户籍制度、流动人口管理、公共服务体系建设等基础性配置制度供给着手。要提升教育统筹改革的战略性、系统性、整体性、针对性，做好教育统筹改革与教育其他改革、经济社会领域改革的对接，形成省级政府教育统筹发展整体性治理大格局。要统筹处理好教育统筹改革与人口发展、经济发展、社会治理、民生改善、公共服务建设之间的关系，运用政策组合拳和“一揽子”改革方案，力求在教育统筹发展的关键问题上取得突破性进展。

具体对策建议：一是成立省级政府教育统筹发展协调领导小组，小组由主管教育的副省长牵头，成员由教育、发改、财政、编制、科技、人力资源和社会保障等相关教育责任主体组成，明确各个部门在教育统筹方面的责任。二是建立省级政府教育统筹发展厅局、厅市会商机制，健全会商机制长效运行保障体系，整合省域内政府教育统筹发展资源，提升省域内公共教育资源宏观调控力度，搭建省级政府教育统筹发展整体性治理体系。三是加快制订省级政府教育统筹综合改革方案，统筹处理好教育统筹改革与教育综合改革之间的关系，拟定好省级政府教育统筹改革实施的时间表与线路图。

3. 以财政性教育经费效用最大化为目标，优化基础教育财政投入结构，健全省级政府教育财政统筹体制机制，完善教育财政转移支付制度。

影响省级政府教育统筹效果和基础教育均衡发展的因素是多元的，当前的财政分权体制和财力资源配置机制无疑是影响权重较高的一个。我国财政分权在促进经济持续高速增长的同时，在一定程度上抑制了地方政府教育公共服务的投入，形成了经济增长与教育均衡发展的反向替代。我国地方负责、分级管理的教育财政体制有助于减轻上级政府的财政压力，却加大了各级地方政府的财政压力。另外，还未形成规范的政府之间教育财政转移支付制度，一定程度上造成教育财政的区域、群体、城乡之间的不公平。因此，当前亟待以财政性教育经费效用最大化为目标，优化基础教育财政投入结构，健全省级政府教育财政统筹体制机制，完善教育财政转移支付制度。

具体对策建议为：一是要应优化政府教育公共财政支出结构，拓展教育经费来源渠道的多样化，加大对农村地区、贫困地区教育财政的支持力度，进一步增加各级政府财政中用于基础教育阶段的支出比例。二是省级政府应考虑本地区生活成本差异、学校规模、需特殊对待的群体等因素，制定本地区不能低于国家中小学公用经费最低标准的地区中小学公用经费标准。三是创新和规范教育财政转移支付制度，完善中央政府对地方政府教育财政转移支付，进一步规范政府间转移支付的分配依据与方法，改革地方政府之间的教育财政转移制度，健全农村地区教育成本补偿的教育财政转移支付新机制。四是要上移基础教育财政责任的政府层级，建立以省为主的基础教育统筹体制机制，省级政府需要通过财政拨款强化对基础教育发展均等度进行宏观调控。五是改革教育财政拨款制度，设计纵向财政均衡的拨款方式，构建一个用于指导教育财政资源在省域、市域内学校之间均衡分配的拨款方式，提供能满足学校和学生不同需求的教育财政资源。六是要完善教育经费管理体制，建立更加完整、严格的教育财政法案体系，将各级地方政府及其教育行政部门和学校的教育财政责任法制化，加强对教育财政投入的监督管理。

4. 合理推进基础教育阶段学校办学条件标准化，加强对优质教师队伍的统筹力度，严格实施城乡和区域统一的基础教育质量与办学标准。

要提升政府对城乡、区域、群体间教育资源的统筹层次与力度，在各级各类教育办学条件、师资建设以及教育教学管理方面加强省级政府统筹。要根据国家标准并结合本省实际，合理确定基础教育阶段学校办学条件、教师编制等实施标准，建立城乡中小学统一的办学条件标准。基础教育师资队伍建设和优质资源均衡配置是统筹教育均衡发展的关键所在。针对城乡中小学师资队伍质量存在的巨大差距，基础教育师资队伍统筹是省级政府教育统筹的一个重点。

具体对策建议为：一是严格实施城乡中小学统一的办学条件标准，为农村中小学配齐图书、教学实验仪器设备、音体美等器材，大力改善农村义务教育学校学生宿舍、食堂等生活设施。二是要统筹管理城乡义务教育学校标准化建设，科学预测省域范围内城乡学龄人口变化趋势，合理规划和调整义务教育标准化建设项目。三是要缩小农村教师与城市教师的工资薪酬差距，解决农村中小学优秀教师不愿来、来了留不住的问题，遏制农村教师单向的“趋城性流动”，对农村中小学教师在工资、职称晋升等方面给予倾斜政策。四是要继续通过农村基础教育教师“特岗”计划的实施和高师院校“顶岗实习”制度的完善，缓解农村中小学教师结构性缺编问题，鼓励高校毕业生到农村中小学任教，逐步完善医疗、养老等社会保障制度以维护农村教师权益。五是要建立和完善城乡基础教育阶段中小学师资互助和双向流动的机制，通过省级政府层面的引导、协调、政策支持与利益激励，实现城乡中小学校长、教师双向流动的经常化、规范化和制度化。

5. 搭建“政府—社会—市场”教育治理模式，健全市场和社会力量参与基础教育统筹的渠道，构建省域基础教育均衡化的多元治理机制。

与人民群众日益增长的多样化教育公共服务需求相比，基础教育领域的公共服务存在规模不足、质量不高、发展不平衡和可选择性不强等问题，迫切需要创新政府公共教育服务供给模式，有效动员市场机制和社会力量，构建多层次、多方式的教育公共服务供给体系。《国家中长期教育改革和发展规划纲要（2010—2020 年）》明确提出，“各地可从实际出发，开展公办学校联合办学、委托管理等试验，探索多种形式，提高办学水平”。国务院办公厅发布了《关于政府向社会力量购买服务的指导意见》（国办发〔2013〕96 号），明确规定了政府购买服务的主体、承接政府购买服务的主体，并就“社会组织”及“社会力量”的资质条件做出了相应规定。着眼推进教育公平和教育整体福祉，推行政府向社会力量购买教育服务，有助于推动政府职能转变，整合利用社会资源，增加教育公共服务供给，推动形成由政府、社会组织、市场、公民个人共同提供社会公共教育服务的多元供给体系。

具体对策建议：一是需要明确教育公共服务购买范围，逐步放开基础性公共教育事业的举办、教育信息化服务、教师培养培训、教育教学改革专业服务、各种检查评估事项等，允许国家财政资金购买民间资本、社会组织、企事业单位提供这些教育公共服务。二是要大力培育教育公共服务市场，形成政府、社会与公民共同举办教育、共同竞争公共财政教育资源的局面，建议激活现有公办教育公共服务体系，促进政府购买教育服务的常态化、机制化。三是建议建立教育公共服务购买市场化机制，建立健全公共教育委托服务提供主体的资质评审机制、教育公共服务竞争性谈判机制、教育公共服务招投标机制。四是健全政府委托管理和购买教育公共服务的制度保障，省级民政、工商管理及行业主管部门应加强对社会组织与企业的监督管理，建立政府购买教育服务信息公开机制，建立购买服务项目、服务标准、服务内容、资金安排、绩效评价标准和结果等监督机制。

6. 强化省级政府教育统筹发展效果考核与问责机制，建立基础教育均衡发展动态监测、统计体系，建设省级政府教育统筹决策新型智库。

强化教育统筹效果的问责与考核，是推进教育治理体系与治理能力现代化的基本保障，也是提升省级政府教育统筹能力的重要途径。教育统筹综合改革目的的多维性、对象的复杂性、过程的动态性，给省级政府教育统筹综合改革带来了复杂性与不确定性。这就需要将省级政府及相关部门教育统筹发展和义务教育均衡推进工作纳入政府绩效考核和科学发展目标综合考核，强化对省级政府教育统筹发展效果的考核与问责。同时还要建立教育统筹决策专门智囊机构，搭建教育统筹公共信息服务平台，加强教育统筹基础设施建设等方面，促进省级政府教育统筹能力的提升，有效保证省级政府教育统筹效果。

具体对策建议：一是要进一步完善省级政府教育统筹发展效果评价体

系，要将省级政府及相关部门教育统筹发展和义务教育均衡推进工作纳入政府绩效考核和科学发展目标综合考核，严格按照职责落实情况进行督察、督办和考核评价，建立健全评价结果运用机制，强化教育统筹效果的问责与考核。二是要建立省级政府教育统筹决策专门智囊机构，切实保证教育统筹各项决策的科学性与有效性。三是要探索建立教育统筹与教育发展专项统计制度，探索建立省域基础教育质量标准和监测体系，教育督导部门应尽快进行专题统计分析，加强对教育统筹工作、教育统筹资源、教育统筹差距等的科学统计，并将包括差异系数在内的结果及时监测与公开。四是要健全教育统筹法律法规，通过完善省级政府教育统筹相关政策和法规，将省级政府教育统筹的目标、方式、内容等以法律法规的形式固定下来，使省级政府教育统筹活动从一种政府内部活动上升为一种科学的机制和制度。

7. 以省域为单元深入推进教育信息化建设，按照“互联网＋教育”的模式构建优质教育资源信息平台，扩大优质教育资源共享的覆盖面，促进省域内基础教育均衡发展。

党的十八届三中全会《决定》指出，要“构建利用信息化手段扩大优质教育资源覆盖面的有效机制，逐步缩小区域、城乡、校际差距”，标志着我国利用信息技术推动教育公平已上升到国家战略层面。推进教育信息化有助于推动农村薄弱地区的教育发展，大幅度提升农村地区、贫困地区、边远山区教育教学质量，促进优质教育资源共享，实现教育结果的普遍均衡。针对长期以来省域内城乡、校际间教育教学资源分配不均、优质师资力量和教学条件设施的差异，解决义务教育学区房、择校生、占坑班等现象，建议省级教育行政部门协同财政、发改、经信等部门，充分利用信息技术优势，运用“互联网＋教育”思维，构建省域优质教育资源共建共享信息平台，推进各种优质教育设施、教育信息、优秀师资等资源的跨区域共享。

具体对策建议：一是尽快启动编制依托互联网促进教育公平的规划与政策，从国家层面确定互联网促进教育公平的指导思想、发展战略、预期目标、主要任务，促进传统因城乡、区域、师资力量导致的教育资源配置鸿沟逐步缩小或填平。二是大力发展“互联网＋学习”“互联网＋教学”“互联网＋课程”等模式，形成基础教育网络教学平台与教学系统，切实提高农村地区，特别是贫困地区学校的教学质量，努力放大优质教育资源的作用和价值，打破优质教育资源的垄断与分割。三是坚持以政府为主导，充分发挥市场配置资源的优势，调动社会各方力量参与互联网教育，在对学校硬件情况、网络覆盖情况等进行全面摸清的基础上，通过服务外包模式加快“互联网 +”基础建设，推动教育信息化校企、区域、企业之间广泛合作，形成政府主导、多方参与、共建共享的良性发展格局。加大对互联网基础平台的投资，尤其是对农村、贫困地区和边远山区的投资。

附录 1

国家教育体制改革领导小组办公室“关于进一步扩大省级政府教育统筹权的意见”

各省、自治区、直辖市教育体制改革领导小组办公室，新疆生产建设兵团教育体制改革领导小组办公室：

为深入贯彻党的十八届三中全会关于扩大省级政府教育统筹权的部署，根据《国家中长期教育改革和发展规划纲要（2010—2020 年）》规定，经国家教育体制改革领导小组同意，现就进一步扩大省级政府教育统筹权提出如下意见。

一　总体要求

以推进教育治理体系和治理能力现代化为目标，理顺中央与地方教育管理权限和职责范围，保证国家教育方针政策的贯彻执行，充分发挥地方的积极性主动性创造性，加快推进教育现代化。

——中央政府加强教育宏观指导和管理，确定教育方针政策，制定国家教育规划和国家教育标准，研究解决全国性和重大的教育改革发展问题，促进区域教育协调发展。

——省级政府在中央统一领导下，认真贯彻国家法律法规和方针政策，根据经济社会发展需求、本地区教育事业发展现状以及教育资源支撑能力，结合人口、区域和产业结构，自主确定教育发展目标、规划和工作重点并组织实施，切实履行教育改革、发展、稳定职责。

二　进一步扩大省级政府教育统筹权的主要内容

扩大省级政府教育统筹权，需要国家有关部门下放更多权力，改进管理方式，加大支持力度。

（一）由省级政府管理更方便有效的教育事项，一律下放省级政府管理

——省级政府依法审批设立实施专科学历教育的高等学校，探索实施本科及以上教育的民办高校章程修改备案下放省级政府教育行政部门。

——发挥省级政府对区域内学科专业布局、质量监督的统筹规划和管理作用，探索省级学位委员会开展学位授权点动态调整工作。高等教育自学考试专科专业审批下放省级教育行政部门，探索由省级自学考试机构根据本地经济社会发展需要自主决定开考《高等教育自学考试专业目录》内本科专业。

——探索省级政府自主确定成人高等教育招生计划总量，探索省级政府自主确定高职（专科）招生计划总量和地方高校高职（专科）招生计划。

——省级教育行政部门统一组织中小学教师资格考试、资格认定。

——完善教育转移支付制度和增长机制，清理、整合、规范教育专项转移支付，扩大一般性教育转移支付的规模和比例。省级政府可按照国家有关规定，根据实际情况调整学校收费标准。

——探索地方高校赴境外设立教育机构及采取其他形式实施本科以上学历教育审批权下放省级政府。试点委托条件成熟的省级政府审批域内高校举办国际性会议。

（二）改进管理方式，服务和保障省级政府加强教育统筹

——加强分类指导。在教育经费保障、政策执行等方面坚持分类设计、分步实施，充分考虑区域差异，避免“一刀切”。对部分省份特有的个性问题，加强省部沟通合作，通过专项协作机制等方式研究解决，允许特殊领域一省一策。

——加强规划引导。加强国家和地方教育规划、教育总体规划和分项规划相衔接，指导省级政府根据国家教育规划，因地制宜制定实施各级各类教育规划。

——完善标准体系。国家制定发布各级各类学校建设标准、学科专业标准、教师专业标准、编制标准、学校运行和管理标准、教育质量标准等。

——强化信息服务。加快建设国家教育管理公共服务平台，开发教育管理应用系统、决策支持系统、监测分析系统和面向社会的教育信息服务系统，完善各级各类教育质量与发展报告定期发布制度，建立健全人才需求调查与就业预警机制。

——做好监督评价。开展地方政府履行教育职责考核评价，督促地方政府优先发展教育事业。委托开展教育现代化监测评价，衡量评判各省（区、市）教育现代化水平和进步程度，诊断和分析存在的问题。委托开展教育满意度测评，全面了解人民群众对各省（区、市）教育工作满意度。

三　省级政府要切实用好教育统筹权

各地要深刻认识加强省级政府教育统筹的重大意义，加强组织领导，用好教育统筹权，确保教育统筹到位。

（一）切实履行教育统筹的职责

——统筹区域教育现代化进程。围绕国家2020年基本实现教育现代化目标，确定本地区基本实现教育现代化的重点难点、优先顺序、工作机制和推进方式。根据国家标准，结合本地实际，合理确定各级各类学校办学条件、经费投入、运行与管理、教师队伍建设、教育质量等标准。

——统筹教育与经济社会协调发展。坚持教育与经济社会发展同步规划、同步实施、同步考核，适度超前部署教育发展。引导和推动地方本科院校向应用技术类型高校转型，构建区域内高校协同创新机制。发挥行业企业在人才需求预测、就业准入、专业课程设置、教育质量评价等方面的作用。

——统筹城乡区域教育协调发展。坚持城乡教育一体化发展，教育资源重点向农村、边远、贫困和民族地区倾斜。用3—5年时间使贫困地区义务教育学校教学生活设施满足基本需要。完善多种形式的家庭经济困难学生资助、教育帮扶、对口支援等机制，加快缩小城乡、区域、学校和群体教育差距，实现基本公共教育服务均等化。

——统筹各级各类教育协调发展。切实统筹管理义务教育，把均衡发展义务教育作为重中之重，认真履行义务教育均衡发展备忘录，实现每一所学校符合国家办学标准。加强对学前教育的统筹协调，着力扩大普惠性学前教育资源，加快构建覆盖城乡、布局合理的学前教育公共服务体系。加快普及高中阶段教育，重点扶持困难地区高中教育发展。加强对现代职业教育改革发展的领导，统筹职业教育、普通教育、继续教育，统筹中等和高等职业教育，深化产教融合、校企合作，加快构建以就业为导向的现代职业教育体系。完善以省级政府为主管理高等教育的体制，实现高等教育内涵发展。多种形式扩大残疾少年儿童接受教育规模。拓宽终身学习通道。

——统筹保障教育经费投入。优化财政支出结构，切实把教育作为财政支出重点领域予以优先保障，落实“三个增长”法律规定。建立职业教育、普通高中生均拨款制度，提高义务教育生均公用经费标准，建立健全学前教育、高等教育成本分担与运行保障机制，完善各级各类教育生均拨款制度。

——统筹深化教育综合改革。根据省级政府职责权限，研究确定本地区教育改革重点难点，努力在破解义务教育择校热难题、减轻中小学生课业负担、推进管办评分离、改革学校评价制度、鼓励社会力量兴办教育、规范办学行为等方面取得突破。

——统筹教育改革发展稳定。落实稳定第一责任。深化平安校园建设，加强校园及周边环境治安综合治理。牢牢把握意识形态的领导权，加强教育正面宣传和舆论引导，健全教育热点舆情快速反应机制。加强师生安全教育，完善学校突发事件应急管理机制。健全受教育权保护与救济机制，探索教育行政执法体制机制改革，及时查处违反教育法律法规、侵害受教育者权益、扰乱教育秩序等行为。

（二）健全教育统筹工作机制

——建立健全由省级政府统筹推进、各部门分工协作的工作机制，明确省级政府加强教育统筹的领导机构及主要负责人。制订符合本省域实际、责任明确、分工明晰、措施到位的实施方案。充分发挥省级教育体制改革领导小组作用，协调推进教育改革发展、决定重大事项、解决教育热点难点问题。

——按照精简、效能的原则，优化省直部门教育管理职责权限和管理流程，强化教育政策的协调配套，加强对各部门履行教育职责的监督评价。

（三）形成统放结合、权责匹配的教育治理体制

——坚持宜统则统、宜放则放。在加强省级政府教育统筹的同时，省级政府要向省以下各级政府简政放权，理顺教育管理职责，发挥各级政府的主动性创造性。

——完善教育公共治理。精简合并评审评估评价和检查事项，对于确需保留的要编制清单并予公开。加大行政审批改革力度，把建立健全“权力清单”制度作为简政放权的切入点和突破口，最大限度取消和下放

行政审批事项。对确需保留的项目，要规范简化审批流程，让政府权力公开透明运行。各地要接好用好中央下放的行政审批权，把应由市县行使的及时下放市县。加快培育专业教育服务机构，委托社会组织开展教育评估监测。

——强化督导问责力度。省（区、市）、市（州、盟）、县（市、区）都要加强教育督导工作，把督导评估结果作为资源配置、干部任免和表彰奖励的重要依据，加大督导结果公开和整改问责力度，确保地方各级政府教育职责逐一落实到位。

国家教育体制改革领导小组办公室

2014 年 7 月 8 日

附录 2

教育部国家发展改革委财政部关于全面改善贫困地区义务教育薄弱学校基本办学条件的意见

教基一〔2013〕10 号

各省、自治区、直辖市人民政府：

为深入贯彻党的十八大和十八届三中全会精神，全面落实《国家中长期教育改革和发展规划纲要（2010—2020 年）》，统筹城乡义务教育资源均衡配置，加快缩小区域、城乡教育差距，促进基本公共教育服务均等化，经国务院同意，现就全面改善贫困地区义务教育薄弱学校基本办学条件提出以下意见。

一　充分认识改善贫困地区义务教育薄弱学校基本办学条件的重要意义

近些年来，国家逐步健全农村义务教育经费保障机制，实施了农村义务教育薄弱学校改造计划、农村初中改造工程等一系列教育重大工程项目，改善了农村义务教育学校办学条件。但是，农村、边远、贫困和民族地区特别是集中连片特困地区经济社会发展相对滞后，办学成本较高，教学条件较差，寄宿制学校宿舍、食堂等生活设施不足，村小和教学点运转比较困难，教师队伍不够稳定，辍学率相对较高，仍然是我国义务教育事业发展的薄弱环节。全面改善贫困地区薄弱学校基本办学条件，推进义务教育学校标准化建设，不让贫困家庭孩子输在成长“起点”，既是守住“保基本”民生底线、推进教育公平和社会公正的有力措施，也是增强贫困地区发展后劲、缩小城乡和区域差距、推动义务教育均衡发展的有效途径，关乎国家长远发展。

二　改善贫困地区义务教育薄弱学校基本办学条件的总体要求

（一）指导思想。贯彻落实党的十八大和十八届三中全会精神，按照均衡发展九年义务教育的要求，统筹规划，突出重点，因地制宜，循序渐进，加强科学化精细化管理，着力提高资金使用绩效，全面改善薄弱学校基本办学条件，深入推进义务教育学校标准化建设，整体提升义务教育发展水平。

（二）实施原则。覆盖贫困地区，聚焦薄弱学校。从困难地方做起，从薄弱环节入手，主要面向农村，立足改善薄弱学校基本办学条件，不得将教育资金资源向少数优质学校集中。

坚持勤俭办学，满足基本需要。按照勤俭办教育和“缺什么补什么”的原则，改善基本办学条件，满足教育教学和生活的基本需要，杜绝超标准建设。

加强省级统筹，分步逐校实施。由省级人民政府统筹使用中央、省级财政投入资金，根据省域内改善薄弱学校基本办学条件的任务和完成时限等因素合理分配；地市和县级人民政府以校为单位制定年度工作目标和分步实施计划，确保按期完成任务。

（三）实施范围和主要目标。以中西部农村贫困地区为主，兼顾东部部分困难地区；以集中连片特困地区为主，兼顾其他国家扶贫开发工作重点地区、民族地区、边境地区等贫困地区。经过3—5年的努力，使贫困地区农村义务教育学校教室、桌椅、图书、实验仪器、运动场等教学设施满足基本教学需要；学校宿舍、床位、厕所、食堂（伙房）、饮水等生活设施满足基本生活需要；留守儿童学习和寄宿需要得到基本满足，村小学和教学点能够正常运转；县镇超大班额现象基本消除，逐步做到小学班额不超过45人，初中班额不超过50人；教师配置趋于合理，数量、素质和结构基本适应教育教学需要；小学辍学率努力控制在0.6%以下，初中辍学率努力控制在1.8%以下。

三 改善贫困地区义务教育薄弱学校基本办学条件的重点任务

（一）保障基本教学条件。要保障教室坚固、适用、通风，符合抗震、消防安全要求，自然采光、室内照明和黑板材料符合规范要求。按照学校规模和教育教学要求配备必要的教学仪器设备、器材。每个学生都有合格的课桌椅。配备适合学生身心发展特点的图书，激发和培养学生阅读兴趣，有条件的地方逐步达到小学生均图书不低于15册，初中生均图书不低于25册。根据学校地理条件和农村体育特点，因地制宜地建设运动场地和配备体育设施，保障学生活动锻炼的空间和条件。

（二）改善学校生活设施。保障寄宿学生每人1个床位，消除大通铺现象。根据实际需要配备必要的洗浴设施和条件。食堂或伙房要洁净卫生，满足学生就餐需要。设置开水房或安装饮水设施，确保学生饮水安全便捷。厕所要有足够厕位。北方和高寒地区学校应有冬季取暖设施。设置必要的安全设施，保障师生安全。

（三）办好必要的教学点。对确需保留的教学点要配备必要设施，满足教学和生活基本需求。中心学校统筹教学点课程和教师安排，保障教学点教学质量。优先安排免费师范生和特岗教师到教学点任教。职称晋升和绩效工资分配向教学点专任教师倾斜。农村教师周转宿舍建设和使用要优先考虑教学点教师需要。对学生规模不足100人的村小学和教学点按100人的标准单独核定公用经费，由县级财政和教育部门按时足额拨付，不得截留挪用。

（四）妥善解决县镇学校大班额问题。要适应城镇化发展趋势，充分考虑区域内学生流动、人口出生和学龄人口变化等情况，科学规划学校布局，并充分利用已有办学资源，首先解决超大班额问题，逐步消除大班额现象。必要情况下，可以采取新建、扩建、改建等措施，对县镇义务教育学校进行改造。加强新建住宅区配套学校建设。对教育资源较好学校的大班额问题，积极探索通过学区制、学校联盟、集团化办学等方式扩大优质教育资源覆盖面，合理分流学生。对于大班额现象严重的学校，要限制其招生人数。

（五）推进农村学校教育信息化。要逐步提升农村学校信息化基础设施与教育信息化应用水平，加强教师信息技术应用能力培训，推进信息技术在教育教学中的深入应用，使农村地区师生便捷共享优质数字教育资源。稳步推进农村学校宽带网络、数字教育资源、网络学习空间建设。要为的确需保留的村小学和教学点配置数字教育资源接收和播放设备，配送优质数字教育资源。加快学籍管理等教育管理信息系统应用，并将学生、教师、学校资产等基本信息全部纳入信息系统管理。

（六）提高教师队伍素质。要特别抓好农村教师队伍建设，通过实施农村义务教育学校教师特岗计划等多种方式，完善农村教师补充机制。推进县域内校长教师交流轮岗，提高城镇中小学教师到乡村学校任教的比例。面向乡镇以下农村学校培养能承担多门学科教学任务的小学教师和“一专多能”的初中教师。提高中小学教师国家级培训计划的针对性和有效性，省级教师培训要向农村义务教育教师、校长倾斜。要结合实际制定农村教师职称评审条件、程序和办法，农村学校教师职称晋升比例应不低于当地城区学校教师。要落实对在连片特困地区的乡、村学校和教学点工作的教师给予生活补助的政策。要积极推进农村教师周转宿舍建设，努力改善农村教师生活条件。

四　有关工作要求

（一）明确责任。全面改善贫困地区义务教育薄弱学校基本办学条件工作由国家统一部署、省级人民政府统筹安排、县级人民政府具体实施。教育部、发展改革委、财政部要加强组织协调，及时跟踪了解各地工作进展等情况，加强指导和推动。地方各级教育、发展改革、财政等部门要各负其责，加强协作，形成合力，确保各项工作落到实处。

（二）摸清底数。县级人民政府要在科学制定农村义务教育学校布局专项规划基础上，以校为单位，清查教室、桌椅、运动场地、体育设施等教学设施和宿舍、食堂、厕所等生活设施，立足“保基本、兜网底”，对照基本办学需要，分析确定每个学校（含教学点）办学条件缺口，列出现状和需求清单并编制账册，做好改善办学条件的基础工作。

（三）制订方案。县级人民政府及其教育、发展改革、财政等部门要根据在国家教育体制改革领导小组备案的农村义务教育学校布局专项规划，针对每一所存在基本办学条件缺口的学校制订专门方案，明确弥补缺口的途径、时间安排和资金来源，形成本地区改善薄弱学校基本办学条件的时间表、路线图。地市级人民政府要做好指导和协调工作。省级人民政府要从实际出发，分清轻重缓急，在汇总各县（区）方案的基础上制订本省（区、市）改善贫困地区薄弱学校基本办学条件的实施方案，并于2014年4月30日前将实施方案报送教育部、发展改革委、财政部。

（四）保障经费。中央通过完善农村义务教育经费保障机制、适当调整薄弱学校改造计划、继续实施初中改造工程等措施，加大项目统筹与经费投入力度，按照“总量控制、突出重点、动态调整、包干使用”的原则，对中西部贫困地区和东部部分困难地区改善薄弱学校基本办学条件予以倾斜支持。农村义务教育经费保障机制重点保障学校基本运行需要和校舍维修；在原有基础上扩充薄弱学校改造计划内容，将信息化建设和农村小学必要的运动场、学生宿舍、食堂、饮水设施、厕所、澡堂等教学和生活设施纳入支持范围；初中改造工程重点支持农村初中必要的运动场、学生宿舍、食堂、饮水设施、厕所、澡堂等教学和生活设施建设。省级人民政府要加大省级财政投入，优化财政支出结构，最大限度地向贫困地区义务教育倾斜，做好改善基本办学条件建设需求与相关资金的统筹和对接，防止资金、项目安排重复交叉或支持缺位。地市和县级人民政府要加大经费投入、严格经费管理，按规划确保各项资金落实到位和管理使用安全高效，抓好项目实施。

（五）规范实施。要运用信息技术加强基础数据管理，对每所学校的建设内容和项目实行动态监控和全程管理。新建工程项目要严格履行基本建设程序，确保工程质量和安全。要落实政府采购、招投标和国库集中支付等相关制度，确保各项工作“阳光操作”。要把“补短板”、满足基本需要放在首位，坚持勤俭节约，杜绝超标准建设和奢华浪费，不得将财政资金向少数学校过度集中，拉大教育差距。严禁举债建设义务教育学校和改善义务教育办学条件。要加强资金监管，保证专款专用，防止发生套取、挪用、截留资金等问题，切实提高资金使用效益。

（六）加强监督检查评估。教育部、发展改革委、财政部要对各地相关工作开展情况进行专项督察。省级人民政府要加强过程检查，及时发现和协调解决有关问题，督促地市和县级人民政府按照实施方案要求，依法依规实施工程项目，确保按时完成改善薄弱学校基本办学条件工作。对套取、挪用、截留资金以及举债建设、项目管理失职、渎职等违纪违规问题，要严肃查处并依法依规追究相关单位和责任人的责任。各地要采取适当方式公开有关信息，自觉接受社会监督。各省（区、市）对改善薄弱学校基本办学条件工作要适时开展评估，并将评估报告报送教育部、发展改革委、财政部。

教育部　国家发展改革委　财政部
2013 年 12 月 31 日

参考文献

一　中文文献

1. 中文专著

[1] 鲍传友：《教育公平与政府责任》，北京师范大学出版社 2011 年版。

[2] 陈庆云：《公共政策分析》，北京大学出版社 2006 年版。

[3] 陈昕：《我国城乡财政分权与义务教育城乡均衡的关系研究》，经济科学出版社 2014 年版。

[4] 陈鸣、朱自锋：《中国教育经费论纲》，中央编译出版社 2008 年版。

[5] 陈雪娟：《中国城乡基础教育统筹供给问题研究》，中国社会科学出版社 2013 年版。

[6] 窦卫霖：《教育公平的话语分析》，江苏凤凰教育出版社 2014 年版。

[7] 冯建军：《教育公正——政治哲学的视角》，福建教育出版社 2008 年版。

[8] 傅禄建、汤林春：《义务交易均衡发展程度测评——综合教育基尼系数方法》，华东师范大学出版社 2013 年版。

[9] 范国睿：《教育政策观察》，华东师范大学出版社 2009 年版。

[10] 国家教育咨询委员会义务教育均衡发展工作组：《2010—2012 义务教育均衡发展》，教育科学出版社 2012 年版。

[11] 郭荣学、杨昌江：《区域内义务教育均衡发展模式研究》，教育科学出版社 2014 年版。

[12] 何晓群：《多元统计分析》（第二版），中国人民大学出版社 2008 年版。

[13] 华桦：《教育公平新解——社会转型时期的教育公平理论和实

践探究》，上海社会科学院出版社 2010 年版。

[14] 金勇进、何晓群、贾俊平：《统计学》（第四版），中国人民大学出版社 2009 年版。

[15] 教育部基础教育一司、中国教育科学研究院、国家教育咨询委员会义务教育均衡发展工作组：《2010—2012 义务教育均衡发展省域统筹》，教育科学出版社 2012 年版。

[16] 转型期中国重大教育政策案例研究课题组：《缩小差距——中国教育政策的重大命题》，人民教育出版社 2005 年版。

[17] 栗玉香等：《义务教育财政均衡：政策与效果——基于北京市的实证分析》，经济科学出版社 2009 年版。

[18] 刘豪兴：《农村社会学》，中国人民大学出版社 2008 年版。

[19] 刘俊贵：《中国教育财政研究报告 2012》，教育科学出版社 2013 年版。

[20] 吕信伟、罗哲、戴晖、柯玲、文春帆：《城乡教育一体化的成都模式：六个一体化——成都统筹城乡教育综合改革试验区建设研究》，高等教育出版社 2013 年版。

[21] 连玉明：《中国社会管理创新报告——社会管理科学化与制度创新》，社会科学文献出版社 2012 年版。

[22] 李淼：《城乡二元结构下的基础教育公平问题》，中国社会科学出版社 2012 年版。

[23] 彭世华、伍春辉、张晓春：《义务教育均衡发展目标与标准研究》，教育科学出版社 2012 年版。

[24] 潘玉君、罗明东：《区域教育发展及其均衡对策研究》，北京大学出版社 2007 年版。

[25] 瞿瑛：《义务教育均衡发展政策问题研究：教育公平的视角》，浙江大学出版社 2010 年版。

[26] 邱寇华：《管理决策与应用熵学》，机械工业出版社 2002 年版。

[27] 任晓辉：《中国义务教育支出绩效评价研究》，复旦大学出版社 2010 年版。

[28] 盛明科：《政府绩效评估理论与实践》，光明日报出版社 2013 年版。

[29] 单志艳：《中国教师发展报告 2012》，教育科学出版社 2013

年版。

［30］世界银行：《2000 年世界发展指标》，中国财政经济出版社 2000 年版。

［31］宋立、刘树杰：《各级政府公共服务事权财权配置》，中国计划出版社 2005 年版。

［32］石绍宾：《城乡基础教育均等化供给研究》，经济科学出版社 2008 年版。

［33］史万兵：《高等教育行政管理体制深化改革研究》，教育科学出版社 2008 年版。

［34］陶勇：《地方财政学》，上海财经大学出版社 2006 年版。

［35］伍启元：《公共政策》（上册），中国人民大学出版社 2002 年版。

［36］吴志宏：《教育政策与教育法规》，华东师范大学出版社 2003 年版。

［37］吴遵民：《基础教育决策论》，华东师范大学出版社 2006 年版。

［38］温涛：《统筹城乡教育发展模式与投融资体制改革研究：重庆的经验和证据》，西南师范大学出版社 2014 年版。

［39］邬志辉、秦玉友：《中国农村教育发展报告 2013—2014》，北京师范大学出版社 2015 年版。

［40］翁文艳：《教育公平与学校选择制度》，北京师范大学出版社 2003 年版。

［41］谢维和：《中国的教育公平与教育发展》，教育科学出版社 2010 年版。

［42］岳昌君：《教育计量学》，北京大学出版社 2009 年版。

［43］杨东平、黄胜利、邓峰：《中国教育发展报告》（2014），社会科学文献出版社 2014 年版。

［44］杨东平、黄胜利：《中国教育发展报告（2013）》，社会科学文献出版社 2013 年版。

［45］袁贵仁、王定华：《全面推进义务教育均衡发展》，人民教育出版社 2012 年版。

［46］郑新蓉：《现代教育改革理性批判》，人民教育出版社 2003 年版。

［47］周谷平、吴华：《西部地区教育均衡发展的资源统筹和制度创新研究》，浙江大学出版社 2012 年版。

［48］周旭、赵为粮：《重庆市统筹城乡教育改革体制机制创新》，西南师范大学出版社 2014 年版。

［49］周洪宇：《教育公平——维系社会公平正义的基石》，中国人民大学出版社 2014 年版。

［50］曾晓东、鱼霞：《中国中小学教师发展报告（2014）》，社会科学文献出版社 2015 年版。

［51］证满朝、丁小浩：《效率、公平与充足——中国义务教育财政制度改革》，北京大学出版社 2010 年版。

［52］翟博：《教育均衡论——中国基础教育均衡发展实证分析》，人民教育出版社 2008 年版。

［53］张玉堂：《中国高等教育公共问题研究》，中国书籍出版社 2015 年版。

［54］张菀洺：《教育公平：政府责任与财政制度》，社会科学出版社 2013 年版。

［55］张珏、张振助：《中国义务教育公平推进实证研究》，教育科学出版社 2011 年版。

［56］赵德余：《发展型政策的实践与反思：中国经验》，上海人民出版社 2013 年版。

2. 中文译著

［57］［美］弗朗西斯·C. 福勒：《教育政策学导论》（第二版），徐庆豫译，江苏教育出版社 2007 年版。

［58］［瑞典］托尔斯顿·胡森：《平等——学校和社会政策的目标》，张人杰译，华东师范大学出版社 1989 年版。

［59］［美］古特曼：《民主教育》，杨伟清译，凤凰出版传媒集团、译林出版社 2010 年版。

［60］［美］詹姆斯·科尔曼：《教育机会均等的观念》，何瑾、张人杰译，华东师范大学出版社 1991 年版。

［61］［美］约翰·罗尔斯：《政治自由主义》，万俊人译，译林出版社 2001 年版。

［62］［美］兰德尔·林赛：《教育公民》，卢立涛、刘小娟、高峰

译，华东师范大学出版社 2015 年版。

［63］［美］约翰·罗尔斯：《正义论》，何怀宏等译，中国社会科学出版社 1988 年版。

［64］［美］米尔顿·费里德曼：《资本主义与自由》，张瑞玉译，商务印书馆 1986 年版。

［65］［英］爱德华·泰勒：《原始文化》，连树声译，上海文艺出版社 1992 年版。

［66］［美］迈克尔·W. 阿普尔：《全球危机、社会公平和教育》，李慧敏译，中国政法大学出版社 2012 年版。

［67］［美］理查德·A. 金、奥斯汀·D. 斯旺森、斯科特·R. 斯威特兰：《教育财政：效率、公平与绩效》（第三版），曹淑江、孙静、张晶等译，中国人民大学出版社 2010 年版。

［68］［美］L. 迪安·韦布：《美国教育史：一场伟大的美国实验》，陈露茜，李朝阳译，安徽教育出版社 2010 年版。

［69］［美］麦克德莫特：《掌控公立学校教育：地方主义与公平》，周玲，杨旻译，教育科学出版社 2007 年版。

［70］［荷］德维特：《拉丁美洲的高等教育：国际化的维度》，李锋亮、石邦宏、陈彬莉译，教育科学出版社 2011 年版。

［71］［美］罗伯特·希斯：《卓越公平与效率》，肖晓译，北京大学出版社 2013 年版。

［72］［美］温迪·科普、史蒂文·法尔：《改写未来：美丽美国如何创造教育平等的世界》，胡晓燕、黄珏苹译，浙江人民出版社 2013 年版。

［73］［美］Jeffrey M. Wooldrridge：《计量经济学》，费剑平译，中国人民大学出版社 2008 年版。

［74］［英］Cheng Hsiao：*Analysis of Panel Date*，北京大学出版社 2005 年版。

3. 中文论文

［75］卜紫洲、侯一麟、王有强：《中国县级教育财政充足度考察——基于 Evidence—based 方法的实证研究》，《清华大学教育研究》2011 年第 5 期。

［76］鲍传友：《中国城乡义务教育差距的政策审视》，《北京师范大学学报》（社会科学版）2005 年第 3 期。

[77] 陈申华、周重阳、陈切锋:《深化继续教育办学体制改革进城乡教育统筹发展》,《重庆大学学报》(哲学社会科学版) 2011 年第 1 期。

[78] 陈潭、罗新云:《公共教育资源配置失衡及其政策补给》,《公共管理学报》2008 年第 2 期。

[79] 陈彬、袁祖望:《试论“加强省政府高等教育统筹权”的基本内涵》,《高教探索》2000 年第 3 期。

[80] 从春侠、陈成:《省级政府教育统筹综合改革:措施与风险分析——基于试点省市项目任务书的文本分析》,《河北师范大学学报》(教育科学版) 2015 年第 2 期。

[81] 常修泽:《公共服务均等化需要体制支撑》,《瞭望》2007 年第 2 期。

[82] 段仁军、张伟:《我国普通高等教育发展水平的全局主成分分析》,《数理统计与管理》2002 年第 6 期。

[83] 杜永红、张艳:《县域内义务教育师资均衡配置的阻碍因素分析》,《湖南科技大学学报》(社会科学版) 2012 年第 7 期。

[84] 范先佐、郭清扬、付卫东:《义务教育均衡发展与省级统筹》,《教育研究》2015 年第 2 期。

[85] 葛锁网:《改革高等教育管理体制——加强省级政府的决策权、统筹权》,《江苏高教》1993 年第 5 期。

[86] 顾明远:《教育均衡发展是教育平等的问题,是人权问题》,《人民教育》2002 年第 4 期。

[87] 高小平、盛明科、刘杰:《中国绩效管理的实践与理论》,《中国社会科学》2011 年第 6 期。

[88] 韩英:《强化学校绩效评价促进义务教育均等化》,《山西财经大学学报》2011 年第 5 期。

[89] 蒋云根:《我国现阶段教育公共服务存在的问题及对策研究》,《天津行政学院学报》2008 年第 1 期。

[90] 蒋纯焦:《东中西部高等教育差异变迁的实证分析》,《河北师范大学学报》(教育科学版) 2007 年第 3 期。

[91] 劳凯声:《重构公共教育体制:别国的经验和我国的实践》,《基础教育参考》2003 年第 4 期。

[92] 龙献忠、朱咏北:《政府公共权力重构与高等教育治理》,《高

等教育研究》2005 年第 11 期。

［93］刘德吉：《公共服务均等化的理念、制度因素及实现路径：文献综述》，《上海经济研究》2008 年第 4 期。

［94］刘丽：《区域高等教育发展实力分析》，《教育发展研究》2009 年第 9 期。

［95］刘访华、余瑞君：《基于因子分析的学生成绩评价对提高本科教学质量的启示》，《中国人民大学教育学刊》2013 年第 4 期。

［96］刘志彪、张少军：《中国地区差距及其纠偏》，《学术月刊》2008 年第 5 期。

［97］吕伟、刘国辉：《中国教育均等若干影响因素研究》，《数量经济技术经济研究》2010 年第 5 期。

［98］吕普生：《中国义务教育发展的不均衡性及其决定因素——基于 2000—2008 年数据的实证分析》，《地方财政研究》2013 年第 9 期。

［99］李涛、姚俊：《建构面向“中国问题”的教育公平治理体系——方法论新范式：统筹教育论纲》，《江淮论坛》2009 年第 4 期。

［100］李涛、宋玉波：《中国统筹城乡教育综合改革的全景透析：从历史到现状》，《江淮论坛》2011 年第 1 期。

［101］李立国：《以省级政府统筹推进教育领域综合改革》，《清华大学教育研究》2013 年第 1 期。

［102］李立国：《省级教育统筹的权力约束机制》，《国家教育行政学院学报》2015 年第 1 期。

［103］李小克、郑小三：《高等教育财政支出影响因素研究——基于 2000 ~ 2009 年中部六省的面板数据》，《教育发展研究》2012 年第 11 期。

［104］李继星：《关于义务教育均衡发展指标体系的初步思考》，《人民教育》2010 年第 6 期。

［105］梁伟国：《办学条件标准化成为义务教育均衡发展的关注点》，《人民教育》2005 年第 4 期。

［106］罗良清：《现行教育产出之定义评析》，《当代财经》2005 年第 11 期。

［107］聂颖、郭艳娇、韩汭洁：《财政分权、地方政府竞争和教育财政支出相关关系研究》，《地方财政研究》2011 年第 11 期。

［108］彭国甫：《基于 DEA 模型的地方政府公共事业管理有效性评

价——对湖南省 11 个地级州市政府的实证分析》，《中国软科学》2005 年第 8 期。

[109] 彭国甫：《地方政府公共事业管理绩效模糊综合评价模型及实证分析》，《数量经济技术经济研究》2005 年第 11 期。

[110] 曲相霏：《析受教育权平等》，《山东大学学报》（哲学社会科学版）2003 年第 5 期。

[111] 庞君芳：《教育公平视域下教育资源的均衡发展》，《学术探索》2015 年第 1 期。

[112] 孙绵涛：《关于国家教育政策体系的探讨》，《教育研究》2001 年第 3 期。

[113] 盛明科、朱玉梅：《我国教育统筹发展的政策变迁：问题及改进思路——基于 1979 ~2013 年国家教育政策文本的分析》，《理论探索》2014 年第 4 期。

[114] 盛明科、朱玉梅：《义务教育统筹发展的几点思考》，《理论探索》2015 年第 4 期。

[115] 盛明科、邵梦洁：《省级政府教育统筹发展绩效评价指标体系构建研究》，《当代教育理论与实践》2015 年第 6 期。

[116] 申素平：《论我国高等教育体制改革过程中政府角色的转变》，《高教探索》2000 年第 4 期。

[117] 涂端午：《教育政策文本分析及其应用》，《复旦教育论坛》2009 年第 5 期。

[118] 涂冬波、戴海琦、邓远平：《我国教育发展差异的实证研究》，《教育科学》2005 年第 2 期。

[119] 王宏利：《构建城乡统筹的公共服务机制与推进公共服务均等化》，《农村经济》2011 年第 6 期。

[120] 王富喜等：《基于熵值法的山东省城镇化质量测度及空间差异分析》，《地理科学》2013 年第 11 期。

[121] 王志凯、史晋川：《中国区域经济发展的非均衡状况及原因分析》，《浙江大学学报》（人文社会科学版）2011 年第 11 期。

[122] 王善迈：《基础教育“重点校”政策分析》，《教育研究》2008 年第 3 期。

[123] 文喆：《教育实际上也是社会再分配的一个调节手段》，《人民

教育》2002 年第 4 期。

［124］吴振兴、谢晓晶、王书平：《经济增长、产业结构对碳排放的影响分析——基于中国省际面板数据》，《中国管理科学》2012 年第 6 期。

［125］吴永军：《教育公平：当今中国基础教育发展的核心价值》，《教育发展研究》2012 年第 18 期。

［126］新平：《简论教育政策的本质、特点及功能》，《江苏教育科研》1999 年第 1 期。

［127］肖远军：《关于基础教育均衡发展的政策构想》，《教育理论与实践》2003 年第 5 期。

［128］薛二勇：《教育公平发展中财政政策的博弈——美国教育财政改革的政策过程研究》，《教育研究》2012 年第 12 期。

［129］谢广祥：《如何扩大省级政府教育统筹权》，《求是》2014 年第 2 期。

［130］邢永富：《教育公益性原则略论》，《北京师范大学学报》（人文社会科学版）2001 年第 2 期。

［131］姚云：《高校素质教育的实践趋势》，《交通高教研究》2004 年第 1 期。

［132］姚继军、张新平：《省以下财政转移支付保障义务教育发展的绩效、问题与改进》，《教育学报》2014 年第 4 期。

［133］姚继军：《新中国教育均衡发展的测度》，《华东师范大学学报》（教育科学版）2010 年第 6 期。

［134］袁贵仁：《深化教育领域综合改革—加快推进教育治理体系和治理能力现代化》，《中国高等教育》2014 年第 5 期。

［135］袁振国：《教育均衡发展：构建和谐社会的基础》，《教育发展研究》2005 年第 4 期。

［136］余雅风：《论公民受教育权平等保护的合理差别对待标准》，《北京师范大学学报》（社会科学版）2008 年第 4 期。

［137］杨凤英：《教育产品的属性与政府职能的调整》，《教育学报》2006 年第 1 期。

［138］杨东平：《从权利平等到机会均等——新中国教育公平的轨迹》，《北京大学教育评论》2006 年第 2 期。

［139］杨东平：《教育是社会发展的平衡器、稳定器》，《人民教育》

2002 年第 4 期。

［140］杨俊、李雪松：《教育不平等、人力资本与经济增长：基于中国的实证研究》，《数量经济技术经济研究》2007 年第 2 期。

［141］周峰：《试论基础教育均衡发展的若干问题》，《教育研究》2002 年第 8 期。

［142］张乐天：《城乡教育差别的制度归因于缩小差别的政策建议》，《南京师范大学学报》2004 年第 3 期。

［143］张乐天：《新世纪以来我国城乡教育统筹发展政策之审思》，《中国社会科学》2014 年第 3 期。

［144］张筱峰、刘剑：《加强和优化我国教育投资的财政支持政策研究》，《中国软科学》2003 年第 4 期。

［145］张长征、郁志坚、李怀祖：《中国教育公平程度实证研究：1978—2004——基于教育基尼系数的测算与分析》，《清华大学教育研究》2006 年第 4 期。

［146］张侃：《以城镇化发展推进城乡基础教育均衡发展研究》，《教育理论与实践》2014 年第 8 期。

［147］张贤明、张平：《论改革发展成果共享权及其实现》，《湖北社会科学》2013 年第 10 期。

［148］张茂聪：《教育公共性的理论分析》，《教育研究》2010 年第 6 期。

［149］张丽华、王冲：《解决农村义务教育投入保障中的制度缺陷——对中央转移支付作用及事权体制调整的思考》，《经济研究》2008 年第 10 期。

［150］翟博：《教育均衡发展：理论、指标及测算方法》，《教育研究》2006 年第 3 期。

［151］翟博、孙百才：《中国基础教育均衡发展实证研究报告》，《教育研究》2012 年第 5 期。

［152］褚宏启、高莉：《义务教育均衡发展评估指标与标准的制定》，《教育发展研究》2010 年第 6 期。

［153］赵永辉：《各级政府在义务教育均衡发展中的责任及履责成效》，《教育学术月刊》2015 年第 7 期。

［154］祝梅娟：《我国省际间教育投入公平状况的实证研究》，《经济

问题探索》2003 年第 2 期。

［155］杨玉琼：《我国义务教育阶段教师资源配置均衡状况研究》，载《中国教育经济学学术年会论文集》，2010 年。

［156］范先佐：《义务教育均衡发展与省级统筹》，载《城乡教育一体化与教育制度创新——2011 年农村教育国际学术研讨会论文集》，2011 年。

4. 中文报纸文章

［157］教育部等：《1993 年全国教育经费执行情况统计公告》，《中国教育部》1994 年 12 月 19 日。教育部等：《1995 年全国教育经费执行情况统计公告》，《中国教育部》1996 年 9 月 18 日。

［158］刘立峰、王元京：《财政怎样呵护农村儿童》，《中国经济导报》2009 年 4 月 14 日。

［159］王善迈：《“重点校”政策影响了教育的公平》，《中国教育报》2007 年 3 月 8 日第 9 版。

［160］王湛：《推进省级政府教育统筹综合改革的关键是政府到岗履职》，《中国教育报》2010 年 12 月 27 日。

［161］北京市教育委员会：《北京市“十二五”时期教育改革和发展规划》，《中国教育报》2011 年 3 月 24 日。

［162］上海市教育局：《上海市中长期教育改革和发展规划纲要（2010～2020 年）》，《中国教育报》2011 年 8 月 4 日。

［163］褚宏启：《化解城乡二元结构 推进教育公平》，《光明日报》2012 年 12 月 12 日。

［164］《中共中央关于全面深化改革若干重大问题的决定》，《人民日报》2013 年 11 月 16 日。

［165］郝平：《切实加强省级政府教育统筹》，《中国教育报》2013 年 11 月 27 日。

［166］《推进改革需要统筹兼顾的智慧》，《中国教育报》2013 年 3 月 22 日。

［167］王强：《2013 年我国强力推进义务教育均衡发展》，《中国教育报》2014 年 1 月 3 日。

［168］《推进教育治理体系和治理能力现代化——一论深化教育领域综合改革》，《中国教育报》2014 年 1 月 10 日。

二 英文文献

[169] Bruce J. Biddle, *Social Class, Poverty, and Education*, New York: Routledge Falmer, 2001.

[170] *B. Dan Wood*, Nick A. Theobald, "Political Responsiveness and Equity in Public Education Finance", *The Journal of Politics*, Vol. 65, No. 3, August 2003.

[171] Brian W. Hogwood & Lewis A. Gunn, *Policy Analysis for the Real World*, Oxford University Press, 1984.

[172] Berne, Robert & Stiefel, Leanna, *The Measurement of Equity in School Finance: Conceptual Methodological and Empirical Dimensions*, Baltimore, MD: John Hopkins University Press, 1984.

[173] Clarence E. Ridley, *Measuring Municipal Government*, Ph. D. Dissertation, Syracuse University, 1927.

[174] Claes Fornell, Michael D. Johnson, Eugene W. Anderson, Jaesung Cha, Barbara Everitt Bryant, "The American Customer Satisfaction Index Nature, Purpose and Finding", *Journal of Marketing*, No. 10, 1996.

[175] Conway T. & Mackay S. & Yorke D., "Strategic Planning in Higher Education: Who Are the Customers", *The International Journal of Educational Management*, Vol. 8, No. 6, 1994.

[176] Chris Taylor, John Fitz & Stephen Gorard, "Diversity, Specialization and Equity in Education", *Oxford Review of Education*, Vol. 31, No. 1, March 2005.

[177] David N. Ammons, "Performance Measurement and Managerial Thinking", *Public Performance & Management Review*, June 2002.

[178] David D. Dill, "Higher Education Markets and Public Policy", *Higher Education Policy*, Vol. 10, No. 3 - 4, September 1997.

[179] Fernando Reimers, *Unequal Schools, Unequal Chances: The Challenges to Equal Opportunity in the Americas*, Harvard University, 2000.

[180] James S. Coleman, "The Concept of Equality of Educational Opportunity", *Harvard Educational Review*, Vol. 38, No. 1, Winter 1968.

[181] James A. Banks, "Multicultural Education: Historical Development, Dimensions and Practice", *Handbook of Research on Multicultural Edu-*

cation, San Francisco: Jossey - Bass, 2005 (3).

[182] Joel D. Sherman & Jeffrey M. Poirier, Educational Equity and Public Policy: Comparing Results from 16 Countries, *UNESCO Institute for Statistics*, Montreal, 2007.

[183] James S. Coleman, *Equity and Achievement in Education*, Corlorado: Westview Press, 1990.

[184] Levin M. Henry, "Educational Opportunity and Social Inequality in Western Europe," *Social Problems*, Vol. 24, No. 2, Dec 1976.

[185] Miehael Armstrong, *Performance Management*, London: Kogan Page Limited, 1994.

[186] Masulis & Ronald W., "The Effect of Capital Structure Change on Security Prices: A Study of Exchange Offers", *Journal of Financial Economics*, No. 18, 1980.

[187] OECD, "Equity in Education Thematic Review, Sweden (2, 2005), Finland (4, 2005), Norway (11, 2004), Spain (3, 2006)", *Country Note.*

[188] Paris: OECD, *Education at a Glance*, 2002.

[189] Office of Management and Budget, *Primer On Performance Measurement*, 1995.

[190] Rhys Griffith, *National Curriculum: National Disaster?*, London: Routledge Falmer, 2000.

[191] Sandra Taylor, Fazal Rizvi, Bob Lingard & Miriam Hen, *Education Policy and the Politics of Change*, London and York: Routledge, 1997.

[192] Stephen Gorard & Emma Smith, "An International Comparison of Equity in Education Systems", *Comparative Education* , Vol. 40, No. 1, February 2004.

[193] Thomas Healy & David Istance, "International Equity Indicators in Education and Learning in Industrialized Democracies: Some Recent Results and Avenues for Future", In Walo Hutmacher, Douglas Cochrane, Norberto Bottani (Ed), *In Pursuit of Equity in Education: Using International Indicators to Compare Equity Policies*, Dordrecht/Boston/London: Kluwer Academic Publishers, 2001, pp. 206 - 207.

[194] Willms, J. D. & S. W. Raudenbush, "A Longitudinal Hierarchical Linear Model for Estimating School Effects and Their Stability", *Journal of Educational Measurement*, Vol. 26, 1989.

[195] Walberg & Herbert Jetc, "Analyzing the OECD Indicators Model", *Comparative Education*, Vol. 34, No. 1.

[196] Xiaolei Qian & Russel Smyth, "Measuring Regional Inequality of Education in China: Widening Coast – inland Gap or Widening Rural – Urban Gap?", J *ournal of International Development*, J. Int . 20, Dev 2008.

后　记

本书系我主持承担的国家社科基金教育学青年项目“公共服务均等化视角下省级政府教育统筹发展的效果评价与推进研究”（CFA110126）的最终成果。掩卷搁笔，内心既有收获的欣喜、久违的轻松、重压下的释怀，也有为学不易的感叹、惶恐成果稚幼单薄的惴惴不安。回首十年前，在彭国甫、颜佳华两位导师指引下，开始学术启蒙和迈入政府绩效管理领域。随后在绩效管理学术浪潮里折腾了好一阵，积攒了些泳技，也呛了些水，同时也颇感久在池中水深不知去的味道。老师适时指点迷津，绩效管理理论研究除了要有知识基础层面的探求，还亟须在公共管理领域和公共服务维度上的铺开，学术文章除了要务新求真外更要经世致用。领悟这些之后，也就有了该国家项目，最后也就有了拙著的问世。

此刻，想要感恩的人太多，想要感谢的话也太多……

首先要衷心感谢两位业师长期以来的教诲。他们睿智之思想、治学之严谨、魅力之人格，在公共管理领域之巨擘声望，深深地感染和影响我。两位老师分别担负地方治理、学院发展的繁重职责，却丝毫没有影响对我的教育和指导。每每想起见面与我谈研究、聊学术、话长短以及细节时，内心都充满着无限的感动。两位老师，风格迥异但心心相印，性情不一而志趣相投。在为师教学上，一位擅用霹雳手段显菩萨心肠，一位惯以温文尔雅行教学之方。老师们大相径庭的风格、决然不同的方式，学生研习颇为吃力费劲，传承领悟亦呈笨拙杂糅之态，兼收并蓄却没能运用之妙存乎“我”心。尽管如此，但老师们的教诲、指点包括甚至是斥责，让我如痴如醉、如沐春风，且将受用终身。

感谢湘潭大学发展规划与学科建设处廖湘阳教授、湖南科技职业学院院长李三福教授、湖南省教育科学规划办李小球研究员、湘潭大学公共管理学院罗泽意副教授给予课题研究的指导和关心。感谢全国教育科学规划办、湖南省教育科学规划办以及湘潭大学公共管理学院、发展规划与学科建设处、社科处同事对课题管理和研究的关心。感谢参加课题开题报告、中期检查、成果报告公开会的各位专家的精心指导和宝贵建议。感谢湖南省“十二五”重点学科——湘潭大学公共管理学科的鼎力支持。感谢中国社会科学出版社韩国茹编辑的贡献和帮助!

还要感谢我指导的研究生的宝贵支持与协助。朱玉梅、刘叶、邵梦洁分别参与了书稿第二、五、七章初稿的撰写，刘叶参与了课题数据的收集与处理，陈叶叶、李悦鸣在文献梳理、资料收集等方面做了大量的工作。研习互动、教学相长，在这里得到了充分体现，我要谢谢他（她）们!

当然最后是家人。父母常年操劳，不辍家务；妻子工作辛苦，耐性照看儿子。是他们的分担，尤使我在学术探索路上蹒跚而坚毅前行!

囿于时间和能力的限制，书中尚存粗略稚嫩乃至纰误之处，恳请各位专家、学者包容和指正。

盛　明　科

2016 年 7 月 29 日于湘潭